DROEMER

Boris Cyrulnik

Die mit den Wölfen heulen

Warum Menschen der totalitären Versuchung so schwer widerstehen können

Aus dem Französischen von
Reiner Pfleiderer und Franck Traps

DROEMER

Die französische Originalausgabe erschien 2022 unter dem Titel
Le laboureur et les mangeurs de vent. Liberté intérieure et confortable servitude
bei Éditions Odile Jacob, Paris.

Besuchen Sie uns im Internet:
www.droemer-knaur.de

Aus Verantwortung für die Umwelt hat sich die Verlagsgruppe Droemer Knaur zu einer nachhaltigen Buchproduktion verpflichtet. Der bewusste Umgang mit unseren Ressourcen, der Schutz unseres Klimas und der Natur gehören zu unseren obersten Unternehmenszielen. Gemeinsam mit unseren Partnern und Lieferanten setzen wir uns für eine klimaneutrale Buchproduktion ein, die den Erwerb von Klimazertifikaten zur Kompensation des CO_2-Ausstoßes einschließt.
Weitere Informationen finden Sie unter: www.klimaneutralerverlag.de

MIX
Papier aus verantwortungsvollen Quellen
FSC® C014496

Deutsche Erstausgabe März 2023

Ein Imprint der Verlagsgruppe Droemer Knaur GmbH & Co. KG, München

Redaktion: Dr. Caroline Draeger
Covergestaltung: Isabella Materne
Coverabbildung: François BOUCHON/Le Figaro/laif
Satz: Adobe InDesign im Verlag
Druck und Bindung: GGP Media GmbH, Pößneck
ISBN 978-3-426-27900-7

5 4 3 2 1

Inhalt

Kinder auf den Krieg vorbereiten

Kaum waren sie besiegt, verwandelten sich die schrecklichen *Übermenschen* in angenehme Zeitgenossen. Ich war sieben Jahre alt, als ich Zeuge dieser Metamorphose wurde. Im Jahr 1941 marschierte die deutsche Wehrmacht siegreich in Bordeaux ein. Großartig! Tadellose Parade, die Reihen der Helme und der Gewehre vermittelten den Eindruck einer unaufhaltsamen Macht. Die schönen, mit roten Federbüschen geschmückten Pferde, die Militärmusik, die hypnotisierenden Trommeln sprachen von einer ungeheuren Kraft. Um mich herum wurde geweint.

Nach vier Jahren der Besatzung, Verhaftungen auf offener Straße, Razzien im Morgengrauen, Verboten und Patrouillen flüchteten die Deutschen nach Castillon-la-Bataille. Sie besetzten die Ortschaft, stellten an Beobachtungspunkten Wachposten auf und errichteten Straßensperren an den Zugängen. Widerstandskämpfer der kommunistischen FTP und der gaullistischen FFI, ausnahmsweise einmal vereint, kesselten das deutsche Bataillon ein. Im Jahr 1944 wusste der Kommandant, dass der Nationalsozialismus den Krieg verloren hatte und dass Gegenwehr nur sinnloses Blutvergießen bedeutet hätte. Er legte die Waffen nieder, um seine Männer zu schützen. Die Worte, die ich hörte, bedeuteten »Kapitulation« und übertragen in die Alltagssprache: »Ach … ich hab die Schnauze voll vom Krieg!« Und der Offizier unterzeichnete. Und so wurden aus gefürchteten *Übermenschen* nette Bauern. Als sie sich ergaben, sah ich Tausende von abgerissenen Soldaten mit hängenden Köpfen im Gänsemarsch vorbeiziehen, bewacht von einem Dutzend schlecht bewaffneter, junger Burschen, die sie auf dem Dorfplatz zusammentrieben. Die *Übermenschen*, schmutzig, unrasiert und mit offenen Kragen, saßen regungslos da und blickten stumm zu Boden.

Nach der Unterzeichnung des Waffenstillstands wurden die stolzen Soldaten »Kriegsgefangene«, machten den Oberkörper frei und arbeiteten für die Bauern, die sie beherbergten. Sie bestellten die Weinberge, versorgten die Tiere und scherzten mit vorbeikommenden Fußgängern. Sie winkten den Kindern, riefen ihnen französische oder deutsche Wörter zu, ich weiß es nicht mehr, aber ich konnte sehen, dass diese Männer nicht mehr zum Fürchten waren, denn sie lächelten beim Sprechen und pflückten die Früchte, an die wir nicht herankommen konnten.

Ein einfacher Satz: »Der Krieg ist vorbei«, ein paar Worte auf einem Blatt Papier mit einer Unterschrift hatten genügt, um die Einstellung zu ändern und ein Umdenken zu bewirken. Wir hatten vor den Deutschen keine Angst mehr. Die Widerstandskämpfer verhinderten, dass sie beschimpft und bespuckt wurden, und forderten die französischen Aggressoren auf, etwas Würde zu zeigen. Mit meinem Kinderverstand dachte ich: Es ist möglich zu hassen, sich gegenseitig ganz legal umzubringen und plötzlich seine Haltung zu ändern. Ein Wort reichte aus, um die Welt mit anderen Augen zu betrachten. In der Kindheit stellen wir die grundsätzlichen Fragen, mit denen wir durchs Leben gehen. Und mit zunehmendem Alter erkennen wir, dass zwei oder drei Worte genügen, um ein Leben zu prägen.

Es war keine gute Zeit, um auf die Welt zu kommen. Sebastian wurde 1907 in Berlin geboren und ich 1937 in Bordeaux. Wir hatten die gleiche Kindheit. Unsere Länder rüsteten für den Krieg, und die Sprache, die uns umgab, sperrte uns in ein Lager. »Wir wussten, mit vielen unserer Altersgenossen konnten wir kein Wort reden, weil wir eine andere Sprache sprachen. Wir fühlten um uns herum das ›braune Deutsch‹ entstehen – ›Einsatz‹, ›Garant‹, ›fanatisch‹, ›Volksgenosse‹, ›Scholle‹, ›artfremd‹, ›Untermensch‹ …«[1]

Als ich im Alter von fünf Jahren in die Welt der Erzählungen eintrat, sagte meine Mutter zu mir: »Sprich nicht mit den Deutschen, sie könnten uns ins Gefängnis werfen.« Wenn Worte Waffen sind, schweigt man, um sich zu schützen. Ich war sechs Jahr alt, als ich in der Nacht des 10. Januar 1944 verhaftet wurde. Plötzlich erfuhr ich aus den Worten eines Gestapo-Offiziers, dass ich einer Gruppe gefährlicher *Untermenschen* angehören sollte, die im Namen der Moral getötet werden mussten.

Am Ende des Ersten Weltkriegs erlebte mein Freund Sebastian, damals elf Jahre alt, die Geburt der eigentlichen »Generation des Nazismus«, jener Kinder, »die den Krieg, ganz ungestört von seiner Tatsächlichkeit, als großes Spiel erlebt haben«[2]. Sie begeisterten sich für die Geschichten von Heldenmut und Opferbereitschaft, Schlacteninfernos und ekstatischen Morden. Welch seelische Größe, welch Schönheit! Die anderen, jene, die die Realität des Krieges erlebt hatten, die trostlosen Tage, das stumme Leiden, die Erniedrigung der Hungernden, den Schmerz der Hinterbliebenen, die Zerrissenheit der beschädigten Seelen, sie schwiegen lieber, um keine alten Wunden aufzureißen.

Sebastian und ich wurden staunende Zeugen zweier begeisternder Diskurse: von der Stärke des Nationalsozialismus in den 1930er-Jahren, von der Menschlichkeit des Kommunismus nach 1945. Aufgrund unserer Erfahrungen als Kinder, initiiert vom Krieg und der Nähe zum Tod, hatten wir bereits begriffen, dass zwei Sprachen die geistige Welt der Menschen regierten. Die eine, die gen Himmel strebte, indem sie ästhetische oder abstoßende Bilder erzeugte, umgeben von Worten, die in Fieber versetzten: »Heroismus … Sieg des Volkes … Sauberkeit … tausend Jahre Glück … strahlende Zukunft«[3]. Solch glühende Worte entrückten uns der Realität. Sebastian (1918 elf Jahre alt) und ich (1945 acht Jahre alt) bevorzugten Worte, die ein diskretes Vergnügen bereiteten – das des Forschers, der die Welt entdeckt und sich an der Realität erfreut. Die Emphase, die zur Utopie führt, steht im Gegensatz zum Vergnügen des Ackermanns, der den Reichtum des Banalen entdeckt. Die Liebhaber des Grandiosen belasten sich nicht mit unbequemen Fragen, sie bevorzugen die ekstatische Kohärenz, die von der Realität abschottet und eine »Logik der Unvernunft«[4] hochhält, einen Wahn mit Methode, der so hell strahlt, dass er das Denken blendet, Zweifel unterbindet und Fragestellungen verbietet, die das Glück der logisch folgenden Delirien trüben könnten.

Kinder sind unweigerlich das Ziel dieser allzu klaren Diskurse, denn sie brauchen binäre Kategorien, um mit dem Denken anzufangen: Alles, was nicht nett ist, ist böse, alles, was nicht groß ist, ist klein, alles, was nicht Mann ist, ist Frau. Dank dieser falschen Klarheit bauen sie eine stabile Bindung zur Mutter, zum Vater, zur Religion, zu den Schulfreunden und zur Glocke der Dorfkirche auf. Auf dieser Grundlage können sie sich ein erstes Weltbild aneignen, eine eindeutige Gewissheit, die Selbstvertrauen gibt und dabei hilft, seinen Platz in der eigenen Familie und der eigenen Kultur zu finden.

Wohlgemerkt: Es handelt sich nur um eine Grundlage. Wenn dieser Unterbau sich abkapselt, unterbindet er die Suche nach anderen Erklärungen, und er wird zum Clandenken, zur nicht verhandelbaren Gewissheit: »So ist es und nicht anders … Man muss verrückt sein, um nicht so zu denken wie ich.« Eine ungerechtfertigte Überzeugung, die das Selbstvertrauen stärkt und das Denken blockiert wie bei Fanatikern. Durch Wiederholung wird Veränderung unmöglich. Das Clandenken schützt die Persönlichkeit, befeuert die Seele und macht diejenigen wahnsinnig glücklich, die zum Krieg gegen jene rüsten, die nicht so denken wie sie. Glaubenskriege sind unerbittlich.

Wer das Abenteuer des Menschseins wagen will, muss Selbstvertrauen entwickeln. Dieses Bedürfnis ist von allen totalitären Regimen missbraucht worden: »Ich werde euch die Wahrheit sagen, die einzige Wahrheit«, spricht der Erlöser. »Folgt mir, gehorcht, und ihr werdet den Ruhm ernten, die Angehörigen eures Clans glücklich gemacht zu haben.« Es ist schwer, einer solchen Aufforderung nicht zu trauen. »Das Unglück kommt von denen, die sich gegen unser Glück stellen«, fügt der Erlöser hinzu. »Von denen, die anders denken. Diejenigen, die an andere Himmel glauben, wollen unser Unglück, denn sie erschüttern unsere Gewissheiten.«

Wenn diktatorische Regime sich der jungen Seelen bemächtigen, geschieht es nicht selten, dass Kinder sich gegen ihre Eltern stellen, die mit ihren Zweifeln, dem Infragestellen und mit Vorbehalten die Begeisterung untergraben und Träume zerstören: »Ich war wütend auf Papa und konnte einfach nicht verstehen, warum er nicht der Nazipartei beitrat, wenn diese doch so viele Vorteile für ihre Mitglieder bot.«[5] Die kleine Anneliese schwärmt von den größeren Mädchen in der Hitlerjugend. »Ich wäre gerne älter, dann könnte ich die gleiche Uniform tragen wie meine Kusinen Erna und Lisl.«[6] Die anderen feiern Feste, tragen Gedichte vor, und sie muss wegen ihrer Eltern auf diesen Spaß verzichten.

Die geistige Welt eines Menschen wächst sein ganzes Leben lang, von der Befruchtung bis zum Grab. Wenn sich in den ersten Monaten im Uterus das Gehirn zu entwickeln beginnt, verarbeitet es nur unmittelbare Informationen. Die Hormone aus dem Innern des Embryokörpers interagieren mit denen aus dem Körper der Mutter, damit sich die Organe ausbilden können. Am Ende der Schwangerschaft erweitert sich die Welt des Fötus, wenn er die Emotionen der Mutter wahrnimmt, vermittelt durch ihre Stresshormone (Kortisol, Katecholamine) und ihre Glückshormone (Endorphine, Oxytocin). Nach der Geburt nehmen die Babys einige Segmente des mütterlichen Körpers wahr (Glanz der Augen, Stimme, Berührung), dazu eine andere Bezugsperson, vertraut und doch anders, einen zweiten Elternteil, der »Vater« genannt wird.

Wenn das Kind im dritten Lebensjahr in die Welt der Wörter eintritt, erweitert sich seine geistige Welt noch mehr. Zuerst bezeichnen die Wörter die Objekte aus der Umgebung (Ball, Babyflasche …), die sich räumlich immer weiter entfernen (man geht spazieren). Im Alter von fünf bis sechs Jahren, wenn das Gehirn eine Vorstellung der Zeit ermöglicht, erreicht das Kind das Erzählalter. Es erlangt die Fähigkeit, Sätze zu bilden, die von Dingen, Ereignissen oder Entitäten handeln, die unmöglich wahrzunehmen sind: von einer Schlacht, die vor tausend Jahren verloren ging, einer wunderbaren oder beschämenden Herkunft.

Die Erzählungen des Umfelds befördern seine Identität (»Ich stamme von Ludwig dem Heiligen ab«), seinen Stolz (»Ich bin Bretone«), seine Scham (»Meine Vater hat mit den Nazis kollaboriert«) oder seinen logischen Wahn (»Ich gehöre einer *überlegenen Rasse* an, weil ich blond und blauäugig bin«). In diesem Entwicklungsstadium vertritt das Kind die Überzeugungen derer, die es beschützen und seine Entwicklung fördern. Es verinnerlicht die Werte jener, an die es gebunden ist. Stimmen die Erzählungen der Eltern mit den kollektiven Erzählungen überein, entwickelt sich das Kind weiter, doch wenn eine Diskrepanz entsteht zwischen den Erzählungen der Kinder und denen der Eltern, wenn von anderer Seite divergierende Darstellungen angeboten werden, sei es in Schule oder Kirche, in einer politischen Partei oder Sekte, kann es zu Meinungsverschiedenheiten kommen, die die Familienbande zerstören. Dies widerfuhr der kleinen Anneliese, die davon träumte, in die Hitlerjugend einzutreten, obwohl ihre Eltern dagegen waren.

Eine totalitäre Kultur kann einem Kind im Alter von sieben bis zehn Jahren das bieten, was es sich erhofft, indem sie ihm wunderbare Belohnungen in Aussicht stellt. »Ich werde die Uniform von Erna und Lisl tragen, wir werden tanzen, und wir werden blonde Kinder in die Welt setzen, die unserem Volk tausend Jahre Glück bescheren werden.«

Wenn ein solcher kultureller Diskurs die Seele von Kindern erobert, kommt jede Reflexion, jedes Urteil einer Entzauberung gleich. Sind die Kinder von einem totalitären Diskurs besessen, zögern sie nicht, zur Polizei zu gehen und ihre Eltern anzuzeigen, wie es Angehörige der Hitlerjugend und junge Dschihadisten getan haben. Steht die geistige Welt der Kinder mit der ihrer Eltern im Einklang, droht jeglicher Widerspruch gegen die totalitäre Erzählung sie nur umso mehr zu Komplizen werden zu lassen.

Violetta war Ärztin in Timişoara, als sie einen Studienfreund heiratete. In der Ära unter Ceauşescu (1918–1989) war in Rumänien nur die Zivilehe anerkannt. Das Paar bekam zwei Töchter, doch Violetta, eine gläubige orthodoxe Christin, fühlte sich nicht wirklich vor Gott verheiratet. Also schlug ihr Mann vor, einen Ausflug in die Karpaten zu machen und sich dort eine Kapelle und einen Popen zu suchen. Die Mädchen waren nicht gläubig, empfanden es aber als unerträgliche Bespitzelung, dass sie am Ärmel ihrer Bluse eine Nummer tragen mussten, die sie verraten würde, wenn jemand sie in eine Kirche gehen sah. Jeder x-Beliebige konnte bei der Polizei anrufen und ohne ein weiteres Wort die Ziffernfolge durchgeben. Danach wären die Eltern behördlichen Repressalien ausgesetzt gewesen: Sonderschichten, permanente Kontrollen, Reiseverbot.

Die Töchter tollten während der kirchlichen Trauung herum, behielten das Geheimnis aber für sich, denn dieser gemeinsame Akt des Ungehorsams gegen das Ceauşescu-Regime hatte die Familie zusammengeschweißt.

Einen Verbrecher lieben

Nach der Befreiung Frankreichs im Jahr 1944 mussten viele Kinder feststellen, dass ihre Väter im Krieg mit den Nazi-Besatzern kollaboriert hatten. Es fiel ihnen schwer, die widersprüchlichen Erzählungen unter einen Hut zu bringen: »In meiner Familienerzählung habe ich meinen Vater, der sehr präsent war, geliebt, doch in der kollektiven Erzählung habe ich entdeckt, dass er mit Jacques Doriot befreundet war«, denkt sich die kleine Marie.[1]

Im Alter von acht Jahren beobachtet sie mit Erstaunen, wie ihre Mutter bei einer politischen Versammlung in Ekstase gerät, bei der Doriot, kommunistischer Abgeordneter und Bürgermeister von Saint-Denis, die Menge begeistert und davon überzeugt, den PPF (Parti populaire français) zu gründen, eine faschistische Partei, die mit dem Nationalsozialismus kollaborieren und sich in der LVF, der französischen Freiwilligenlegion gegen den Bolschewismus der Waffen-SS, engagieren wird.

Haben Sie sich schon einmal gefragt, wie ein Kind einen Verbrecher lieben kann? Nun, es genügt, wenn es nicht weiß, dass er ein Verbrecher ist, und wird einem Papa zugeneigt sein, der zu Hause nett ist und Mengele, Himmler oder Stalin heißt. »Papa wollte, dass ich in der Schule fleißig bin«, sagte die Tochter Pol Pots, die nicht wissen konnte, dass dieser »freundliche Papa« gerade die Universitäten geschlossen und die dort lehrenden Professoren verschleppt hatte.

Die kleine Alessandra Mussolini schwelgte in Geschichten, die ihren Großvater Benito, den Faschisten, verherrlichten.

Wie sollte sie nicht stolz auf ihn sein? Kira Allilujewa verlebte eine märchenhafte Kindheit, in der die Urheber der Säuberungen, Verbrechen und Deportationen mit ihr spielten, bevor sie Todesurteile unterzeichneten. Ihr ganzes Leben lang hat sie ihren Onkel Stalin geliebt, der zur Familie gehörte. Sie erinnert sich an hungernde Menschen, die um Essen bettelten, war jedoch überrascht, als ihre Mutter Schenja verhaftet wurde, und verstand nicht, warum sie selbst, eine junge, unbeschwerte Schauspielerin, im Gefängnis landete. Sie stellte nie einen Zusammenhang her zwischen Onkel Stalin, der doch so nett zu ihr gewesen war, und den Tragödien, die sie auf der Straße hatte beobachten können. Mao Xinyu, der Enkel Mao Zedongs, hat Bücher zum Ruhme seines Großvaters geschrieben. Raghad, älteste Tochter Saddam Husseins, hat erklärt: »Ich bin stolz darauf, dass dieser Mann mein Vater ist.«

Andere Kinder hassten ihren Vater, noch bevor sie erfuhren, dass er ein Verbrecher war. Die Tochter Castros wusste nicht, dass Fidel ihr Vater war, denn er war nie zu Hause, und ihre Mutter nahm seinen Namen nie in den Mund. Erst mit zwölf Jahren erfuhr sie die Wahrheit. Der kleine Niklas Frank musste nicht wissen, dass sein Vater die Überlebenden des Warschauer Gettos mit Flammenwerfern hatte verbrennen lassen (April 1943), er brauchte sich nur an die hasserfüllten Erzählungen seiner Mutter zu halten.[2] Ob diese kriminellen Väter geliebt oder gehasst wurden, hing nicht von der Realität ab, sondern davon, wie das Umfeld über sie sprach.

Wenn ein Kind sich entwickelt, ist es zunächst dem Einfluss des Körpers seiner Mutter und ihren Gefühlen ausgesetzt. Wenn es im dritten Lebensjahr seine Sprachfähigkeit erlangt und im sechsten in die Welt der Erzählungen eintritt, lebt es in der Welt der Wörter, die es hört. Deswegen erlernt es leicht die Sprache der Mutter und übernimmt ihre Vorstellungen.

Wir alle sind davon geprägt, was uns das Umfeld erzählt. Nur wenn wir unseren Weg in Richtung Selbstständigkeit weitergehen, erreichen wir einen Grad innerer Freiheit. Dann können wir die Erzählungen, die man uns anbietet, beurteilen, bewerten, verinnerlichen oder ablehnen, wobei manche offensichtlich so sehr zu einer Gruppe gehören müssen, wie sie zu ihrer Mutter gehört haben, dass sie jede Erzählung verinnerlichen, ohne sie einer Beurteilung zu unterziehen. Jede Kritik würde das beruhigende Gefühl, dazuzugehören, schmälern. Andere hingegen haben dank der Geborgenheit, die ihnen die Mutter geboten hat, ein solches Selbstvertrauen erworben, dass sie sich an das Abenteuer Selbstständigkeit wagen.

Die dazugehören wollen, wiederholen gern die Geschichten der Doxa wie eine wunderbare Gewissheit, die sie über sich hinauswachsen lässt und es ihnen ermöglicht, sich in »einer Logik der Unvernunft«, von der Hannah Arendt sprach, sicher zu fühlen.

Wer die Entdeckungsreise jedoch lieber selbstständig fortsetzt und sich nicht länger davon leiten lassen will, was man ihm sagt, wählt die Strategie des Ackermanns. Er stößt sich an den Steinen, schnuppert am Lehm und gönnt sich ein Vergnügen des Verstehens, das in der Wirklichkeit wurzelt. Das Glück des Ekstatikers hingegen entrückt den Geist und treibt ihn aus sich heraus in ein wurzelloses Denken namens »logisches Delirium«. Das Glück des Ackermanns schafft ein Wissen, das sinnlich erfahren, berührt, ertastet, gehört wird wie das des Praktikers vor Ort, während die Ekstase die Seele verzückt und in Richtung Utopia trägt.

Diese beiden Arten des Wissens werden zu Antagonisten. Der Ekstatiker, der sich realitätsfernen Diskursen unterwirft, brennt darauf, für eine unsichtbare, mit heiligen Worten bezeichnete Entität zu sterben, während der Ackermann sich unmöglich einer reinen Repräsentation oder auch Vorstellungswelt unterwerfen kann, die Anspruch auf die absolute Wahrheit erhebt. Er weiß, dass der Boden manchmal trocken ist, aber auch schlammig werden kann, er relativiert gerne Aussagen über das wirkliche und mithin unvollkommene Leben.

Das Unmögliche erzählen

Ich hüte mich vor klaren Ideen, ich finde sie unzulässig. Ich mag düstere Gedanken nicht, denn im Dunkeln ist man verwirrt. Woher habe ich diese Art, mir Gedanken zu machen? Wenn ein Kind mit sieben ins Philosophier-Alter kommt, führen ihm die Wörter, die es hört, eine Welt vor Augen, und die Erzählungen des Umfelds beleuchten bestimmte Szenen seines Lebensalltags. Wenn das Kind sagt, was es denkt, gibt es dem, was es fühlt, eine sprachliche Form, weit mehr als dem, wer es ist.

Mit sieben Jahren wurde ich wegen eines Verbrechens, von dem ich nichts wusste, zum Tode verurteilt. Ich wusste, dass es nicht die Fantasie eines Kindes war, das sich die Welt vorstellte, es war eine sehr reale Verurteilung. Eines Nachts im Januar 1944 wurde ich von bewaffneten Männern geweckt, auf dem Flur von deutschen Wachsoldaten umringt. Sieben Jahre ist das Alter, in dem das Denken den Tod begreift, in dem ein Kind versteht, dass eine Vorstellung von Zeit auf ein Ende zuläuft, auf eine unausweichliche Nicht-Wiederkehr.

Meine Familie war bereits verschwunden, mein Vater im Krieg, und meine Mutter hatte mich am Vorabend ihrer Festnahme im Jugendamt abgegeben. Auch sie verschwand. Meine Eltern ausgelöscht. Meine Familie in Luft aufgelöst. Meine Freunde unsichtbar. Allein in einer Menge unbekannter Menschen, eingesperrt wie ich in einer zum Gefängnis umfunktionierten, mit Stacheldraht unterteilten Synagoge in Bordeaux, umringt von Soldaten, die mit ihren Gewehren drohten.

Wie soll man das verstehen, wenn man sieben Jahre alt ist? Wie nicht verstört sein angesichts einer großen Gefahr, die, unbegreiflich und unsinnig, den Tod bringt, aus welchem Grund auch immer? Plötzlich fühlt man sich besser, wenn ein Satz die Welt erhellt: »Die Deutschen sind Barbaren, die nur ans Töten denken.« Diese Illusion des Verstehens erweckt eine psychische Welt, die fassungslos ist in Anbetracht der Aggression. Wozu ein ganzer Trupp, um mich ins Gefängnis zu werfen? Wozu die Straße von bewaffneten Soldaten absperren lassen? Wozu der Stacheldraht? Warum uns töten? Wie soll man sich gegenüber Barbaren verhalten? Sie töten? Ich bin zu klein. Flucht ist die Lösung.

Und damit ist alles klar. Ich fühle mich besser, aber das ist falsch. Viele Jahre lang habe ich diese Erinnerung zum Gegenstand von Überlegungen gemacht. Ich sollte eher schreiben: »Ich habe sie zum Gegenstand von Grübeleien gemacht.« Immer wieder sah ich die Szene meiner Verhaftung und das innere Schauspiel meiner Flucht. Die Bilder kehrten immer wieder zurück, waren stets gleich, verfolgten mich wie ein quälendes Szenario, das eine Frage zum Ausdruck brachte: »Warum mich töten?«

Unmöglich, darüber zu sprechen. Die Erwachsenen brachten mich zum Schweigen, um sich besser zu schützen: »Das ist vorbei … Reiß dich zusammen … Denk an etwas anderes …« Ich dachte nur daran, aber ich konnte es nicht sagen. Manchmal erntete ich sogar Gelächter, wenn ich erzählte, wie ich zum Tod verurteilt wurde, wie ein Offizier diejenigen, die in Deutschland arbeiten sollten, zu einem Tisch schickte, und diejenigen, die sterben sollten, zu einem anderen: »Wo nimmst du das alles nur her … Du erzählst ja schöne Geschichten …«

Nach der Befreiung war ich acht Jahre alt, und ich entsinne mich, dass ich dachte: »Die Erwachsenen können mir nicht helfen, ich muss ganz allein zurechtkommen und herausfinden, was meine Eltern getötet und meine Kindheit zerstört hat. Um dem Sinnlosen einen Sinn zu geben, muss ich Ordnung in diese Bilder bringen, die meine Seele durchdringen.« Natürlich dachte ich nicht in diesen Worten, doch heute bediene ich mich ihrer, um meine Erinnerungen zu ordnen.

Damals fand ich zwei Lösungen: »Wenn ich groß bin, schreibe ich Romane, in denen der Held zu meinem Sprachrohr wird. Er wird wie ich von der Gestapo verhaftet, kann aber entfliehen. Er wird wunderbaren Menschen begegnen, die ihn beschützen und ihm helfen, stärker zu werden als der Tod. Er wird die deutsche Armee vernichten und der ganzen Welt verkünden: ›Ich verdiente es nicht, getötet zu werden.‹

So rehabilitiert, wird mein Held in Frieden leben.«

Dieses fantasierte Szenario bereitete mir großes Vergnügen, doch es entsprach nicht wirklich dem, was ich mir erhoffte. Indem ich meine Erinnerungen ordnete, um daraus eine mitteilbare Erfahrung zu machen, kehrte ich in die Welt zurück, fühlte mich akzeptiert, weniger fremd, aber das war nicht das, was ich wollte. Ich hatte das Gefühl, dass ich den Schrecken begreifen musste, um den Aggressor besser beherrschen zu können. Ich musste Wissenschaftler werden, um den Nazismus zu bekämpfen.

Mit elf Jahren glaubte ich, die Wissenschaft könne mir ein paar Wahrheiten liefern, aus denen sich eine Waffe gegen die Deutschen schmieden ließe. Danach musste ich streben, um ich selbst zu werden. Dieses Ziel wies mir den Weg. Der Sinn, den ich den Trümmern meiner Kindheit gab, veränderte die Art und Weise, wie ich das mir Widerfahrene empfand. Aus dem Entsetzen über die Brutalität der Fakten wurde eine Repräsentation, also eine Vorstellungswelt, über die zu schreiben mir guttat, eine Verständnisarbeit, die mir großen Spaß machte. Ich musste das Mysterium der Verhaftung entschlüsseln und zu einem Schreibvorgang machen, damit sich das Unglück des Sterbens in das Glück des Verstehens verwandeln konnte.

Heute weiß ich, dass diese Abwehr- beziehungsweise diese Notwehrreaktion mich schützte, weil sie wahnhaft war. Die Wirklichkeit lag in Trümmern. Meine Pflegefamilie, die stärker trauerte als ich, verstört von Krieg und Verfolgung, schwieg, um die Dämonen nicht zu wecken. Wenn Erzählungen den Schrecken zurückholen, ohne ihn zu verwandeln, bringt die Wiederkehr der Worte das Gedächtnis zum Bluten. Sprechen tut weh, übrigens genauso wie schweigen, wenn dir niemand zuhört.

In der Geschichte meines Lebens habe ich jedes Mal, wenn ich meine Träume beichtete, Freunde verloren. Was ich erzählte, war zu verrückt, zu weit weg von dem Bild, das sie sich von den Geschehnissen gemacht hatten. Und doch retteten mich meine Träume vor dem Wahnsinn der Realität, in der es normal war, ein Kind zu töten.

Wäre ich gesund gewesen, hätte ich versucht, mich dem Unglück meiner Freunde, die Überlebende waren wie ich, anzupassen. Ich hätte ihre Trauer geteilt, ihr Schweigen, in dem Erinnerungen begraben waren, die sich unmöglich erzählen ließen. Ich hätte rasch einen Beruf erlernt, um ihnen in einer stillen, von Ungewittern unterbrochenen Trauer weiter nahe zu sein.

Später suchten wir Gründe, die nicht vernünftig waren, aber der Illusion des Verstehens eine sprachliche Form verliehen. »Du sagst, dass du deine Mutter vermisst … aber was ich für dich getan habe, hätte sie niemals getan … So also dankst du es mir.« Und alle litten.

Zum Glück fantasierte ich. Ich suchte Zuflucht in einem hohlen Baum, der mit der unterirdischen Welt verbunden war, wo Tiere auf mich warteten, Kuscheltiere, die mich nicht verurteilten. Später stieß ich in einem Buch auf Remi, einen Jungen ohne Familie, der ständig verlassen wird und bei dem Wanderkomödianten Vitalis lernt, Sketche aufzuführen, in denen der Hund Capi, zwei mit ihm befreundete Mischlinge und der Affe Joli-Cœur die Hauptrollen spielten.[1] Die Truppe setzt auf Dorfplätzen Probleme des Alltags in Szene.

Als Opfer Karriere machen oder dem Unglück einen Sinn geben

Als Jugendlicher habe ich *Das Kind*, *Die Bildung* und *Die Revolte* von Jules Vallès entdeckt.[1] Ich fand, dass der Autor von dem Leben erzählte, nach dem ich mich sehnte. Eine von Verletzungen geprägte Kindheit, eine wiederhergestellte Würde dank einem Diplom, das dem Mülleimerkind, das ich war, einen Wert verlieh. Der Held des Romans, Jacques Vingtras, noch Gymnasiast, machte mir klar, dass man aufbegehren musste, wenn einen die Gesellschaft gedemütigt hatte. Das vom Leben zerrissene Fetzen-Kind konnte seine Würde nur zurückerlangen, wenn es durch Revolte wieder Selbstvertrauen schöpfte. Mein revoltierender Held war zu einem Schülerwettbewerb geschickt worden, bei dem die auserwählten Prüflinge von acht Uhr morgens bis vierzehn Uhr schreiben mussten. Allerdings hatten sie das Recht auf ein Mittagessen, und so machte sich Jacques Vingtras Würstchen warm. Ich liebte diese Episode, denn sie verknüpfte intellektuelle Anerkennung mit einer Unbotmäßigkeit. Die Würstchen garten unter den Stuckdecken der Sorbonne! Möglich, dass meine Erinnerung falsch ist, aber sie steht sinnbildlich für mein Schicksal. Ich habe daraus eine prägende Repräsentation gemacht, mir also eine eigene Vorstellungswelt geschaffen, denn die Szene befähigte mich zu dem Gedanken, dass auch ein sonderbares, von der Gesellschaft ausgeschlossenes Kind das Abenteuer des Menschseins wagen kann, wenn auch notgedrungen als Außenseiter.

Eine andere Fantasie verschönerte meine Welt: meine Liebe zur Wissenschaft. Ich glaubte, dass eine wissenschaftliche Tatsache die Wahrheit aufdeckt, während ich heute der Ansicht bin, dass eine wissenschaftliche Tatsache von einem Wissenschaftler gemacht wird. Sie ist keine Lüge, sie ist kein Irrtum, sie ist ein Segment der Welt, das ebenso durch die Methode des Forschers wie durch seine Seele erhellt wird. Wenn wir von der Seele eines Hauses sprechen, wissen wir selbstverständlich, dass die Steine nicht leben, und dennoch haben wir das Gefühl, dass eine immaterielle Kraft den Mauern ein Leben einhaucht, das unmöglich wahrzunehmen ist. Der wissenschaftliche Gegenstand ist dem Forscher nicht äußerlich. Die Wahl einer Hypothese erzählt von seiner Geschichte, und die Methode, die den Gegenstand erzeugt, ruft ein Gefühl hervor, das man als eine »Gegenübertragung des wissenschaftlichen Gegenstands« definieren kann.[2] Wenn ein Patient gegenüber seinem Psychoanalytiker zum Ausdruck bringt, dass er Liebe oder Hass für ihn empfindet, reagiert der Analytiker umgekehrt – bedingt durch die Übertragung – angetan oder herablassend, geschmeichelt oder irritiert. Wenn eine klinische Studie ergibt, dass Kinder, die zu wenig Zuneigung erfahren, früher oder später straffällig werden, kann der Wissenschaftler, der zu diesem Ergebnis gelangt ist, daraus die praktischen Konsequenzen ziehen, die er möchte. Er kann die familiären Bindungen verteidigen, den Müttern Vorwürfe machen oder seine Daten zum Anlass für eine politischen Initiative nehmen, die darauf abzielt, die künftigen Straftäter zu bestrafen oder zu erziehen.

Zu der Zeit, als Jules Vallès mich ermutigte, die mir aufgezwungene Außenseitersicht der Welt zum Ausdruck zu bringen, las ich einen wissenschaftlichen Artikel, in dem behauptet wurde, dass eine Population von Welpen, die zu wenig Vitamin B12 bekommen hatten, furchtsame Erwachsene hervorbrachte, während aus denen, die der Forscher reichlich mit dem Vitamin versorgt hatte, mutige Hunde wurden. Dieser wissenschaftlich fragwürdige Artikel befriedigte mein Bedürfnis zu glauben, dass eine verkorkste Kindheit repariert werden konnte. Ich wollte denken können, dass nichts unausweichlich ist, obwohl ich von Erwachsenen umgeben war, die behaupteten, dass man seiner biologischen Bestimmung nicht entrinnen könne, wohingegen andere lieber von sozialem Schicksal sprachen. Die wissenschaftliche Tatsache wird von einem Wissenschaftler gemacht, der seiner Weltanschauung nicht entkommt, und der Leser interpretiert die Tatsache gemäß Wünschen, die ihm nicht immer bewusst sind.

Die Wahrnehmung des Klinikarztes und das Auge des Pferdehändlers stehen für das Wissen des Ackermanns. Es ist weniger wissenschaftlich und dennoch manchmal präziser als das von der Realität losgelöste Wissen der Windfresser. Mir wurde erklärt, dass manche Kinder minderwertig seien, dass sie das nicht in ihre Schädel bekämen, dass sie in einem ungesunden Milieu aufwüchsen und wegen ihrer schlechten schulischen Leistungen und ihrer ständigen Prügeleien unweigerlich im Gefängnis landen würden. Um diesem Fluch zu entkommen, so dachte ich mir, brauchte ich nur zu schweigen und meine Kindheit zu verheimlichen. Und das tat ich bis zu dem Tag, an dem ich, damals 14 Jahre alt, das Glück hatte, in eine Einrichtung zu kommen, in der die meisten Kinder Kriegswaisen waren.[3] Die Direktorin Louba hatte in Polen mit Korczak zusammengearbeitet, jenem Kinderarzt und Pädagogen, nach dessen Vorstellung Erziehung in einer »Kinderrepublik« erfolgen sollte.[4] Die Berufsbezeichnung Erzieher gab es 1950 in Frankreich noch nicht. Unsere »Betreuer«, wie wir sie nannten, erzählten ihre eigene Geschichte, und wir konnten Fragen stellen oder Kritik üben. Häufig sprachen sie auch über die bewegte und fesselnde Geschichte des jüdischen Volkes, eine unablässige Folge von Tragödien und Siegen über alle Widrigkeiten. Unsere Tage standen ganz im Zeichen von Kunst und Sport. Die berührenden jiddischen Lieder brachten kein Unglück mehr wie noch im Krieg, wir konnten gefahrlos sprechen und voller Hingabe singen. Die Diskussionen mit den Betreuern verliehen unseren politischen Ansichten Struktur und bestärkten uns in unseren künstlerischen Neigungen. Innerhalb weniger Monate verwandelte sich das Bild, das ich mir von meiner bedrückenden Kindheit gemacht und das ich verheimlicht hatte, um weiterleben zu können. Ich schämte mich nicht mehr, ein elternloses Kind zu sein. Der Tod meiner Angehörigen bekam einen neuen Sinn. Mein Vater in der französischen Armee und mein junger Onkel bei den FTP[5], das lieferte den Stoff für ruhmreiche Erzählungen vom Widerstand gegen den Nazismus, die mich stolz auf sie machten. Die kleine Kinderrepublik in Stella-Plage hatte in mir ein beglückendes Gefühl der Zugehörigkeit entstehen lassen. Ich konnte verstanden werden, ich brauchte nur zu sprechen, um mich nicht mehr wie ein Paria zu fühlen, dem es verboten ist zu leben.

Gegen das Unglück entwickelte ich zwei Lebensstrategien:

- Als Opfer Karriere machen, wie es uns die Doxa der Nachkriegsjahre nahelegte. »Kinder ohne Familie werden sich niemals richtig entwickeln können«, hieß es in einer Kultur, in der Arbeit, Familie und Vaterland die höchsten Werte darstellten.
- Die andere Strategie bestand darin, dem Chaos einen Sinn zu geben, und zwar durch Integration in eine Gruppe, in der jeder zu verstehen versucht, was geschehen ist, um wieder auf Kurs zu kommen. Sinn schaffen, um aus dem Chaos herauszufinden, das ermöglicht Wiederaufbauarbeit. Wenn die Vorstellung, die sich der Verletzte von seinem

Trauma macht, mit den Erzählungen seines familiären und kulturellen Umfelds übereinstimmt, siegen Freude und der Stolz, ins Leben zurückzukehren, über das Unglück, verstümmelt worden zu sein.[6]

Das Trauma als Gegenstand der Wissenschaft ist also nicht von der Persönlichkeit des Wissenschaftlers zu trennen.[7] Man könnte fast sagen, dass jede Weltsicht ein autobiografisches Bekenntnis ist. Sagen Sie mir, wie Sie die Welt sehen, und ich sage Ihnen, wie Ihr Leben den Apparat konstruiert hat, durch den Sie die Welt sehen. Wenn Sie einen Roman schreiben, in dem der Held, den Sie erfinden, Ihre Geschichte erzählt, wenn Sie einen wissenschaftlichen Gegenstand konstruieren, um den Aggressor zu verstehen und zu beherrschen, werden Sie wieder Herr über Ihre Innenwelt. Sie sind nicht mehr ein Zweig, der von einem Windstoß fortgerissen wird, Sie haben einen Grad der Freiheit erlangt.

Vor meiner Verhaftung sagten diejenigen, die mich versteckten und dadurch schützten: »Du darfst nicht mehr Milch holen gehen, ein Nachbar könnte dich denunzieren.« Unbekannte Denunzianten konnten also den Tod bringen? Jedes Milieu war gefährlich. Warum dachte ich viele Jahre hindurch so häufig an diesen Soldaten in schwarzer Uniform, der sich in der zum Gefängnis umfunktionierten Synagoge neben mich setzte und mir das Foto seines kleinen Sohnes zeigte, dem ich ähnlich sah? Dieses Erinnerungsbild beschäftigte und beruhigte mich. Die Deutschen brachten nicht immer den Tod, es gab nichts Unausweichliches, man konnte ihm entrinnen. Ich brauchte diese Erinnerung, um mich unbeschwert zu fühlen, aber ich konnte sie nicht mit den Erwachsenen teilen, denn sie brauchten das Bild der Nazibarbarei, um sich zu empören und die Schuldigen zu benennen.

Ist meine Erinnerung an diesen Soldaten in schwarzer Uniform so wahr, wie mein Gedächtnis sie mir zeigt? Ich entkam, weil ich unter eine Matratze kroch, auf der eine sterbende Frau lag. Sie hatte Kolbenhiebe in den Bauch erhalten und drohte zu verbluten, da ihre Bauchdecke gerissen war. Ich erinnere mich, wie ein Militärarzt in den Krankenwagen kletterte, die Sterbende untersuchte, mich unter ihr entdeckte und mir, indem er das Zeichen zur Abfahrt ins Krankenhaus gab, das Recht zugestand, weiterzuleben. Die Frau ist nicht gestorben, ich traf mich fünfzig Jahre später mit ihrer Familie. Sie hatte ihrer Enkelin Valérie erzählt, dass sie sich immer gefragt habe, was wohl aus dem kleinen Jungen geworden sei, der sich unter ihr versteckt habe. Außerdem hatte sie berichtet, dass der Krankentransporter ein Lieferwagen gewesen sei und dass der Arzt, ein Hauptmann Mayer (Meyer?), gesagt habe: »Egal, ob sie hier oder woanders krepiert, Hauptsache, sie krepiert.« Warum habe ich mir weisgemacht, dass er mich unter ihr entdeckt und trotzdem den Befehl zur Abfahrt gegeben hat? Oder war es vielleicht sie, die sich irrte? Immerhin hatte sie einem deutschen Hauptmann französische Worte in den Mund gelegt. Und sie hatte noch etwas zu ihrer Enkelin gesagt: »Ich habe dieses Kind mit meinem Blut getränkt.« Warum habe ich daran keine Erinnerung? Mein Bedürfnis zu glauben, dass der Tod nicht unausweichlich wäre, stellte eine wahnhafte Hoffnung dar, die mir die Kraft gab, mich nicht zu unterwerfen. In meiner Erinnerung stellte ich mir gerne vor, dass mir dieser Soldat das Weiterleben gestattete, indem er das Zeichen zur Abfahrt gab und auf diese Weise bewies, dass das Böse nicht unerbittlich ist. Später habe ich mir gesagt: »Man kann gegen das Schicksal ankämpfen und Medizin studieren, um den Tod hinauszuzögern, und man kann auch versuchen, die Innenwelt der Mörder zu verstehen, um ihre Gewissheiten zu erschüttern.«

Die Welt sehen lernen

Viktor Frankl wäre am 26. März 1905 fast in dem berühmten Café Sille zur Welt gekommen, in dem seine Mutter die ersten Wehen bekam. Er wurde in die schöne Wiener Kultur hineingeboren, wo sich die Intellektuellen Europas trafen. Das Neugeborene wurde von einer Mutter erzogen, die stolz auf ihre Abstammung aus einer Familie tschechischer Schriftsteller und Ärzte war. Ihr Onkel Oskar Wiener, Verfasser fantastischer Geschichten, gehörte zum Prager Dichterkreis. In diesem Umfeld konzipierte auch Gustav Meyrink seinen Golem[1], jene im Talmud beschriebene Kreatur, die auf ihrer Stirn aus Lehm die Inschrift *Emet* trägt, was im Hebräischen »Wahrheit« bedeutet. Aber lassen Sie sich von dieser Klarheit nicht täuschen, denn es genügt, dass Regen oder Sonne das »E« verblassen lassen, und schon entsteht das Wort »met« für »Tod«. Worte hauchen den Menschen eine geistige Welt ein, ohne Sprache wären sie nichts als Materie. Die Macht der Worte ist so groß, sagt uns der Golem, dass das kleinste Ereignis ihre Bedeutung verändern und uns veranlassen kann, eine andere Welt zu sehen. Viktor wuchs in die geistige Welt einer warmherzigen und gebildeten Mutter hinein, die mit der Mehrdeutigkeit zu spielen verstand. Das Wort »Sekretär« bezeichnet, je nach Kontext, ein Möbelstück oder einen Beruf, und niemand lässt sich davon beirren. Am Abend sang sie Viktor mit einem Wiegenlied in den Schlaf: »So sei doch schon ruhig, du elendiger Kerl«[2], und der Junge, dem das Lied und die »Koseworte« ein Gefühl der Geborgenheit gaben, schlief vertrauensvoll ein. Viktor hatte eine sehr enge Bindung zu seiner Mutter. Wann immer er ihr begegnete, gab er ihr einen Kuss. Das Verhältnis zum Vater war gekennzeichnet durch eine emotionale Distanz, die das Los der Väter jener Zeit war.

In Mitteleuropa wechselte man damals Anfang des 20. Jahrhunderts das Land, ohne umzuziehen, und auch die Sprache, je nachdem, wie die politischen Entscheidungen ausfielen. Mit seinen Polen, Deutschen, Ungarn, Italienern und Juden, die glücklich und stolz darauf waren, all diesen Kulturen anzugehören, war Wien eine multikulturelle Stadt. Klimt bereicherte die Malerei mit leuchtenden Farben und ungewöhnlicher Bildgestaltung. Die Musik Schönbergs eroberte sich einen Platz neben Haydn, Mozart, Beethoven und Liszt. Und nicht zuletzt Freud und Stefan Zweig schlugen neue Wege ein. Seit 1880 waren Juden vor den Pogromen in Russland nach Wien geflohen, wo sie mit denen in Kontakt kamen, die sich, vollkommen assimiliert, als Österreicher fühlten. Der Antisemitismus der Pogrome und die Dreyfus-Affäre in Frankreich (1894) waren ein unverhofftes Geschenk für den Begründer des Zionismus, Theodor Herzl (1860–1904). Dieser jüdische Journalist, der sich als Deutscher fühlte, war entsetzt über den antisemitischen Sturm. Die überwältigende Mehrheit der europäischen Juden lehnte den Zionismus ab und verspürte kein »hebräisches Nationalgefühl«[3]. Sie wollten den Antisemitismus im eigenen Land bekämpfen, bis die Shoah sie zum Umdenken zwang.

Ein schleichender Antisemitismus erschwerte den Zugang zu Ämtern und Stellen in Verwaltung und Universität und schloss Juden mitunter sogar aus, was ihnen paradoxerweise die akademische Gehirnwäsche ersparte und ein hohes Maß an Gedanken- und Meinungsfreiheit bescherte.[4] Freud empfand es in seinem ersten Jahr an der Universität als »Zumutung, dass ich mich als minderwertig und nicht volkszugehörig fühlen sollte, weil ich Jude war«. Er reagierte mit »Trotz und sogar Zorn« und genoss es, »von der kompakten Mehrheit in Bann getan zu werden«.[5] Freud, ein gottloser Jude, hätte eine klassische akademische Karriere machen und viele Titel erwerben können. Er zog es vor, seinen eigenen, steinigen Weg zu gehen, und verweigerte sich der kollektiven Erzählung, die zwar zu akademischen Ehren führt, aber nicht zum Denken anregt.

Stefan Zweig reagierte genauso. Er verstand sich als aktiver Gast der österreichischen Kultur, als er schrieb: »In Wien kann man sich noch am ehesten als Europäer fühlen und dem Wahnsinn einer fanatischen und nationalistischen Welt entgehen.«[6] Auch Schönberg hielt sich für einen europäischen Musiker, bis er 1921 zu spüren bekam, dass er Jude war, und zwar an dem Tag, als er aus seinem Urlaubsort vertrieben wurde, der für eine »judenfreie Sommerfrische« warb.

Rudolf Höß kommt 1901 im mondänen Baden-Baden zur Welt. Sein frühes Umfeld bilden eine Mutter, die das Kind auf Abstand hält, und ein Vater, der nie da ist, da in Geschäften unterwegs. Kennzeichnend für Rudolfs frühe Kindheit ist eine gewollte Einsamkeit in einem Vorstadthaus in Waldrandlage. Die schwache emotionale Bindung zu den Eltern gleicht eine überbordende Liebe zu Tieren aus: »Ich war und wurde Einzelgänger, am liebsten spielte oder beschäftigte ich mich allein und unbeobachtet. Ich mochte es nicht gerne haben, wenn mir jemand zusah.«[7]

Er ist fünf Jahre alt, als die Familie nach Mannheim umzieht. Von da an ist sein Vater täglich präsent und erzählt von seinen Erlebnissen im Kolonialkrieg in Ostafrika. Rudolf ist begeistert. Er träumt davon, Missionar zu werden und dem *finsteren Schwarzafrika* die *schöne weiße Zivilisation* zu bringen. Der Vater, ein religiöser Eiferer, nimmt den Sohn auf Pilgerfahrten nach Einsiedeln in der Schweiz und Lourdes in

Frankreich mit. Rudolf ist stolz darauf, dass er noch die geringsten Wünsche der Lehrer, der Pfarrer und selbst des Hauspersonals unverzüglich befolgt. Der Vater stirbt, als er dreizehn Jahre alt ist, und sogleich vermisst er dessen »lenkende starke Hand«[8]. Er, der Wildfang, hat Angst vor Zuneigung und lehnt »jeden Zärtlichkeitsbeweis, schon von frühester Jugend an, strikt ab«[9]. Er lässt sich gerne führen. Sein Verlangen nach Autorität ist so groß, dass er, wenn er wegen besonderer Umstände nicht zur Beichte kann, Angstzustände bekommt, die erst wieder abklingen, wenn er sich von seinen Sünden reinigen und Buße tun kann.

Josef Mengele wird 1911 im schönen bayerischen Günzburg geboren. Seine frühe Kindheit verbringt er in einem Zuhause ohne Vater, was im industriellen Europa die Regel war. Auch die Mutter war nur selten präsent, denn in der Familie wurde gesellschaftlicher Erfolg großgeschrieben. Der Vater führt ein Unternehmen, das Landmaschinen herstellt, und als er 1914 zur Reichswehr einrückt, übernimmt seine couragierte und resolute Frau erfolgreich die Leitung. Als ältester Sohn sollte Josef eigentlich die Firma übernehmen, doch er hat andere Pläne. Er träumt davon, berühmt zu werden, und prophezeit einem Schulkameraden, dass er »eines Tages seinen Namen im Lexikon lesen würde«[10].

Respekt und nicht Liebe scheinen das Familienleben beherrscht zu haben. Der Vater war »eine kalte Person« und die Mutter »nicht viel besser, wenn es um Liebe ging«[11].

Josef ist ein recht guter Schüler und überaus umgänglich. Seine Lieblingsfächer sind Biologie, Zoologie, »Naturphilosophie« und vor allem die Anthropologie. Diese Begriffe bezeichnen nicht genau dieselben wissenschaftlichen Disziplinen wie heute. Die Biologie jener Zeit interessierte sich für die Anordnung der Zellen, die man unter dem Mikroskop sah, während sie heute eine intrazelluläre Chemie beschreibt, die man mit dem Elektronenmikroskop fotografiert. Die Zoologie war ein beliebtes Fach, das mittels vergleichender Anatomie eine Klassifikation der Lebewesen vornahm. Im Sprachgebrauch der Nazis bezog sich der Begriff »Anthropologie« auf eine natürliche Ordnung, in der dieser Disziplin die Aufgabe zufiel, die Lebewesen in Kategorien einzuteilen und hierarchisch zu gliedern. Ein solches Denken impliziert, dass der Mensch an der Spitze der biologischen Leiter steht.

Als der junge Josef das elterliche Zuhause verließ, wollte er eigentlich Zahnarzt werden, da er eine Vorliebe für sorgfältige handwerkliche Arbeit hatte. Doch er schrieb sich für Medizin ein, um einem phantasmatischen Anliegen nachzugehen: »Es muss aufregend sein, herauszufinden, inwieweit die Menschen ungleich sind. Die Anthropologie ist die Wissenschaft, die eine solche Darstellung erbringen kann.« Wer einen solch epistemischen Ansatz vertritt, benutzt die Wissenschaft dazu, eine a priori gegebene Vorstellung zu untermauern: »Es macht mir Freude«, hätte er sagen können, »in der vergleichenden Anatomie Beweise zu finden, die meinem hierarchischen Bild der Lebewesen und der menschlichen Natur Substanz verleihen.«

Der junge Josef Mengele glaubte an sein Glück. Er studierte fleißig und erhielt gute Noten. Er ging den Hobbys Reiten und Skifahren nach, knüpfte leicht Freundschaften, war eloquent, verachtete die katholische Kirche, die er für ein Wirtschaftsunternehmen hielt, und engagierte sich beim österreichischen Roten Kreuz, um Bedürftigen zu helfen. Sympathisch, das alles! Vielleicht sogar ein Indikator für seelische Ausgeglichenheit, für einen Willen, etwas aus dem eigenen Leben zu machen, ihm einen Sinn zu geben.

Wie Josef Mengele interessierte auch ich mich für die Klassifizierung der *Rassen*. Nach dem Krieg, ich war damals zwölf, kam ich für ein paar Monate in die Obhut der Sergents, eines

Journalistenpaars, das in der Rue Raynouard in Paris wohnte, in dem Viertel, in dem später das Maison de la Radio gebaut werden sollte. Beide waren nett, und sie war sehr schön. Bei sich zu Hause in ihrer Erdgeschosswohnung nahmen sie ihre Rundfunksendungen und die Chansons von Jean Sablon auf.

»Pourquoi m'avoir donné rendez-vous sous la pluie,
Petite aux yeux si doux, trésor que j'aime …«[12]

Im unteren Regal der Bibliothek stand ein sehr schönes Lexikon der *Rassen*, in dem ich mit Interesse blätterte. Ich erinnere mich an das Foto eines runzligen Chinesen, bei dessen Anblick ich mich fragte: »Was geht im Kopf eines Chinesen vor, der in einem fernen Land und in einer anderen Kultur lebt?« Die geheimnisvolle Welt eines Lakota mit schönem Federschmuck ließ mich von der Bisonjagd träumen, und ich fragte mich, was wohl die Schwarzen empfanden, deren Vorfahren in die Sklaverei verschleppt worden waren. Die Klischeehaftigkeit meiner Fragen war mir nicht bewusst, denn es war das erste Mal überhaupt, dass ich sie stellte. Schon damals reifte in mir der Wunsch, andere Geisteswelten zu entdecken.

Heute, da ich diese Zeilen schreibe, verstehe ich, dass Josef Mengele beim Betrachten derselben Fotos jene Befriedigung empfunden haben müsste, die aus einem Gefühl der Überlegenheit erwächst. Er suchte bereits in der Form von Schädel und Kiefer nach anatomischen Indizien, die ihm als Beweis für Minderwertigkeit dienen konnten. Beim Betrachten ein und desselben Fotos empfinden die einen Freude am Forschen, während andere im Gefühl der eigenen Überlegenheit schwelgen. Andererseits erinnere ich mich an einen Patienten, einen Studenten der Ingenieurwissenschaften, der ein glänzender Fußballer war und jedes Mal, wenn er ein Tor schoss, traurig darüber war, dass er die Spieler der anderen

Mannschaft unglücklich gemacht hatte. Er litt unter Melancholie und deutete den kleinsten Vorfall im Alltag als Unglück, an dem er die Schuld trug. Die Wahrnehmung ein und derselben Tatsache, verschiedene Hautfarben, Landschaftskulissen und ein Torerfolg im Fußball können in uns die unterschiedlichsten Vorstellungen wecken. Das dadurch hervorgerufene Gefühl wird zur Ursache gegensätzlichen Verhaltens. Mein Patient bestrafte sich dafür, dass er andere unglücklich machte, während ich es genoss, andere Welten zu entdecken. Mengele wiederum benutzte die Wissenschaft, um seine Neigung, Menschen in eine Hierarchie einzuordnen, zu befriedigen, was ihn darauf vorbereitete, nach Lösungen zur Ausmerzung von »Minderwertigen« aus der Gesellschaft zu suchen. Das war seine Sicht der Welt.

Im Jahr 1930 kam Josef Mengele, ein fleißiger und hilfsbereiter junger Mediziner, auf einer Versammlung in München mit der *Rassenlehre* in Berührung. Diese Theorie verlieh seiner Art, die Welt zu erleben, eine sprachliche Form. Er, der sich für politisch links hielt, erlag einer Erzählung, die der von ihm favorisierten Naturphilosophie entsprach. Die Wissenschaft lieferte ihm den Stoff zum Fantasieren und einen Vorwand für soziales Engagement. Der junge Mediziner glaubte zunehmend an das Recht, *unwertes Leben* zu vernichten, das hohe Kosten verursache und dadurch schöne junge Menschen um eine gute Ausbildung bringe. Im Namen dieser Moral sollten 300 000 psychisch Kranke und Menschen mit geistiger Behinderung als »nutzlose Esser« ermordet werden.

Auch Freud gehörte zu den jungen Medizinern, die sich für die Anthropologie begeisterten, jene Wissenschaft, die sich mit den biologischen, sozialen und kulturellen Kompetenzen der Menschen beschäftigte. Als Sigismund Schlomo Freud 1856 im mährischen Freiberg zur Welt kam, war er noch nicht Österreicher. Zahlreiche Menschen im Mitteleuropa jener Zeit bekamen auf einmal eine andere Nationalität, wenn sich im Zuge politischer Ereignisse die Grenzen verschoben. Sigismund Freud wuchs im Schoß einer Familie mit chaotischen Verwandtschaftsverhältnissen auf. Er wusste um seine Abstammung von deutschen, litauischen und galizischen Juden. Was den »Verlauf seiner emotionalen Entwicklung« jedoch weit mehr bestimmt haben dürfte, war »das verwirrende Geflecht der familiären Beziehungen.«[13] Verwickelte häusliche Verhältnisse waren keine Seltenheit zur damaligen Zeit, in der die Lebenserwartung von Frauen vierzig Jahre nicht überstieg und jedes zweite Kind in den ersten Lebensjahren starb. Witwer verheirateten sich häufig wieder, so auch Sigismunds Vater. Als Jakob Freud Amalia, seine dritte Frau, ehelichte, war er vierzig und sie zwanzig Jahre alt. Jakob hatte zwei Söhne aus einer früheren Ehe. Emmanuel, der ältere, wohnte in der Nähe der Eheleute, und Philipp, der jüngere, war etwa so alt wie Amalia, sodass der kleine Sigismund lange glaubte, sein Bruder und seine Mutter seien ein Paar. Freud dürfte erleichtert gewesen sein, als er nach dem Tod des Vaters den Gedanken wagte, dass eine Liaison innerhalb der Familie wie die des Ödipus das universelle Problem eines innerfamiliären Sexualkomplexes darstellte, das die Menschen »Inzest« nennen.

Die Welt erforschen oder hierarchisch gliedern

Im Jahr 1925, als Freud seine kurze autobiografische Skizze[1] verfasst, spricht er sich für ein stilles Judentum aus: »Ich bin ein gottloser Jude, denn meine Wurzeln sind jüdisch. Ich verspüre nicht das Bedürfnis, in einer Bürgerwehr Zuflucht zu nehmen, in der sich die Juden radikalisieren und solidarisieren, um dem Gegner die Stirn zu bieten. Deshalb habe ich kein Bedürfnis, über die Errichtung eines jüdischen Staates nachzudenken. Israel, im Nahen Osten, würde zahlreiche Probleme aufwerfen.«[2] In einem Brief an den Zionisten Chaim Koffler vom 26. Februar 1930 schreibt er: »Auch gebe ich mit Bedauern zu, dass der wirklichkeitsfremde Fanatismus unserer Volksgenossen sein Stück Schuld trägt an der Erweckung des Misstrauens der Araber.«[3] Dieser Brief wurde in der *Revue d'études palestiniennes,* dann in Italien veröffentlicht, bevor er nach Frankreich kam.

In einem europäischen Umfeld, in dem der Antisemitismus erstarkte, war der Student Freud keineswegs von Antisemiten umgeben. Carl Claus, Professor der Zoologie, war auf den jungen Freud aufmerksam geworden und hatte ihm ein Forschungsstipendium für das Meereslaboratorium in Triest angeboten, um ein Problem zu lösen, das alle Welt beschäftigte: »Wo waren die Hoden der Aale geblieben?«[4] Carl Claus schickte Freud regelmäßig Publikationen von Huxley und Darwin, um ihn von der Evolutionstheorie zu überzeugen, denn der künftige Psychoanalytiker, ein hervorragender und sehr ehrgeiziger Schüler, träumte davon, die Geheimnisse der Natur zu entschlüsseln. Beeindruckt von der Philosophie Ernst Wilhelm von Brückes und den spektakulären Vorlesungen Jean-Martin Charcots in der Nervenklinik Salpêtrière, konnte sich Freud mit der universitären Laufbahn nicht anfreunden. Er ging lieber seinen eigenen Weg, wie es die Begründer neuer Disziplinen häufig tun.

Darwin hatte dem evolutionären Denken der Biologen, Psychologen und Nazis seinen Stempel aufgedrückt. Je nach Disziplin wurde das Faktum der Evolution unterschiedlich interpretiert. Um die gegenläufigen Richtungen der Evolutionstheorie zu verstehen, muss man sie in ihrem Zusammenhang betrachten. Mitte des 18. Jahrhunderts hatte Linné den Menschen den Tieren zugeordnet. Die Spiritualisten waren empört. Für Darwin kann der Mensch, ein dem Affen verwandtes Säugetier, den Tierzustand überwinden, weil ihm sein Gehirn die Welt der Werkzeuge und der Sprache eröffnet. Für ihn sind die Lebewesen nicht hierarchisch gegliedert,[5] sie passen sich nur mehr oder weniger gut den Veränderungen der Umwelt an. Wer in dieser Umwelt am lebens- und fortpflanzungsfähigsten ist, wird von der natürlichen Selektion bevorzugt, und das ist nicht unbedingt der Stärkste.

Dieses ökosystemische Denken konnte diejenigen, die gerne in Herrschaftsverhältnissen denken, nicht zufriedenstellen. Wenn Freud einen Unterschied zwischen zwei Geisteswelten ausmachte, empfand er das Glück des Forschers; Mengele hingegen sah darin den Beweis für eine natürliche Hierarchie. Diese Interpretation der Welt weckte in ihm eine Lust am Gehorsam, die zur Herrschaft führt. Das Wort »Interpretation« entspricht hier dem der Musiker, wenn sie, mit dem gleichen Instrument das gleiche Stück spielend, der geschriebenen Musik unterschiedliches Leben einhauchen.

Dasselbe Phänomen trat auch bei der Auslegung von Darwins Beobachtungen auf.[6] Im 19. Jahrhundert herrschte die Vorstellung vor, dass der Mensch ein übernatürliches Wesen sei, weil er eine Seele habe. Adam, der »Erdige«, entstieg dem Schlamm des Ackers dank dem Odem des unsichtbaren Geistes, der ihm erlaubte, über die Dinge und die Lebewesen zu herrschen. Ihn zum Affen zu degradieren löste Empörung oder Gelächter aus. Eine Mrs. Wilberforce wie im Film »Ladykillers« hätte vielleicht gesagt: »Mein Gott, wenn das nur nicht herauskommt!« Viele Biologen sahen in der Evolutionstheorie eine schlüssige Darstellung der Veränderungen in Anatomie und Verhalten der Nachkommenschaft einer Tierart. Andere hingegen glaubten, darin den Beweis für das Bestehen einer natürlichen Rangordnung der Lebewesen zu erkennen. »Mit dem Darwinismus beginnt eindeutig die Hierarchisierung der Rassen.«[7]

Während Darwin zeigte, dass der Organismus überlebte, der am ehesten in der Lage war, sich in einer neuen Umgebung zu vermehren und somit den Fortbestand der Art zu sichern, schöpfte Francis Galton daraus den Beweis, dass nur die Stärksten zu leben verdienen, und legitimierte damit »die Ausmerzung der Schwachen, Geisteskranken, Asozialen und Kriminellen«[8]. Die Armen und Hässlichen standen auf der sozialen Leiter deshalb ganz unten, weil das Gesetz der natürlichen Auslese es so wollte.

Die Interpretation eines Faktums hängt von der Persönlichkeit des Betrachters und der affektiven Konnotation ab, mit der er ein Faktum färbt. Manche glauben, dass man, da das Überleben von der Anpassung abhängt, die widrigen Bedingungen kritisieren muss, um den schlechter Angepassten zu helfen. Dagegen bewundern diejenigen, die das Leben als Kräftemessen verstehen, die Dominanten und rechtfertigen die Eliminierung der Schwachen. Sie interessieren sich nicht für die kleinen Leute, versuchen nicht, deren Welt zu verstehen, und sind gleichgültig ihrem Leid gegenüber. Ihre Empathie ist unterentwickelt, was das erstaunliche Fehlen von Schuldgefühlen erklärt, wenn ein Gesetz die Vernichtung *unwerten Lebens* verlangt. Die Beseitigung der sozusagen gangränösen Teile einer Gesellschaft, der Schwachen, der Kranken, der Verrückten und der Störer der öffentlichen Ordnung, wird für sie zu einer hygienischen Notwendigkeit. Es ist moralisch, den *zivilisatorisch Zurückgebliebenen*, und das sind die Afrikaner und Asiaten, die richtige Religion und die überlegene Technologie zu bringen. Mit einem solchen Interpretationsschlüssel wird Kolonialisierung zur Tugend und die Ermordung der Schwachen zu einer Quelle von Wohlstand und sozialem Fortschritt.[9]

Die Vordenker der Sozialhygiene waren gebildete Leute. Dank ihrer Arbeit und ihren wissenschaftlichen Kenntnissen fanden sie bei den politischen Entscheidungsträgern Gehör. So erntete Alexis Carrel Beifall, als er für die »Schönheitsdurstigen« Partei ergriff, »alle jene Menschen, denen es nicht allein ums Geld zu tun ist«. Für sie, so forderte er, »sollte man auch heute, statt der ihnen feindseligen Lebensbedingungen in der modernen Gesellschaft, eine Umgebung schaffen, die der Ausbildung und Nutzung ihrer besonderen Wesenszüge günstiger wäre«.[10]

Es sei darauf hingewiesen, dass eine solche Rückkehr zu einem ruhigen und ästhetischen Leben auch von unserer heutigen Kultur geschätzt wird. Alexis Carrel wurde bewundert, als er 1912 für seine Arbeiten über die Gefäßnaht den Nobelpreis für Medizin erhielt. Für seine Gewebekulturtechniken in der experimentellen Medizin hätte er einen weiteren verdient. Dieser große Gelehrte begleitete bescheiden Kranke nach Lourdes und wurde Zeuge ihrer wundersamen Heilungen, was ihn in seinem Glauben an göttliche Wunder bestätigte.

In dem Bestreben, die Gesellschaft zu sanieren, schrieb er: »Die Unnormalen hindern die Normalen an ihrer vollen Entwicklung ... Verbrechertum und Geisteskrankheit lassen sich nur verhüten durch ein fundiertes Wissen vom Menschen, durch Eugenik ... mit der Peitsche oder einem etwas wissenschaftlicher arbeitenden Züchtigungsmittel ... Wer aber gemordet ..., wer Kinder entführt ..., die Menschen in wichtigen Dingen bewusst missleitet hat, mit dem sollte in humaner und wirtschaftlicher Weise Schluss gemacht werden: in kleinen Anstalten für schmerzlose Tötung, wo es die dazu geeigneten Gase gibt.«[11] Das ist ebenjenes Argument vom *unwerten Leben*, wonach es moralisch sei, die Schwachen auszumerzen, um die Starken zu stützen.

Ernst Rüdin, ein schweizerisch-deutscher Psychiater und Genetiker, half im Auftrag Hitlers bei der Ausarbeitung des Gesetzes zur Zwangssterilisation (1934), das darauf abzielte, Schizophrene, Geistesschwache, Blinde, Taube und Alkoholiker auszumerzen.[12] Dafür erhielt er 1939 die Goethe-Medaille für sein wissenschaftliches Werk, das die Ermordung »minderwertiger« Kinder legitimierte. Seine Arbeit wurde auch von der Nazipropaganda benutzt, die Bilder zusammenstellte, auf denen ein Mann mit hässlichem Gesicht, unförmigem Körper und krummen Beinen zu sehen war, und neben ihm ein gutaussehender, lächelnder Mann, gut gekleidet und ordentlich gekämmt. Wie in einem Comic stand da zu lesen: »Dieser Erbkranke kostet die Volksgemeinschaft sechzigtausend Reichsmark.« *Unwertes Leben* ist ruinös, und diese Bildmontage im Comic-Stil will sagen: »Ist es vernünftig, so viel Geld für so minderwertige Menschen zu vergeuden?« Erraten Sie die Antwort. Diese emotionale Argumentation löste moralische Empörung aus und verleitete den Betrachter zu dem Gedanken: »Es ist schockierend, dass das Leben eines hochwertigen Menschen beeinträchtigt wird, um einen minderwertigen Menschen zu unterhalten.« Nach Kriegsende 1945 behauptete Ernst Rüdin, es habe sich dabei um eine einfache wissenschaftliche Arbeit gehandelt. Er, den Hitler zweimal ausgezeichnet hatte, erhielt eine Geldstrafe von 500 Mark. Er setzte seine Karriere in den Vereinigten Staaten fort und kehrte später nach München zurück, wo er 1952 starb.[13]

Die Stirn bieten

Als Alfred Adler 1870 zur Welt kam, bildete sich sein Wahrnehmungsapparat in einer familiären Nische heraus, die wenige Impulse bot. Sein näheres Umfeld bestand aus einer Mutter, die sich mehr dem Vater, einem Kaufmann, widmete, und einem dominanten älteren Bruder. Alfred erlebte, wie die Familie um weitere vier Kinder wuchs. Körperlich sehr schwach (von Rachitis war die Rede) und so empfindsam, dass er beim kleinsten Ungemach Weinkrämpfe bekam, hatte der Junge Mühe, seinen Platz in dieser Familie zu finden, die wenig Geborgenheit bot. Als der nächstjüngere Bruder zur Welt kam, dachte Alfred, das Baby werde ihm die Mutter wegnehmen, was durchaus gerechtfertigt war, denn sie musste sich um ein krankes Kind kümmern, das bald sterben sollte.

Alfred war ein durchschnittlicher Schüler, schlecht in Mathematik, was seinen Mangel an Selbstwertgefühl verstärkte. Die Lehrer legten ihm nahe, ein Handwerk zu ergreifen, doch hätte er Mühe gehabt, den körperlichen Anforderungen in einem solchen Beruf zu genügen. Zum Glück hatte dieser schwächliche Junge und mittelmäßige Schüler eine herausragende Eigenschaft: Er liebte die anderen, er war neugierig auf die Welt. In der Bindungstheorie kann man diesen Drang zum anderen, diese Sozialität, bewerten. Wenn ein Kind vier bis sechs Freunde aufzählen kann, wenn es sich bei Problemen seiner Mutter anvertrauen kann, geht man davon aus, dass es eine sogenannte »sichere« Bindung aufgebaut hat, die einen wertvollen Schutz- und Sozialisationsfaktor darstellt.

Als Jugendlicher wurde der schwächliche Alfred kräftiger. Die schlechten Zensuren in Mathematik machte er durch seinen Fleiß wett, was es im ermöglichte, sich in Medizin einzuschreiben, ein erfolgreiches Studium zu absolvieren und 1897 eine Privatpraxis zu eröffnen. Obwohl er nicht an der Universität tätig war, bereitete ihm die eingehende Beschäftigung mit seinem Fach so viel Freude, dass er im Jahr nach seiner Niederlassung ein Buch schrieb.[1] Darin klingt bereits das Thema an, das sein Leben und seine Forschung beherrschen sollte: Ein Mensch ist kein Individuum auf einer Hierarchieleiter, sondern eine durch soziale Zwänge geprägte Person.[2] Mit 37 Jahren, zu dem Zeitpunkt Freud durchaus noch verbunden, veröffentlichte er das Buch, in dem er auf den Kern seiner Überlegungen kommt:[3] die psychische Kompensation von Minderwertigkeitsgefühlen. Die Wahl eines wissenschaftlichen Gegenstands hat etwas mit der Lebensgeschichte des Forschers zu tun. Die Ereignisse seiner Kindheit haben ihn für bestimmte Sachverhalte sensibilisiert, die er ordnet und zum Gegenstand seiner Forschung macht. Die Kindheit hatte Adler für das Thema körperlicher Unterlegenheit sensibilisiert und nicht für den Pansexualismus, um den Freuds Denken kreiste.[4]

Wir lesen aus der realen Welt heraus, was unsere Lebensgeschichte ins Licht rückt. Als ich selbst praktizierte, konnte ich ohne Mühe die seelischen Wunden verstehen, die bestimmte Patienten aus einer chaotischen Kindheit davongetragen hatten. Ich war bestürzt über die Zahl von Inzestopfern, die in meine Praxis kamen, um in einem vertraulichen Rahmen darüber zu sprechen. Diese durch einen schweren Übergriff aus der Gesellschaft ausgeschlossenen Frauen (und manchmal auch Männer) konnten nicht öffentlich sagen, was ihnen zugestoßen war. Sie wurden am Sprechen gehindert, so wie auch ich in den Nachkriegsjahren, als man mir nicht glaubte oder mit erhobenem Zeigefinger zu verstehen gab, dass meine Eltern in Auschwitz hätten leiden müssen, weil sie schwer gesündigt hätten. Die so sprachen, begriffen die Welt als eine Hierarchie von Verfehlungen, die bestraft gehörten. Vergewaltigte Frauen bekamen häufig zu hören: »Du wirst es unabsichtlich herausgefordert haben.« Nicht selten werden Inzestopfer beschuldigt, ihren Vater zu verleumden. »Ich kenne deinen Vater, er hätte das niemals getan.« Es kommt sogar vor, dass Opfer ihrem Gedächtnis die Vorurteile des Umfelds einverleiben: »Ich muss es unabsichtlich provoziert haben.«

Im Unterschied zu dem, was wir spontan denken, spricht es sich leichter mit einem Fremden als mit einem Menschen, der uns nahesteht. Emotionale Nähe verleiht den Worten zu viel Gewicht. Wie den eigenen Kindern sagen, dass der Großvater, den sie so lieben, sich in einem Sessel schlafend stellte und dann plötzlich seine Tochter packte, als sie vorbeiging, und vergewaltigte? Wie könnte das Umfeld eine solche Erzählung akzeptieren, die mit dem Bild des liebenswerten Großvaters unvereinbar ist? Dem Blick aus der Distanz fällt Objektivität leichter. Ob das vielleicht der Grund ist, warum Theater, Film und Literatur mit einem ganzen Katalog von Verbrechen, Kriegen, Vergewaltigungen und Inzesten aufwarten, die ihre fiktiven Helden an die Öffentlichkeit bringen, während die Aussage von Betroffenen unmöglich erscheint?

Wenn das Thema im kulturellen Umfeld keinen Platz findet, haben diejenigen, die von ihrem Trauma berichten, aufgrund der Diskrepanz zwischen den kollektiven Erzählungen und der inneren Erzählung das Gefühl, ein Geständnis abzulegen. Affektive Distanz entschärft die Emotionen, während im engsten Familienkreis das geringste Schweigen Unbehagen hervorrufen, das kleinste falsche Wort verletzend wirken kann. »Warum schweigt Mama, wenn wir sie bitten, von ihrem Vater, unserem Großvater, zu erzählen? … Warum spricht Papa niemals über sein Herkunftsland?«

Wenn die Kultur sich für die unausgesprochenen Traumata interessiert, bringt sie die kollektiven Erzählungen mit denen des seelisch Verletzten wieder in Einklang. Endlich kann er sich ungestört und rückhaltlos äußern, wie es ihm in den Sinn kommt. Wenn er sich eins mit sich fühlt, spricht er ruhig. Doch wenn der seelisch Verletzte in der Öffentlichkeit ausspricht, was er im Privaten nicht sagen konnte, empfindet die Familie sein »Geständnis« oft als Verrat: »Vor anderen Leuten spricht er darüber, aber uns sagt er nichts.«

Beim Inzest spürt das weibliche Opfer die Ungeheuerlichkeit des Verbrechens, das an ihr begangen wird. Wagt sie den Gang zur Polizei, zerstört sie häufig die Familie. Da die Tat unmöglich nachzuweisen ist, entbrennt ein Streit, bei dem Wort gegen Wort steht. Ähnliches gilt für die Erinnerung an die Shoah, wenn ein Kind von Überlebenden auf einen Holocaustleugner trifft. Die Diskussion gestaltet sich schwierig, wenn der Verschwörungstheoretiker lacht, die Faktenlage interpretiert oder sich empört: »Mir können Sie nichts vormachen!« In seinen Augen wird der kriminelle Täter zu Unrecht verfolgt, denn »Auschwitz hat es nie gegeben«.

Wie soll man über solche Dinge in der Alltagssprache reden? Bei einem gemütlichen Abendessen bat mich einmal mein Freund Gonzague Saint Bris, von meiner Verhaftung, meiner Flucht und meinen Heimaufenthalten zu erzählen, bei denen ich auch misshandelt wurde. Der äußere Rahmen war angenehm und das Essen köstlich, die Damen waren elegant und die Herren bemüht, etwas Interessantes zur Unterhaltung beizusteuern, als mich Gonzague plötzlich aufforderte, etwas über meine Kindheit in Lumpen zum Besten zu geben. »Wenn ich spreche«, so sagte ich mir, »werde ich sie überfordern, die Stimmung verderben oder noch schlimmer, ich werde sie zu Gourmands meines Unglücks machen.« Obwohl die öffentlichen Erzählungen die Diskussion belebten, der Roman *Der Letzte der Gerechten* 1959 den Prix Goncourt erhielt, aufsehenerregende Prozesse wie der gegen Eichmann 1961 stattfanden oder Filme gedreht wurden wie der bewegende *Die Verfolgten* von 1974, herrschte eine totale Diskrepanz. Die öffentlichen Erzählungen fanden nicht den Weg in die Familien, und dennoch linderte dieser Blick von außen den Schmerz der Verletzten.[5]

Falsche Klarheit

Hüten wir uns vor klaren Ideen, denn sie vereinfachen. Hannah kann einen Mann lieben, der ihrer Seele seinen Stempel aufgedrückt hat, an dessen Denken sich ihr Denken ausgerichtet hat und der dann einen Weg einschlägt, dem sie nicht mehr folgen kann. Hannah liebt Heidegger noch, bekennt sich zu seinem Einfluss, ist aber verwirrt, als er die Vernichtung der Juden befürwortet. Das ist keine Widersprüchlichkeit in ihrem Denken, sondern ihre Wege trennen sich, nachdem er in ihrem Gedächtnis eine Spur emotionalen Glücks hinterlassen hat. Sie hat nie einen Nazi geliebt, sie wurde verführt durch die Intelligenz eines Mannes, der zum Nazi wurde, sie war beeindruckt, fasziniert von ihrem Professor, der vor ihr auf die Knie sank, um ihr seine Liebe zu gestehen. Als Hannah 1933 feststellte, dass ihr Geliebter die Beseitigung der Juden wünschte, konnte sie die Erinnerung an die glücklichen Stunden mit ihm nicht auslöschen.

Wir werden von unserem Leben geformt. Hannah, die eine Liebesbeziehung mit einem Mann gehabt hatte, den sie eigentlich hätte hassen müssen, wohnte später dem Eichmann-Prozess in Jerusalem bei. Sie sah einen Menschen, der monströse Taten verübt hatte (einen Menschen, und kein Monster). Das radikale Denken ist derart eindeutig und klar, dass es übergriffig wird, es zerrt ans Licht, was wir denken, es reduziert einen Menschen auf die monströse Tat, die er begangen hat. Hannah sieht sehr wohl, dass dieser Mensch ein kleiner Mann ist. Sie erkennt, dass Adolf Eichmann, als er 1944 den Auftrag erhielt, in Ungarn die bei der Wannsee-Konferenz beschlossene »Endlösung« umzusetzen, hervorragende organisatorische Arbeit geleistet hat: Er hat auf dem Papier die Massenverhaftungen und die Requirierung von Zügen geplant, die innerhalb weniger Monate 450000 Juden zu den Gaskammern brachten. Dieser große Verbrecher war ein fleißiger Beamter, den es glücklich machte, dass er seine Träume verwirklichen konnte, indem er Dokumente abstempelte, Akten ablegte und jeden Tag mit einem simplen Federstrich Zehntausende von Menschen zum Tode verurteilte: »Ich werde freudig in die Grube springen, denn das Bewusstsein, fünf Millionen Juden auf dem Gewissen zu haben, verleiht mir ein Gefühl großer Zufriedenheit.«[1] Was ist Gehorsam doch für eine gute Sache, wenn er einem erlaubt, einfach um der eigenen Zufriedenheit willen Millionen von Menschen umzubringen.

Der Tod bedeutete Eichmann nichts. Der eigene nicht mehr als der der anderen. Da sein, nicht mehr da sein, töten, sterben, das ist alles dasselbe. Als er im Mai 1962 zur Hinrichtung ging, lächelte er. Er trank noch ein Glas Wein, lehnte die Kapuze ab, die der Henker ihm über den Kopf stülpen wollte, und schritt ruhig zum Galgen. Leben oder nicht mehr leben, was machte das für einen Unterschied?

Es wird Sie überraschen, aber ich glaube, dass solche emotionslos und ohne Schuldgefühle begangenen Verbrechen gar nicht selten sind und dass viele Menschen dazu fähig sind. Der Grund ist nicht Anhedonie, die Abstumpfung der Fähigkeit, Freude zu empfinden. Adolf Eichmann war sehr glücklich, wenn er mit Juden vollgestopfte Züge nach Auschwitz schickte. Das ist die Freude, die man empfindet, wenn man seine Arbeit gut macht, stempelt, sortiert, die Gesellschaft vom *Schmutz* der Juden säubert. So einfach ist das, diese Ungeheuerlichkeit ist banal, so verstehe ich Hannah Arendts »Banalität des Bösen«.

Wie wir alle wurde ich durch mein Leben geprägt. Als ich 1966 Lobotomien beiwohnte, war ich interessiert, wie ich gestehen muss, ich unterwarf mich einer Repräsentation, also einer Wiedergabe der Welt. Die Wissenschaftler behaupteten, sie könnten durch Schnitte ins Gehirn Zwangsneurosen heilen. Schauen wir uns das genauer an. Ich erinnere mich an diesen Ingenieur, der kein normales Leben mehr führen konnte, weil er seine Tage und Nächte damit zubrachte, den Türgriff abzuwischen, auf dem sich, wie er glaubte, Mikroben angesiedelt hatten. Sein Körper wischte nur noch, und sein Geist ließ, was er wischte, nicht aus den Augen. So groß war das Leid, die Entfremdung von sich und seiner Familie, dass diese Verzweifelten wieder Hoffnung schöpften, als ein Arzt von Lobotomie sprach.

In fürsorglicher Atmosphäre wurde der Patient in einen Operationsstuhl gesetzt. Man fixierte seinen Kopf, rasierte ihm die Brauen, desinfizierte ihm die Stirn, alle waren äußerst freundlich. Eine Vollnarkose war nicht notwendig; da das Gehirn selbst über keine Schmerzrezeptoren verfügt, kann man bedenkenlos hineinschneiden. Der Chirurg nahm eine lange Nadel mit einer runden Spitze zur Hand, schob sie durch eine Aussparung, die wir alle in der oberen Augenhöhle neben der Nasenwurzel haben, und drückte sie hinein, ohne das Auge zu berühren. Die Nadel erreichte die Unterseite des Schädels, eine dünne, poröse Knochenplatte, die leicht zu durchstoßen ist, und schon befand sie sich unter dem präfrontalen Lappen. Es genügte, sie in das Hirngewebe zu stoßen und destilliertes Wasser zu injizieren, um die Nervenfasern zu durchtrennen. Dann sah ich mit eigenen Augen, wie der Patient seufzte, sich entspannte und murmelte: »Ich fühle mich gut … Ich fühle mich gut …« Man führte ihn in sein Zimmer, er lächelte ihm Gehen. Drei Wochen später begann er von Neuem, einen Türgriff zu scheuern, aber seine Persönlichkeit existierte nicht mehr. Er reagierte nur noch auf Reize der Umgebung, er putzte, zuckte zusammen, wenn man ihn berührte, und wenn man ihn ansprach, sah er einen nur an, ohne zu antworten. Ich hatte mit eigenen Augen die Banalität des Bösen gesehen.

Niemand empörte sich. Wir hatten keinen Grund zu zweifeln, denn das medizinische Umfeld sang Lobeshymnen auf die Lobotomie. Wir hatten uns einem wissenschaftlichen Verfahren unterworfen. In der Tat entsprangen diese Arbeiten einer kulturellen Doxa, die seit der Antike postuliert, dass der Wahnsinn seinen Sitz im Gehirn habe. Und dass man folglich auf das Gehirn einwirken müsse, um Wahnsinn zu behandeln. Das ist nicht immer falsch, denn eine Fehlbildung im Gehirn, eine Vergiftung oder eine Infektion verursachen durchaus psychische Störungen. Doch heute zeigen die Neurowissenschaften im Verein mit Psychologie und Soziologie,[2] dass die meisten psychischen Störungen von Beziehungsproblemen oder sozialer Desorganisation herrühren, die auf das Gehirn einwirken.

Nun stand das kulturelle Umfeld in den Jahren 1930 bis 1950 ganz im Zeichen des Krieges. Gewalt war normal, sie sollte die sozialen Probleme lösen. Der Erste Weltkrieg hatte 1,5 Millionen jungen Männern den Tod gebracht, die größtenteils noch nicht einmal wahlberechtigt gewesen waren. Wenn ein Mann nach vier qualvollen Jahren aus den Schützengräben heimkehrte und an Symptomen wie dem »Kriegszittern« und psychischen Störungen litt, wurde er als Feigling und Simulant bezeichnet und galt als Verräter, in Frankreich als ein »Boche im Innern«[3]. Weil er nicht mehr kämpfen konnte, bestrafte man ihn. Man dachte gar nicht daran, ihn zu behandeln.

Als die Überlebenden 1918 nach Hause kamen, waren sie unerträglich geworden. Sie brüllten im Schlaf, zuckten beim kleinsten Geräusch zusammen, dachten nur an das Grauen, das sie durchlitten hatten, und stritten sich unablässig. Ihre Frauen, die vier Jahre lang die Familie und die Gesellschaft am Laufen gehalten hatten, hielten es mit diesen Männern nicht mehr aus. Auf die Katastrophe des Krieges folgte eine Scheidungswelle, die innerhalb von Monaten Zehntausende von Familien auseinanderriss.

Zahlreiche Kriegsversehrte mit von Granatsplittern grässlich verunstalteten Gesichtern hatten Hirnmasse verloren und lebten trotzdem weiter. Clovis Vincent, ein brillanter Neurologe, zog daraus den logischen Schluss, dass man entgegen der noch vor dem Krieg herrschenden Meinung durchaus Operationen am Gehirn durchführen könne, um Tumore, Abszesse und Hämatome zu entfernen. Und da er selbst ein mutiger Frontkämpfer gewesen war, kam er auf die Idee, diejenigen, die nicht mehr kämpfen konnten, mit Elektroschocks am ganzen Körper zu behandeln, damit sie es vorzogen, aufs Schlachtfeld zurückzukehren.

Auf der Grundlage dieses Wissensstands glaubte Egas Moniz, bedeutender Portugiese und Gegner von Diktator Salazar, dass es bei der Behandlung von Schizophrenen genüge, »die fronto-thalamischen Nervenbahnen« zu durchtrennen, welche die psychischen Störungen verursachten. Also bohrte er Löcher und injizierte Alkohol, um diese Gehirnregion zu verwüsten.[4] 1936 publizierte er seine »vielversprechenden Resultate«, was ihm 1949 den Nobelpreis für Medizin einbrachte.

Wenn der Krieg Gewalt legitimiert, wenn eine geistige und soziale Entfesselung eine Regulierung des Alltags notwendig macht, verlieren Behandlungsmethoden wie Elektroschocks oder Lobotomie ihre Dimension der Maßlosigkeit, sie erscheinen ganz normal. Das ist der Grund, warum Walter J. Freeman, der 1941 die Schwester J. F. Kennedys einer Lobotomie unterzog, mit gesellschaftlicher Billigung 3000 Lobotomien durchführen konnte.

Im Jahr 1967 arbeitete ich am Pariser Hôpital de la Pitié-Salpêtrière unter dem liebenswürdigen Messimy und dem eleganten Guilly, die Patienten untersuchten und die Funktion des Präfrontallappens analysierten[5], die einer Lobotomie unterzogen worden waren. Als ich eine Nachsorgeeinrichtung in Revest bei Toulon betreute, sah ich dort viele junge Frauen, an denen wegen ihrer Schizophrenie eine Lobotomie durchgeführt worden war. Die Psychochirurgie hatte das Krankheitsbild in der Tat verändert und sie durch Modifizierung der Hirnfunktion nur umso kränker gemacht. Mein Freund Gérard Blès und ich sind die letzten Augenzeugen dieses therapeutischen Verbrechens, das bis 1970 verübt wurde. Es waren die Ärzte der psychiatrischen Kliniken, die schließlich ein Verbot der Methode erwirkten, die über dreißig Jahre lang in einem gesellschaftlichen Umfeld, das Gewalt wertschätzte, nicht gewalttätig erschienen war.

Die Sowjets lehnten die Lobotomie aus ideologischen Gründen ab. Das Zentralkomitee behauptete, dass Pawlows Theorie der klassischen Konditionierung der Lehre des wissenschaftlichen Marxismus entspreche, während die Lobotomie ein Geschäft der Privatmedizin sei. Ab den 1960er-Jahren machte die Markteinführung des Neuroleptikums Largactil (Chlorpromazin), mit dem sich psychisch Kranke ruhigstellen ließen, die Lobotomie überflüssig. Nun wandten auch sowjetische Ärzte das Medikament an, um Regimegegner zu »behandeln«. Diese, so hieß es, litten an »schleichender Schizophrenie«, an einer schlummernden Psychose, einem schlafenden Wahnsinn ohne Symptome, denn wer ein kommunistisches Regime ablehne, das nur dem Wohl des Volkes diene, müsse verrückt sein.

Keine wissenschaftliche Entdeckung, keine philosophische

Idee ist außerhalb ihres kulturellen Kontextes möglich. Viele Nazis wie auch viele Verfechter der Lobotomie waren sich der Verbrechen, die sie begingen, nicht bewusst. Sie schöpften ihre politischen und therapeutischen Entscheidungen aus der Vorstellungswelt, in der sie lebten: dem Volk tausend Jahre Glück bringen, indem man den *jüdischen Schmutz* beseitigt und Geisteskrankheit durch Schnitte ins Gehirn behandelt. Wenn Gewalt alltäglich ist, legitimiert die Kultur diese Art der Regulierung sozialer Beziehungen. Die Nazi-Mediziner waren davon überzeugt, einen wissenschaftlichen Beitrag zur physischen Anthropologie zu leisten.[6] Im Namen der Moral brachten sie in Deutschland 300 000 Geisteskranke um, führten tödliche medizinische Experimente an Kindern durch[7] und ermordeten lachend sechs Millionen europäische Juden.

Selbstständig denken

Unter solchen Umständen konnte Hannah Arendt ihre Haut nur durch Flucht retten, nachdem die deutsche Polizei sie acht Tage inhaftiert hatte. Um ihr Seelenleben zu schützen, versuchte sie anschließend zu verstehen, was im Kopf derjenigen vorging, die sich hatten mitreißen lassen und Vergnügen daran gefunden hatten, Juden und *minderwertige Rassen* zu hassen: »Als ich Deutschland verließ, wollte ich nur verstehen … mich nicht bemitleiden … Die wichtigste Waffe gegen den Totalitarismus ist die Forderung nach eigenständigem Denken.«[1] Wie kann man freudig gehorchen, sich Aussagen unterwerfen, sie wiederholen und für wahr halten, ohne sie jemals durchdacht zu haben? Die Doxa triumphiert, wenn eine gesellschaftliche Gruppe eine Reihe von Wirklichkeitsannahmen wie selbstverständlich übernimmt, ohne es für nötig zu halten, sie zu hinterfragen. Das ist das Gegenteil von Empathie, die darin besteht, dass man sich in die Vorstellungs- und Gedankenwelt eines anderen hineinversetzt, um die Welt mit seinen Augen zu sehen. Diese geistige Fähigkeit erwirbt das Kind mit ungefähr sechs Jahren, wenn es den Erzählungen der Mutter lauscht. Es glaubt, was es hört, denn es weiß, dass sie ihm sagt, was ihm Schutz bietet und was gefährlich ist. In den ersten Lebensjahren hat ihm der Körper der Mutter ein Gefühl der Geborgenheit gegeben, wenn es sich an sie schmiegte, um keine Angst mehr haben zu müssen oder sich über einen Kummer hinwegzutrösten. Dann erwarb es mit den Wörtern ein Mittel zur Herstellung von Beziehungen, welches es ihm ermöglichte, seine Wünsche und Gefühle auszudrücken. Die Muttersprache prägte sich seinem Gedächtnis ein und schuf so ein Instrument, mit dem sich eine innere Welt zeigen und teilen ließ.

Im Alter von sechs Jahren, wenn der zerebrale Reifungsprozess so weit gediehen ist, dass sich die präfrontalen Neuronen (Basis der Antizipation) mit den limbischen Neuronen (Basis des Gedächtnisses) verbinden, erwirbt das Kind eine Vorstellung von der Zeit. Fortan kann es eine Geschichte verstehen und nicht nur eine Aufforderung. Wird die Geschichte, ob real oder fiktiv, von der Person erzählt, die ihm Sicherheit und Geborgenheit gegeben hat, nimmt das Kind sie widerspruchslos an, denn die geringste Infragestellung würde die beruhigende Wirkung dieser Person schwächen. Handelt es sich dabei um eine fürsorgliche Mutter, liegt es im Interesse des Kindes, ihr zu glauben, damit es den Ausschnitt der Welt, den sie mit ihren Worten ins Licht gerückt hat, besser sehen kann. Fühlt sich das Kind nicht geborgen, ist die Mutter unsicher und verunsichernd, wird sie misshandelt, ist sie krank oder tot, ist der Vater Furcht einflößend oder abwesend, lebt das Kind in einer Welt unheimlicher Schatten, die es bedrohen und verfolgen, denn keine Erzählung verrät ihm, was es tun muss, um sich davor zu schützen. Seine verwirrte, orientierungslose Seele klammert sich an jede Geschichte, die es beruhigt und seinen Bemühungen Richtung verleiht. Einem verwirrten Geist gibt jeder Rahmen Sicherheit, vor allem wenn es ein extremer ist. »So ist es und nicht anders«, behauptet der Extremist. Das Böse kommt von denen, die Fragen stellen, den Philosophen und den Fremden. Unterwerft euch, dann geht es euch besser.

Auf diese Weise wirkt der Affekt an der Identitätsbildung des Individuums und der Gruppe mit, der es angehört: »Ich weiß, was ich sagen muss, was ich tun muss, was ich glauben muss, um gut mit ihnen auszukommen.« Bindung ist so nicht nur simple Interaktion, nicht nur enger Kontakt, der beruhigt, sondern wird zu einem Band, das uns mit den Vorstellungen der anderen verbindet, zu einer geistigen Vereinigung. Wir machen die Erfahrung, dass wir uns zusammen wohlfühlen, wenn wir dieselbe Welt sehen und an dieselben Dinge glauben. Daher verleiht die Doxa ein Gefühl der Sicherheit.

Hüten wir uns vor dem, was allzu sehr beruhigt, denn es schläfert das Denken ein. Von dem Augenblick an, da ich zum Körper meiner Mutter gehöre, da ich zu ihrer Sprache gehöre (der Muttersprache), da ich zu der Welt gehöre, mit der mich ihre Worte bekannt gemacht haben, empfinde ich das Glück, zu der Gruppe zu gehören, zu der sie gehört. Ich werde gestützt von diesen Zwängen, die meine Entwicklung begleiten. Später werde ich verstehen, dass die Begründungen, mit denen ich mein Wohlbefinden erkläre, nicht unbedingt in der Realität wurzeln, sondern nur das von mir empfundene Gefühl der Zuneigung in Worte kleiden. Ich fühle mich wohl in der Gruppe, zu der ich gehöre, wir tragen als Erkennungszeichen die gleiche Kleidung, die gleichen Bärte oder Frisuren, wir machen die gleichen Gesten, sprechen die gleichen Gebete, verwenden die gleichen Worte, um die unsichtbare Welt, die wir gemeinsam bewohnen, zu beschreiben. Dabei geht es nicht mehr um ein Denken, das Zugang zur Wirklichkeit sucht, es geht um Rationalisierungen, also um Vorstellungswelten, die dem Gefühl des Zusammenseins in einer festen, schützenden Gruppe eine sprachliche Form geben, dessen wahre Gründe aber unbekannt oder irrational sind.[2] Es ist ein großer Gewinn, zu einer Mutter, einer Familie oder einer Gruppe zu gehören, denn es gibt Selbstvertrauen und beschert die Freude am Zusammensein. Aber das Ethos, das unsere Gruppe kennzeichnet und mit moralischen Werten ausstattet, birgt in sich die Tendenz zur Abgrenzung. Ich fühle mich nur in dieser Gruppe gut. Ich bin stolz auf mich, weil ich ihre Werte respektiere. Ich glaube, dass die Familie wichtiger ist als gesellschaftlicher Erfolg. Aber ich fühle mich unwohl mit denen, die in einer anderen Geisteswelt leben, andere soziale oder religiöse Rituale pflegen, einer anderen Werteskala gehorchen. Ich empfinde sie als unbekannte, fremde Aggressoren, denen ich lieber aus dem Weg gehe.

Der hohe Stellenwert von Kohärenz in der Gruppe, in der ich meinen Platz einnehmen will, erklärt die Tendenz zur Abgrenzung: Man fühlt sich wohl unter seinesgleichen. Wenn jedoch ein Angehöriger der Gruppe sich für eine andere Gruppe interessiert, bei der er andere Rituale und andere moralische Werte entdeckt, schwächt er uns, indem er uns zweifeln lässt. Ich empfinde ihn als Verräter, weil er uns eine andere kohärente Welt zeigt, die nicht dieselbe Kohärenz besitzt wie unsere und daher unsere Gewissheiten relativiert. Im Interesse einer klaren Familienstruktur habe ich es für notwendig gehalten, dass junge Menschen den Vater, den Staat und die Kirche um Erlaubnis bitten, wenn sie eine sexuelle Beziehung eingehen wollen, also das, was wir »Ehe« genannt haben. Und jetzt zeigt mir dieser Ungläubige, dass man diese Institution abschaffen und trotzdem in einer Gesellschaft leben kann! Ich hatte tröstliche Gewissheiten, ohne mich der Mühe des Nachdenkens unterziehen zu müssen, und jetzt demonstriert mir dieser Verräter, dass das, was für den einen gilt, nicht auch für den anderen gilt. Wer Gewissheiten braucht, den bringt die Entdeckung einer anderen Welt aus dem Gleichgewicht, während der Forscher sich über dieses kulturelle Gewirr freut. Wer die Gewissheit liebt, mag es, wenn alles beim Alten bleibt, er zieht es vor, Gedanken zu wiederholen und die Doxa nachzubeten, während der Forscher sich gern zurücknimmt und den Blick nach außen richtet, um ungeahnte Welten zu entdecken, in denen alles immer neu ist.

In unserer modernen westlichen Welt steht sozialer Erfolg an der Spitze der Werteskala. Man bewundert die Erfolgreichen, weil sie Herausforderungen gemeistert und Konkurrenten besiegt haben. Erfolg haben ist moralisch. Andere Gruppen verbinden mit Erfolg Arroganz und die Demütigung derer, die keinen Erfolg hatten, ja sogar Unredlichkeit, denn um Erfolg zu haben, so sagen sie, muss man andere vernichten. Erfolg haben ist unmoralisch. In jeder dieser Gruppen bleibt man unter sich und wiederholt die Parolen, die an die Stelle der Wahrheit treten, um die Kohärenz der Erzählung zu verstärken, die den Zusammenhalt der Gruppe begründet. In einem solchen Fall gilt es, sich selbst als Verfolgten darzustellen, um die eigene Gewalt zu rechtfertigen und als Notwehr auszugeben. Die Gruppe neigt unwillkürlich dazu, eine perfide Moral zu entwickeln. Sie rückt enger zusammen und bricht mit denen, die anders denken, sie ignoriert ihr Leiden, lässt sie ungerührt sterben und schöpft daraus manchmal sogar ein heimliches Vergnügen.

Lieben, um zu denken

Diese Bindung, die für das Wohlbefinden und die Freude am Lernen unerlässlich ist,[1] darf nicht kurzlebig sein. Damit sie ihren Zweck erfüllt und die Mitglieder der Gruppe eint, muss sie dauerhaft sein und sich dem Gedächtnis eines jeden einprägen: »Ich weiß, dass ich mich auf die anderen verlassen kann, denn sie teilen dieselben Rituale und dieselben Überzeugungen.« Die Bezugspersonen, die nach der Mutter, dem Vater und anderen Familienangehörigen auf den Plan treten, gewährleisten die weitere harmonische Entwicklung. Aber dann kommt das Alter, in dem das Erwachen des sexuellen Verlangens und der Drang nach Unabhängigkeit dazu animieren, die Komfortzone Familie zu verlassen und die nächsten Schritte zu tun. Die Bindung, unerlässlich für die Entwicklung des Kindes, wird nun zum Hindernis, wenn die Kultur dem Heranwachsenden nicht dabei hilft, die schützende Nische zu verlassen, um das sexuelle und soziale Abenteuer zu suchen.[2] Der junge Mensch fühlt sich wie ein Gefangener, er erstickt in der emotionalen Nische, in der er geborgen war. Die meisten Kulturen haben dieses natürliche Problem mithilfe der Ehe gelöst. Wenn ein Vater seine Tochter zum Altar führte und mit dem Segen Gottes und der Gesellschaft einem Mann übergab, öffnete er die Nische ihrer Kindheit und erlaubte den jungen Leuten, sich mit der Hilfe des sozialen Umfelds und unter Einhaltung der von ihm auferlegten Beschränkungen ein eigenes Zuhause zu schaffen. Da die Lebenserwartung bis ins 20. Jahrhundert bei 60 bis 65 Jahren lag, gab es wenige Großeltern. Heute, da ein junger

Mensch damit rechnen kann, 90 bis 100 Jahre alt zu werden, steht Selbstverwirklichung ganz oben auf seiner Werteskala. Die Väter führen ihre Töchter nicht mehr zum Altar, um sie einem anderen Mann zu geben, mit dem gemeinsam die Tochter die Werte der Gruppe erhalten wird. Dieser Ablösungsprozess ist notwendig, damit man die Gruppe, der man angehört, verlassen und sich individuell weiterentwickeln kann. Der Wunsch nach Sicherheit und moralischer Selbstverständlichkeit prägte den alten Ehevertrag: Ein Mann gibt alles, was er verdient, seiner Frau, die für sein Heim verantwortlich ist. Sie verzichtet auf jede individuelle Entfaltung und widmet sich ganz ihrem Mann und ihren Kindern. Diese Regel, mit der unsere Großeltern sozialisiert wurden, führt heute zu einer clanartigen Abgrenzung, denn sie verhindert die Entdeckung anderer Gruppen, anderer Kulturen und anderer moralischer Werte.

Ein solcher Ablösungsprozess erfordert einen Kampf gegen sich selbst und gegen diejenigen, die uns geliebt haben und die wir lieben. Meistens handelt es sich gar nicht um eine Trennung, wie häufig zu lesen ist, sondern um eine Neugestaltung der Bindung: Man knüpft ein neues Band mit dem Unbekannten und behält die Beziehung zu denen bei, die uns die Kraft gegeben haben, sie zu verlassen. Diese Entwicklung geht nicht immer mit Euphorie einher: »Meine Eltern haben es gebraucht, mich zu lieben, sie konnten nur als liebende Eltern leben. Ich bin ein Gefangener ihrer Liebe, wenn ich sie verlasse, werden sie zusammenbrechen«, sagen Kinder, die ihre durch Alkohol, Auswanderung, Depressionen oder eine schwere Krankheit verletzlich gewordenen Eltern parentifizieren.[3] Manchmal redet sich ein junger Mensch, der nicht die Kraft hat, das soziale Abenteuer zu wagen, ein: »Ihr habt mich nicht für das Leben gewappnet, ihr wollt mich für euch behalten.« Dieser unselbstständige Jugendliche fühlt sich vereinnahmt. Doch auch die Mutter-Kind-Beziehung ist eine vereinnahmende Beziehung, vorteilhaft für das Kleine, das sich der mütterlichen Liebe nicht entziehen möchte, und für die Mutter, die diesen Moment wie einen »Liebeswahn«[4] erlebt. Vereinnahmung ist ein erwünschtes emotionales Abenteuer, wenn wir den Geliebten glücklich machen möchten und uns seine Wünsche Befehl sind. Doch an dem Tag, an dem die Liebe erlischt, fühlt sich betrogen, wer die Vereinnahmung akzeptiert hat: »Ich habe dir meine Liebe geschenkt, und du hast es ausgenutzt.« Dieselbe freiwillige Unterwerfung findet sich auch bei Massenphänomenen, wenn ein charismatischer Anführer, ein Sänger oder ein Politiker eine Menge in Ekstase versetzt … bevor er sie enttäuscht.

Die Kultur spielt eine wichtige Rolle bei den emotionalen Konnotationen, die wir demjenigen (oder derjenigen) zuweisen, der (oder die) unsere Seele erobert. Viele erwachsene Frauen amüsieren sich darüber, wie sie sich mit fünfzehn unsterblich in einen Sänger verliebt haben. Viele junge Männer brennen darauf, einem politischen Führer zu folgen, dessen Programm sie kaum kennen, der sie aber mit einer Rede begeistert hat, mit einem schönen Foto von sich als Abenteurer, einem maskulinen Bart, einem geheimnisvollen Abzeichen, einem Barett oder einem Backpacker-Shirt. Jede Kultur liefert dem Reich der Sinne Bilder von Kandidaten: einen Ritter im Mittelalter, einen Selfmadeindustriellen im 19. Jahrhundert, einen Fußballer oder jede andere Person, die imstande ist, Sehnsüchte in uns zu wecken.

Der Kultur gemäß delirieren

Ich habe Napoleon gut gekannt. Ich habe sogar mehrere kennen gelernt, als ich in psychiatrischen Kliniken arbeitete. Diesen Männern bereitete es große Freude, sich einzureden, sie seien jemand, der sie gar nicht waren. Nach dem Mai 1968 ist der Napoleon-Wahn verschwunden, weil diese Geschichtsgröße nicht mehr in die kollektive Vorstellungswelt passte. Im neuen kulturellen Kontext verliehen andere Helden neuen kollektiven Erzählungen Gestalt. Die religiösen und militärischen Heilsbringer haben Maschinenfantasien Platz gemacht. Der Triumph der Biologie und das Vordringen der Roboter prägen den Alltag. Die Einführung der Pille in den Sechzigerjahren befreite die Frauen (und die Männer) von der Angst vor ungewollter Schwangerschaft. Aber mit dieser Befreiung wandelte sich auch das Bild des weiblichen Körpers, weg vom Sakralen und hin zur Biologie: Temperaturkurven, Hormonausschüttungen, medikamentöse Stimulationen, gynäkologische Untersuchungen. Innerhalb weniger Jahrzehnte eroberten Maschinen die Haushalte, das Fernsehen verschlang die Abende, das Auto ließ die Reisetätigkeit sprunghaft ansteigen, die Roboter verwandeln im Haushalt tätige Personen in Heimingenieure, und die Smartphones schaffen heute eine virtuelle Welt, die die Kommunikation verbessert und die Beziehungen verschlechtert.

Die Faszination für Napoleon ist durch die Einflussnahme von Journalisten ersetzt worden: »Mit welchem Recht erzählen sie, was in meinem Privatleben vorgeht?«, empören sich die neuen Wahnsinnigen. »Warum senden ihre Geräte mir

Wellen, die mich zwingen, Dinge zu tun, die ich gar nicht tun will? … Warum stellt die schöne Adèle van Reeth zu mir eine vereinnahmende Beziehung her? … Ich leide unter der Verletzung meiner Privatsphäre … Sie ist so schön, so stark und so überzeugend, wenn sie spricht, dass sie mich in ihren Philosophiesendungen im französischen Fernsehen manipuliert … Es vergeht kein Tag, an dem sie mich nicht quält, und mit ihren Kunstwerken spielt sie auf mein Privatleben an … Weil sie mich so vereinnahmt, kann ich kein Privatleben haben … So genial sie auch sein mag, es ist unmoralisch, wie sie auf mir herumtrampelt …« Adèle hat für manche Napoleon abgelöst, denn sie verkörpert die aktuellen Themen unserer Kultur: den Triumph der Maschinen und die Selbstverwirklichung der Frauen.

Nachdem wir von der Vereinnahmung durch unsere Mutter, ihre Sprache und ihre Kultur profitiert haben, unterwerfen wir uns der Vereinnahmung durch die Maschinen und die Frauen, die einen neuen kollektiven Diskurs gestalten. Die Soldaten des Kaiserreichs schweigen, und die Arbeiter Zolas haben den Heroismus nicht mehr für sich gepachtet. Das Gefühl der Zugehörigkeit zu einer neuen Gruppe verändert die soziale Identität. Wir erleben sogar die Rückkehr der ethnischen Identität, die wir glücklich überwunden glaubten: »In einer Gruppe von Schwarzen fühlt man sich weniger schwarz, weil alle die gleiche Hautfarbe haben. Deshalb schließen wir Weiße aus, denn ihre bloße Gegenwart gibt uns das Gefühl, zu schwarz zu sein.«

Das Gefühl dazuzugehören ist notwendig, wohltuend und gefährlich. »Ich fühle mich gut, gelassen und stark in Gegenwart derer, an die ich mich binde. Wir sprechen die gleiche Sprache, wir tragen die gleiche Kleidung, die gleichen Abzeichen, die gleiche Art von Frisur oder Bart, um unsere Zusammengehörigkeit zu demonstrieren.« Gemeinsam schaffen wir eine Situation, die paradox, aber nicht widersinnig ist. Wir brauchen die anderen, damit sie uns die Kraft geben, wir selbst zu werden.

Die westliche Doxa verherrlicht die Unabhängigkeit, die wir jedoch nur erlangen, wenn uns die anderen stützen und stärken. Wenn mich die anderen prägen, verleiht mir das eine Identität, die mir den Mut gibt, mich persönlich weiterzuentwickeln. Sind sie nicht da, nicht um mich herum, prägen sich nicht meinem Gedächtnis ein, bleibt meine Identität in der Schwebe, dann weiß ich nicht recht, wer ich bin. In einer Welt ohne Andersartigkeit kann ich mich nur auf mich selbst konzentrieren, und ich bin unfähig, einen bestimmten Kurs einzuschlagen. Da ich Zugang zu der Welt der Worte habe, muss ich auch die Vorstellungen der anderen teilen. Sie erzählen mir von unsichtbaren Welten, vergangenen Geschichten, Zukunftsträumen, und da ich sie mag, möchte ich ihnen glauben, damit ich mich auch weiterhin bei ihnen wohlfühle. Der gemeinsame, durch Erzählungen vermittelte Glaube zeigt die Welt, in der wir zusammenleben. Ich fühle mich beruhigt, wenn ich sie im Blick habe und wenn ich die Welt sehe, die sie mir mit ihren Worten zeigen. Der gemeinsame Glaube eint noch mehr als die Interaktion eines körperlichen Kontakts, einer Umarmung oder eines liebevollen Kusses.

Das ist ein enormer Gewinn, doch bedauerlicherweise bekommen wir dabei nur eine von wenigen Worten erhellte Welt zu sehen. Wenn die Erzählungen die anderen Kulturen und die anderen Glaubensvorstellungen ignorieren, isolieren sie den Gläubigen und wiegen ihn in ein süßes Delirium. Wenn das Wissen darauf beschränkt bleibt, die Doxa der Gruppe nachzubeten, sperrt es das Subjekt in einen bequemen Käfig, in dem es zwar herrscht, der es aber von denen fernhält, die in anderen Welten leben. So entstehen logische Delirien, die in sich stimmig und von den anderen isoliert sind, und so bereitet man sich darauf vor, jene zu hassen, die die Welt anders sehen. Das kleinste Widerwort wird als »Blasphemie« gebrandmarkt, um den Ausschluss und dann die Tötung desjenigen zu legitimieren, der nicht so spricht, wie er sollte.

Wer sich selbst gläubig nennt, räumt Ungewissheit ein, denn er erkennt damit an, dass man nur glauben und nicht wissen kann. Aber wenn kein Zweifel mehr besteht und die Erzählung zum Dogma wird, findet man moralische Rechtfertigungen, um seine Wahrheit durchzusetzen. »Man muss verrückt sein, um nicht zu glauben, was ich glaube«, sagt der Paranoide. »Wer nicht dasselbe glaubt wie ich, ist ein Aggressor, denn er rüttelt an meinem Glauben, indem er an ihm zweifelt, er erschüttert die Dogmen, auf die meine Welt gebaut ist. Ich handle nur in Notwehr, wenn ich einen Denunziationsbrief an die Polizei schreibe, wenn ich den Aggressor ins Gefängnis bringe, wenn ich ihn, tolerant, wie ich bin, deportieren und umerziehen oder manchmal auch erschießen lasse, weil ich dazu gezwungen bin.« So denkt, wer den eigenen Glauben in Gewissheit verwandelt hat.

Könnten wir ohne Glauben leben, ohne eine Vorstellung von dem, was wir nicht wahrnehmen können? Wir würden im Unmittelbaren leben: atmen, schlafen, essen, nur um des Glücks des Konsumierens willen. Nun ist es aber so, dass wir dank unserer Sprachfähigkeit in der Lage sind, das Wunderbare oder das Schreckliche, das eine unsichtbare Welt heraufbeschwört, in unserem Körper zu spüren: »Eine Geste oder drei Worte genügen, um dich von deinen Sünden reinzuwaschen. Aber wenn du dich weigerst, dich unseren Metaphern zu beugen, wirst du auf drei Generationen hinaus verflucht und deine Kinder werden unter deiner Verfehlung leiden.« Der Gläubige erkennt die Möglichkeit des Zweifelns an, denn er bekennt, dass er glaubt, doch wenn man den Glauben vor sich herträgt wie eine Gewissheit, wird Sprache zu einer Waffe, die den anderen zum Schweigen bringt.

In jeder Bevölkerung gibt es Menschen, die den Zweifel als ein Vergnügen erfahren, das zum Hinterfragen einlädt. Aber in derselben Bevölkerung gibt es auch jene, für die Gewissheit Sicherheit bedeutet. Wie soll es da nicht zum Krieg kommen? Unsicherheit lädt zur Suche nach einer anderen Möglichkeit ein, zu einer Reise, einer Begegnung, die uns veranlasst, unsere Meinung zu ändern. »Dieses Vorgehen ist manchmal quälend«,[1] bietet aber auch Raum zur Entwicklung. Während die Liebhaber der Gewissheit das Denken einfrieren lassen, erotisieren die Evolutionisten den Zweifel, das Staunen, das Unerwartete und nehmen die dem Leben innewohnende Angst in Kauf. Die »Fixierten« bevorzugen den Frieden, der für die absolute Wahrheit steht, die alleinige Wahrheit, die des Anführers, des überlegenen Genies, dem man nur zu gehorchen braucht, um an die Macht zu gelangen und seine Regeln durchzusetzen, damit Ordnung herrscht. Wie soll es da keinen Krieg geben? Der pathologische Zweifel macht Menschen mit einer Zwangsstörung handlungsunfähig, weil sie nach der letzten Gewissheit verlangen: »Ich habe den Türgriff geputzt, aber ich glaube, dass noch Mikroben dran sind. Ich muss wieder von vorne anfangen.« – »Ich bin mir nicht sicher, ob ich die richtige Entscheidung getroffen habe: Prüfen wir es nach.« Solche Zweifel machen eine Entscheidung unmöglich. Der zwanghafte Zweifel steht der Wahrheit im Weg, während der Zweifel, der Raum zur Entwicklung lässt, den Zugang zu mehreren Wahrheiten eröffnet: »Heute ist das eine in diesem Kontext wahr, aber morgen ist es in einem anderen Kontext …?« Der Zwanghafte kommt nicht von der Stelle, da er immer wieder prüft, während der Forscher mobil bleibt, weil er sich woanders umtut. Die Wege zur Wahrheit sind unterschiedlich.

An die Welt glauben, die man erfindet

Viktor Frankl wollte die Nürnberger Prozesse nicht, er wollte lieber versuchen, die Gedankenwelt dieser unsäglichen Verbrecher zu verstehen. Hätte er sich von Hassgefühlen leiten lassen, hätte er die andere Welt der Nazis nicht entdecken können: »Wie ist es möglich, ein solches Verbrechen zu begehen, ohne Schuld zu empfinden?« Aber das war nur möglich, weil Frankl vor Auschwitz Schutzfaktoren erworben hatte, die es für ihn zu einem Vergnügen machten, die Welt zu erforschen. Hannah Arendt entdeckte in Jerusalem, dass sich hinter der äußeren Erscheinung des kleinen Herrn Eichmann ein großer Verbrecher verbarg. Sie schätzte weiterhin Heidegger, den großen Philosophen, der NSDAP-Mitglied geworden war, und sie erkannte an, dass manche Juden mit den Nazis kollaboriert hatten. In den Nachkriegsjahren brauchten ihr Mann und ihre Freunde Gewissheiten: »Der Nationalsozialismus ist das Böse … Die Juden sind unschuldig Ermordete. Das ist doch klar«, sagte ihr Mann. »Das ist klar, aber es stimmt nicht ganz«, fügte Arendt hinzu, die für diese Modifizierung von denen, die sie liebte, gehasst wurde. »Das Gefühl der Zugehörigkeit zu einer umfassenden Bewegung ermöglicht es, den Fluch der Einsamkeit zu überwinden. Ein weiterer Vorteil liegt darin, dass man Gewissheiten besitzt, die Antwort auf alle Fragen kennt, statt unschlüssig zu schwanken oder von Zweifeln geplagt zu werden.«[1] Darin liegt der Vorteil des Massendenkens: Man fühlt sich so sehr im Einklang mit der Gruppe, dass man plötzlich zu verstehen glaubt. »Es ist wahr, denn alle, die ich liebe, sagen es ebenfalls.« Dieser wunderbare Moment erinnert an die vereinnahmende Liebesbeziehung zwischen einer Mutter und ihrem Kind oder zwischen einem Anführer und seiner Gruppe. Eine wunderbare Falle für das Denken.

In einem kulturellen Kontext, der den *Übermenschen* hervorbrachte, beharrte Alfred Adler darauf, dass alle Wesensmerkmale eines Menschen einen Wert darstellten. Auch eine abweichende Form könne schöpferisch sein, und das Gefühl der Demütigung könne eine Abwehrreaktion rechtfertigen.[2] Solche »anti-doxischen« Überlegungen stärken die Glaubwürdigkeit des Denkers. Die Fixierten hingegen verlieren am Ende jede Authentizität, denn sie beten nur die Parolen der Gruppe nach. Man weiß, was sie sagen werden, deshalb braucht man nicht mehr zu sprechen, es genügt, mit ihnen im Sprechchor zu rufen, um sich verbunden zu fühlen. Der Verzicht auf Denkarbeit hat den Vorteil, dass er weniger anstrengend ist. Die Gruppe ist vereint, wenn alle gleich reden. Die Mitwirkung in einem Chor führt leichter zur Ekstase, denn Gefühle sind stärker, wenn sie in der Gruppe empfunden werden.

Ich erinnere mich an ein Experiment, bei dem der Wissenschaftler[3] seine Versuchspersonen um die Erlaubnis bat, sie zu filmen, während er ihnen Filmsequenzen vorspielte, die Folter, Komik, Verzweiflung oder Erotik zum Gegenstand hatten. Wenn die Personen allein waren, zeigten ihre Gesichter keine Regung, doch sobald ein Assistent sich wortlos neben sie setzte, entsprach ihre Mimik dem grausamen, lustigen, traurigen oder wollüstigen Inhalt der Szenen. Die stumme Gegenwart eines anderen erleichterte es ihnen, ihren Gefühlen Ausdruck zu verleihen. Es ist traurig, allein ins Kino zu gehen, aber geht man zu zweit oder in der Gruppe, sind die Emotionen intensiver. Das erklärt vielleicht, warum Fixierte gerne an Massenkundgebungen teilnehmen, bei denen altbekannte Schlagworte, Parolen, begeisterter Beifall und moralische Entrüstungsstürme Ekstasen hervorrufen, die jeglicher Vernunft entbehren. Die Gruppe funktioniert besser, wenn auf Reflexionsarbeit verzichtet wird, und der Rausch stellt sich schneller ein.

Hannah Arendt misstraute dem Zugehörigkeitsgefühl: »[Ich habe] nie in meinem Leben irgendein Volk oder Kollektiv ›geliebt‹, weder das deutsche, noch das französische, noch das amerikanische, noch etwa die Arbeiterklasse oder sonst was in dieser Preislage. Ich liebe in der Tat nur meine Freunde und bin zu aller anderen Liebe völlig unfähig.«[4] Arendt kann nicht eine Kategorie lieben, die das Denken in eine Schablone presst. Sie kann nicht sagen: »Ich liebe den Arbeiter … Ich liebe den Deutschen.« Aber sie hätte sagen können: »Ich liebe diesen Mann, der Arbeiter ist … Ich liebe diesen Deutschen, mit dem ich gut nachdenken kann.« Hannah bedient sich des Denkens wie ein Bauer, ein Ackermann, der weiß, wann ein Boden fett oder sandig ist, weil er zu ihm eine »fleischliche« Beziehung hat. Er hat ihn unter den Füßen gespürt, ihn zwischen den Fingern zerrieben, an ihm gerochen und so ein sinnliches, konkretes, materielles Wissen erworben. Solch ein authentisches, im Körper gespürtes Wissen nährt eine Vorstellung: »Ich habe Hunger leiden müssen … die Verzweiflung hat mich gezeichnet … ich bin in meinem Fleisch und meiner Erinnerung berührt worden, und ich habe daraus eine Erfahrung gewonnen, die in der Wirklichkeit wurzelt: Fette Böden eignen sich für Kartoffeln, aber Zitruspflanzen gedeihen besser auf sandigen Böden … Hunger lähmt das Denken … Verzweiflung verleitet zum Träumen, damit wir uns nicht dem Tod ergeben.« Diese Erkenntnisform entspricht der des Klinikarztes, der bei Verdacht auf Blinddarmentzündung den Bauch abtasten muss, um die schmerzempfindlichen Punkte zu ermitteln. Es ist dieses Bild des Ackermanns, in der diese Form der Erkenntnis wurzelt.

Manchmal braucht Erfahrung keine Erdung. Diejenigen, die Gott begegnen, erwerben ein noetisches Wissen, erfahren eine Erleuchtung, die ihnen das Spirituelle erschließt. Und eine solche Erkenntnis wird ebenso durch Ekstase wie durch Angst ausgelöst. Diese Menschen erleben Gott wie eine unsichtbare Offensichtlichkeit. Ich weiß, dass es ihn gibt und dass er mich beschützt, denn ich bin glücklich, seit ich an ihn glaube, an diesen in mir »verborgenen Gott«[5]. Die Ekstase der Fixierten resultiert aus dem Zusammensein, bei dem jeder die Gefühle des Nachbarn verstärkt, sie kann aber auch dem plötzlichen Erleben einer unsichtbaren Entität entspringen, die man in seinem Innern spürt. Man muss gemeinsam beten, singen, applaudieren, sich empören und den anbeten, der sich offenbart hat. Eine solche Liebe festigt die Gruppe, so wie ein schöner Hass diejenigen eint, die das Böse einem Sündenbock anlasten. Die Fixierten lieben das Fieber der klaren Visionen, die Liebe zum Gleichen und Hass auf das andere erzeugen. Die aufgepeitschten Gefühle bei Massenveranstaltungen bereiten dem Handeln den Boden und behindern das Denken.

Sich dem Trieb zu unterwerfen ist für die Kids in den bildungsfernen Vierteln eine Quelle des Glücks. »Hast du gesehen, wie mutig ich den Bullen angegangen bin?« Sie sind stolz auf ihr Handeln, wenn sie von einer Idee beherrscht werden, die allzu klar, allzu schön konturiert ist und folglich losgelöst von der Realität, die immer ein wenig schmutzig und ambivalent ist: »Alle zusammen unterwerfen wir uns einer Vorstellung, die uns zu guten Rittern macht und uns berechtigt, diejenigen umzubringen, die nicht so denken wie wir.« Unterwerfung bereitet denen große Freude, die zu Massenveranstaltungen (Opernaufführungen, politischen Reden oder Fußballspielen) gehen und sich von skandierten Plattitüden berauschen lassen, bis sie den Verstand verlieren. Werden die gleichen Phrasen in Verse gefasst, werden sie am Ende geglaubt – jede Nuancierung hätte die falsche Klarheit des Fanatikers verhindert.[6]

Ich gehöre zur geistigen Familie Hannah Arendts. Wenn sie einen gläsernen Menschen beschreibt, der sich in seinem Büro an die Aufgabe macht, die Juden auszurotten, sieht sie kein Monster, das mordet, sondern beschreibt einen Beamten, der von der Vorstellung beherrscht wird, die er sich von den Juden macht, und glaubt, etwas Gutes zu tun, wenn er die Ermordung hunderttausender Menschen organisiert.

Ein logisches Delirium: Wenn man behauptet, die Juden seien schuld am Unglück der Welt, und glaubt, das Wort des Führers sei heilig, erscheint es logisch, das Böse auszumerzen und an einer Maßnahme zur *Volkshygiene* mitzuwirken. Es ist möglich, eine Akte anzulegen, auf der Schreibmaschine zu tippen und eine behördliche Anordnung zu unterzeichnen, ohne sich die Wirklichkeit vorzustellen, die daraus resultieren wird: der Tod von Millionen Menschen durch Vergasung, Erschießung, Verhungern, Typhus und Verwahrlosung. Wenn man das Wort eines religiösen, ideologischen oder wissenschaftlichen Führers als unantastbare Wahrheit akzeptiert, gibt es weder Beurteilung noch Schuld: Es herrscht Ordnung. Und wenn die Realität unerträglich wird, vermeidet man Worte, die sie sichtbar machen könnten.

Wir glauben so sehr an die Welt, die wir erfinden, dass wir aus voller Überzeugung darin leben. Wenn wir die Ereignisse betrachten, wird verständlich, warum sechzig Prozent der Juden, die am 14. Mai 1941 von der französischen Polizei vorgeladen wurden, »zur Feststellung ihrer Personalien«, wie es hieß, »der Vorladung gefolgt sind … In den Waggons ihrer letzten Reise wollten die meisten noch immer glauben, dass man sie zum Arbeiten in den Osten brachte«[7]. Drückt man sich vor einem Urteil, damit man sich besser einer wirklichkeitsfernen Erzählung unterwerfen kann, so birgt das einen großen Vorteil: Man fürchtet nichts mehr, man ist zusammen und nährt die Illusion von Wohlbefinden.[8]

Der Bruder meines Vaters war überglücklich, in Frankreich leben zu können. Von Beruf Chemieingenieur, hatte er eine Fußballmannschaft gegründet, damit er mit den Arbeitern der Zementfabrik spielen konnte. Aus reiner Freude daran, die großen Schriftsteller kennenzulernen, promovierte er in französischer Literatur. Als ein Nachbar zu ihm sagte: »Monsieur Léon, gehen Sie nicht zur Polizei«, entgegnete er ärgerlich: »Ich bin hier in Frankreich, dem Land der Menschenrechte.« Er ist zur Polizei gegangen und wir haben ihn nie wiedergesehen. Sein Name fand sich in einem Archiv in Auschwitz.

Ich frage mich, ob ich nicht auch von diesem Schutz durch das logische Delirium profitiert habe. Wollte der Soldat in schwarzer Uniform, der mir das Foto seines kleinen Sohnes zeigte, wirklich einen emotionalen Moment mit mir erleben? Hatte der Offizier, der mich unter dem Körper der sterbenden Frau bemerkt und das Zeichen zur Abfahrt gegeben hatte, mich wirklich gesehen? Ich habe ein Erinnerungsbild, das von Mme Decoubès, der Krankenschwester, die mich mit dem Deutschen in schwarzer Uniform hatte sprechen sehen, und von Mme Blanché, der Dame, unter der ich mich verkrochen hatte, bestätigt wurde, aber ich habe mit diesen Bildern ein menschliches Motiv verknüpft, das diese Soldaten vielleicht gar nicht hatten, das ich selbst aber benötigte, um die Realität ertragen zu können. Ich lese oft in der psychologischen Presse, dass man positive Gedanken brauche, um sich trotz eines Unglücks besser zu fühlen. Eine klare Selbstwahrnehmung sei ein Zeichen geistiger Gesundheit. Ich frage mich, ob ein logisches Delirium nicht noch besser schützt. Meine präzisen Erinnerungen, eingebettet in eine mir genehme Konnotation (Der meinen Tod wollte, unterhielt sich gern mit mir … Der Hauptmann hat mich gesehen und das Zeichen zur Abfahrt gegeben), haben mir geholfen, nicht zu verzweifeln, an das Gute im Menschen zu glauben und weiterzuleben, ohne mich allzu sehr verfolgt zu fühlen. Ich habe mich glauben lassen, dass die Welt nicht nur grausam ist und dass es immer etwas gibt, worauf man sich freuen kann.

Eichmann hat sicher mit Freuden an die Worte des Führers geglaubt, der wusste, woher das Böse kam. Der Führer befahl Eichmann, die Träume zu verwirklichen, die dieser seit seiner Kindheit hegte. Wir unterwerfen uns dem, der uns zu unserem größten Nutzen seinen Willen aufzwingt.[9] Wir unterwerfen uns begeistert dem Diktator, der uns befiehlt, unsere finstersten Begierden auszuleben.[10] Unser Zugehörigkeitsbedürfnis macht uns zu Komplizen der Tyrannen, die uns knechten. Schon in jungen Jahren giert man danach, Wind zu fressen und mit den Wölfen zu heulen. »Ich wurde 1938 eingeschult, vier Jahre später erwartete mich der Pflichtdienst in der Hitlerjugend … Die politischen Verhältnisse, die tägliche Indoktrinierung und eine raffinierte Propaganda waren dergestalt, dass Jungen und Mädchen meines Alters sich danach sehnten, die Uniform zu tragen, zu der bei den Jungen ein Dolch gehörte, der stolz an der Seite getragen wurde … Der Sport, die Kameradschaft, die Lieder und die Kriegsspiele bereiteten insgeheim auf die [russische] Front vor, die uns bestimmt war und die den Erwartungen eines Jugendlichen entsprach, der auf der Suche nach einem Ideal war.«[11]

Oscar Levit wurde als Sohn eines jüdischen Vaters und einer protestantischen Mutter geboren. Um ihn zu schützen, verschwieg man ihm, dass der Mann, der seine Mutter besuchen kam, sein Vater war. Und so machte der Junge die nationalsozialistische Erziehung freudig mit. Das ist der übliche Weg. So wurden die maoistischen Roten Garden unterworfen, die Angehörigen der Hitlerjugend, die Janitscharen, die als Kinder ihren christlichen Eltern geraubt wurden, um dem türkischen Großherrn zu dienen, die Dschihadisten und alle freiwilligen Sklaven extremer Anschauungen. Wenn eine Kultur eine sinnentleerte Wüste ist, stützt das Bedürfnis nach einem Ideal und nach Zugehörigkeit die sich herausbildende Persönlichkeit. Eine schöne Erzählung genügt. Aber es sind nicht nur Wörter, die Sinn stiften. Eine Parasprache, ein theatralischer Stil, pompöse Inszenierungen und Menschenaufmärsche erwecken den Eindruck von Harmonie und Macht. Fahnen, Musikkapellen, Trommeln, Trompeten und Kanonenschüsse locken die Jugendlichen. Einer schönen Inszenierung, die Emotionen entfesselt und die Vernunft entwertet, können sie nicht widerstehen.

Die Neigung zur Unterordnung kennzeichnet alle Lebewesen. Niemand kann ohne die anderen existieren: Bäume senden chemische und thermische Signale aus, Fische und Vögel ziehen in Schwärmen, Säugetiere wandern in organisierten Gruppen, und die Menschen fügen den biologischen Gründen noch narrative Faktoren hinzu, die den Zusammenhalt der Gruppe weiter verstärken. Wenn wir dieselbe Sprache mit dem demselben Akzent sprechen, wenn wir dieselben Parolen rufen, fühlen wir uns wunderbar in der Gruppe integriert. Wer aber »nach etwas Bedeutsamem strebt und den Versuch macht, zu einer sinnvollen Selbstdefinition zu gelangen … [stellt sich in] Gegensatz zu den Forderungen der Gesellschaft«.[12] Tod dem Miesmacher! Wer sich seine innere Freiheit bewahrt und selbstständig denkt, distanziert sich von dem Wohlgefühl, das die Parolen verschaffen.

Die Welt, die man wahrnimmt, einfärben

Die emotionale Konnotation der Realitätswahrnehmung erwerben wir in der frühen Kindheit, wenn die sensorische Nische der ersten tausend Tage unsere Psyche mit einem Gefühl der Lebensfreude erfüllt, vorausgesetzt, die Nische ist stabil und strukturiert. Ist diese Nische durch Armut und Gewalt gekennzeichnet, wird die Welt beim Kind einen bitteren Geschmack hinterlassen.[1] Auf diese Weise durch unser frühes Umfeld geprägt, hat unser Wahrnehmungs- und Empfindungsapparat eine Fähigkeit erworben, die Informationen herauszufiltern, die seine Realität erschaffen. Wenn familiäres oder soziales Unglück die sensorische Nische der ersten tausend Tage haben verarmen lassen, nimmt das verunsicherte Kind alles, was aus der Außenwelt kommt, als Bedrohung wahr. War das Kind früh geborgen, fasst es dieselbe Information als Spiel oder als Einladung zur Erkundung auf. Kommen die Kinder in das Alter, in dem sie fähig werden, die Welt, die sie wahrnehmen, in eine sprachliche Form zu fassen, erzählen diejenigen, die verunsichert waren, Geschichten von Verfolgungen, in denen sie zum Ausdruck bringen, wie sie die Welt wahrnehmen. Bleiben diese Kinder isoliert, nimmt ihre schmerzvolle Welt die Form einer Paranoia an: Sie leiden, sie empören sich darüber, dass sie drangsaliert werden, obwohl sie unschuldig sind, und rebellieren in einem

Akt der Notwehr, was dazu führt, dass sie denjenigen, dem sie ihr Unglück anlasten, angreifen und manchmal töten. Also üben sie sich darin, vorgefertigte Schlagworte zu wiederholen, die ihre Verzweiflung und ihre Feindseligkeit gegen die Verursacher ihres Elends zum Ausdruck bringen: die Reichen, die Eliten, die Unternehmen, das herrschende System. »Wir fühlen uns besser, seit uns ein Heilsbringer, ein Philosoph, klargemacht hat, dass an unserem Unglück die Hexen schuld sind … die Juden … die Araber … die Ausländer … diejenigen, die nicht so denken wie wir.« Eine solche Erzählung besitzt eine Aussagekraft, die überzeugt, bestärkt und guttut, auch wenn sie nicht auf realen Fakten beruht. Die Gruppen der schlecht Behandelten profitieren von solchen logischen Delirien, die zwar realitätsfern, aber so tröstlich sind, dass ihre verbale Kohärenz eine »wohltuende Illusion«[2] erzeugt. Die Benennung eines Aggressors ruft ein seltsames Wohlbefinden hervor, fördert eine gute Meinung von sich selbst, schafft eine Klarheit, die keiner Bestätigung bedarf. Der Luftzug, den diese Ideen entfachen, genügt, um die Windfresser glücklich zu machen, die sich mit vorgefertigten Phrasen abspeisen lassen.

Die Ackermänner, die mit beiden Füßen auf dem Boden stehen, erschaffen eine andere Realität. Ihr Wissen ist mühsam der Realität abgerungen wie der Erfahrungsschatz des Pferdehändlers, der als Einziger sieht, dass sein Pferd lahmt. Wer früh ein gesundes Selbstbewusstsein entwickelt hat, führt gern Streitgespräche. Wer aber den bitteren Geschmack der Welt gekostet hat, lässt sich nur durch die Gewissheiten beschwichtigen, die ihm die logischen Delirien verschaffen. Er klammert sich gern an unbewiesene Äußerungen. Deswegen geht es beim Argumentieren mehr um das Aussagen als um das Ausgesagte, also mehr darum, wie etwas gesagt wird, als um das, was gesagt wird. Die Musik der Worte und das Theater der Gesten haben eine Macht zu begeistern, die größer ist als die der Gedanken. Gut erzählen ist eine Kunst, die überzeugend wirkt und der strengen Vernunft das Nachsehen gibt.

Ich stelle mir vor, dass vor dreihunderttausend Jahren, als Herr und Frau Sapiens noch in Clans von etwa dreißig Personen zusammenlebten, Paarungen häufig, Paare aber eher selten waren. Wenn ein Kind kam, kümmerte sich die Gruppe darum, man brauchte nicht zu wissen, wer der Vater war. Der Begriff des Vaters kam erst auf, als die Gruppe größer wurde und das Kind vertraute Bezugspersonen um sich brauchte. Niemand kümmert sich, das bedeutet niemand, aber zu viele bedeuten auch niemand. Die Anzahl verhindert die persönliche Beziehung. Also entstand der Begriff der Familie, die, als Nachfolgerin des Clans, den Vater individualisiert hat. »Er war es«, sagte Frau Sapiens, und die Gruppe nahm den Mann, auf den sie zeigte, in die Pflicht. »Du hast der Frau das Kind gemacht, also musst du dich darum kümmern.«

In den Dörfern der Frühzeit existierte das, was man heute Verinselung nennt, in Gestalt von Familien, die sich in ihren Hütten verkrochen. Bestimmte Familiengruppen, die Schutz boten und Pflichten auferlegten, lebten unter dem Gesetz des Vaters zusammen. Aber wenn in einigen Familien brutale Gewalt ausgeübt wurde, verschloss das Dorf davor die Augen, damit es weiter in Frieden leben konnte. Man weiß es, will es aber nicht wahrhaben, darum wird es geleugnet.

Als die Industrie aufkam (Ende des 18. bis ins 19. Jahrhundert), tat sie sich mit dem Kapitalismus zusammen und übertrug geschäftstüchtigen, reichen und autoritären Männern die Macht. Es brauchte Worte, um diese Macht zu rechtfertigen. Mit dem Code Napoléon (1804) trat ein Recht in Kraft, das im Westen fast zweihundert Jahre lang die Stellung der Familienmitglieder geregelt hat. Die Familienoberhäupter wurden als starke, intelligente Männer dargestellt, die autoritär, mitunter zu autoritär, waren, aber gleichwohl bewundert wurden. Die Frauen wurden als schön beschrieben, als wunderbare Hausfrauen, als geliebte Mütter, die nicht dazu geschaffen waren, Krieg zu führen oder in ein Bergwerk hinabzusteigen, was das schwache Geschlecht definierte.

Obwohl der *Homo habilis* seit zweieinhalb Millionen auf der Erde weilte, beschränkte sich seine Technik zunächst auf behauene Feuersteine, die Bändigung des Feuers, die Herstellung von Waffen und landwirtschaftlichen Maschinen. Dann nahm sie innerhalb von zwei Jahrhunderten (19. und 20. Jh.) einen rasanten Aufschwung und schuf eine neue Art des Menschseins. Zwei Diskurse tauchten auf: der der Techniker, die erklärten, wie man eine Maschine baut, und der der Ideologen, die nach Gründen suchten, um die Herrschaft der Besitzer von Produktionsmitteln zu rechtfertigen.

Seit Beginn des 21. Jahrhunderts spricht man von Investmentfonds, Aktiengeschäften und Rentenversicherungen. Diese neuen Wörter bezeichnen abstrakte Organisationen, Papiere, Zahlen und Kurven auf Computerbildschirmen, die sich auf die unsichtbaren Entitäten beziehen, die uns regieren. Diese neuen Machthaber sind nicht mehr die starken Männer aus Landwirtschaft oder Industrie, sondern diejenigen, die »die Kontrolle über die nützlichen Informationen haben: die Big-Tech-Stars, die Firmenchefs, die Experten, die Manager«[3]. Die Zeit der Jäger und Sammler, der Warenproduzenten und Kaufleute ist Geschichte. Heute gehört die Macht den »Logokraten«, die es verstehen, Computer zum Sprechen zu bringen. Die Wunder der Technologie versetzen uns in eine entkörperte Welt und schaffen eine virtuelle Realität, in der Gefühle nicht mehr durch den Körper der anderen ausgelöst werden, durch ihr Lächeln, ihre Wutanfälle und ihre Worte, sondern durch abstrakte Zeichen, die die Welt repräsentieren. Dieser Prozess verstärkt das »logische Delirium«, in dem das, was gesagt wird, zwar kohärent und eingängig, aber von der realen Wahrnehmung abgekoppelt ist.

Als zu Beginn des 20. Jahrhunderts die Hormone entdeckt wurden, konnte sie niemand sehen, es genügte, daran zu glauben und den wissenschaftlichen Zeitschriften zu vertrauen. Das Wort »Hormon« erklärte hinreichend die Unterschiede zwischen Mann und Frau, was bald zu der Überlegung führte, dass Frauen, da im Verlauf ihres Menstruationszyklus unterschiedliche Hormone überwiegen (zuerst Östrogen, dann Progesteron), das Wahlrecht verweigert werden müsse, da sie während des Zyklus ihre Meinung ändern könnten. Heute bringen Frauen in Machtpositionen das gleiche lächerliche Argument vor. Sie glauben, dass das Testosteron die Männer brutal mache, was ihre schlechte Politik erkläre. »Es gibt zu viel Testosteron in diesem Haus«, soll die Direktorin des Internationalen Währungsfonds gesagt haben.

Ob die klinische Praxis vertrauenswürdiger ist als die Wissenschaft? Seit man immer häufiger liest, dass Jugendliche ihr Geschlecht selbst wählen können, nimmt eine steigende Zahl weiblicher Heranwachsender hohe Dosen Testosteron. Sie stellen fest, dass ihre Stimme tiefer wird, ihre Regel ausbleibt und Haare unter ihrer Nase sprießen.[4] Diese jungen Frauen berichten von einem neuen Wohlbefinden, werden selbstbewusster, psychisch stabiler und weniger depressiv, können leichter ihre sexuellen Wünsche ausdrücken. Ist diese Verbesserung dem männlichen Hormon zu verdanken oder dem Bild, das sie sich von sich machen? Wenn sie sich dank der tieferen Stimme und des Oberlippenflaums männlich fühlen und spüren, dass endlich Einklang herrscht zwischen ihrem männlicher werdenden Körper und dem Wunsch, nicht mehr dem Geschlecht anzugehören, das sie traurig macht. »Ich Mädchen werde endlich der, der ich immer sein wollte.«

Eine klinische Indikation und eine Hormondosis nähren eine Vorstellung, die sich auf das Befinden auswirkt, obwohl sie vielleicht nur Fiktion ist. Es gibt keinen Beweis dafür, dass eine Erhöhung des Testosteronspiegels Frauen glücklicher macht.

Umgekehrt lässt sich mühelos nachweisen, dass eine gute Rede bewegen oder zornig machen kann. Könnten Sie ungerührt folgende Worte lesen, die ein Vater an seine ertrunkene Tochter richtet?

»Wenn morgen in der Früh das erste Licht das
Land erhellt,
dann brech ich auf. Ich weiß, du wartest schon auf mich.
… Ich kann dir nicht mehr fern sein.
…
Und bin ich da, so leg ich auf dein Grab
einen Strauß aus Stechpalmenblättern und
blühendem Heidekraut.«

Als Victor Hugo nach dem Tod seiner Tochter Léopoldine aus seiner Erstarrung erwachte, verspürte er das Bedürfnis, darüber zu sprechen, um sie noch ein wenig am Leben zu erhalten, in seiner Erinnerung und in seinem Herzen. Diese wenigen Worte haben eine sehr große Zahl von Lesern tief bewegt und erschüttert. Was nicht bedeutet, dass nicht auch ein Hormon oder eine stimulierende oder dämpfende Substanz die Stimmung verändern kann.

»Es tränet in mein herz
Wie es tropft auf die häuser.
Was für ein sehnender schmerz
dringt mir ins herz!«

Verlaine bringt mit diesen Worten eine grundlose Traurigkeit zum Ausdruck, ein bedrückendes Gefühl, dessen Ursache er nicht kennt.

»Das sind die ärgsten peinen:
Nicht zu wissen warum …
Liebe keine – hass keinen –
Mein herz hat solche peinen.«[5]

Der Realität und dem, was man fühlt, eine sprachliche Form geben

Die Psychoanalytiker bezeichnen dieses Phänomen als »Rationalisierung«, wenn eine Person, die sich plötzlich grundlos traurig fühlt, der eigenen Niedergeschlagenheit eine sprachliche Form verleiht. Das ist ein »Vorgehen, durch welches das Subjekt versucht, einem Gefühl, [dessen] wirkliche Motive nicht erkannt werden, eine logisch kohärente ... Lösung zu geben«.[1] Das ist weit vom Denken des Ackermanns entfernt, der über das spricht, was er weiß. »Ich erkenne, dass der Boden trocken ist, also stelle ich mir vor, dass die Weizenkörner klein ausfallen werden«, könnte er sagen. Wenn man rationalisiert, weiß man nicht, warum man sich von einer Person oder einer Theorie angezogen oder abgestoßen fühlt. Nicht zu wissen, warum man sich angezogen oder abgestoßen fühlt, hindert aber nicht daran, dem Gefühlten eine vernünftige, stimmige Form zu geben.

Auf diese Weise können wir uns selbst überzeugen und diejenigen beeinflussen, die so rationalisieren wie wir, indem wir behaupten, im Besitz der Wahrheit zu sein. Unser kohärenter Diskurs ermöglicht uns allen, gemeinsam dieselben Rationalisierungen zu wiederholen. »Was ich sage, ist wahr, denn ich verwende dieselben Worte wie dieser Mann, den ich bewundere«, könnte der Windfresser sagen.

Die Rationalisierung, die uns die Illusion verschafft zu verstehen, offenbart in der Tat, wie wir die Realität erfahren.[2] In einem rationalisierenden Diskurs wird nicht über die Realität gesprochen, sondern über das Gefühl, das diese Realität in uns hervorruft. Mal handelt es sich um längere Klagen, bei denen das Subjekt unablässig Gründe für die eigene Unzufriedenheit findet, nur dass diese Gründe nicht die Ursachen sind. Mal geht es darum, mit jemandem abzurechnen, wodurch sich der Sprecher für ein Unglück zu rächen sucht, das er einem anderen zuschreibt. Manchmal stellt die Verkettung von Erinnerungen ein Plädoyer her, das man »Autobiografie« nennt. Und eine Großzahl politischer Absichtserklärungen sind Anzeichen für totalitäre Bestrebungen. Der Iran der Ajatollahs, das Russland Putins und die Türkei Erdoğans erzählen ein und dieselbe Geschichte[3]: Es war einmal ein Führer, dessen unfehlbare Intelligenz ein von reichen Bösewichten geknechtetes Volk vor dem Chaos gerettet hat. Der Führer sagte, er sei zum Befreier berufen. Er sprach die Sprache des Volkes, verhieß eine strahlende Zukunft, prophezeite ein aufregendes Abenteuer zur Befreiung des Volkes von der Demütigung durch die Herrschenden und von der Korruption der Mächtigen. Diese Argumente waren nicht falsch, aber die Sätze verliehen ein Gefühl der Sicherheit, weil sie ein Unbehagen beleuchteten. Dank solcher Aussagen lichtete sich der Nebel, brachten wir Ordnung in das Chaos, schmiedeten Pläne, identifizierten den äußeren Feind, vorzugsweise einen eingewanderten, oder einen Feind in der Nähe, einen Nachbarn, der unser Vertrauen missbraucht und uns betrogen hatte. Empörung war eine normale Reaktion auf eine solche Erzählung, und der Führer, der uns den Weg gewiesen hatte, befahl, was zu tun war, um die Aggressoren zu bekämpfen. Wir gehorchten blind, waren so überzeugt von seiner Wahrheit, dass unser Konformismus einen gesellschaftlichen Prozess in Gang setzte, der keine Gesetze brauchte, um voranzukommen.

Möchten Sie ein paar Rezepte für einen effektiven totalitären Diskurs? Sagen Sie:

- Ich werde euer Held sein.
- Ich möchte für euch sterben.
- Sprechen Sie einfach, benutzen Sie häufig das Wort »Volk«.
- Streuen Sie hin und wieder eine vulgäre Anspielung ein, nicht zu viele, gerade genug, um ihren Worten etwas Pfeffer zu verleihen und das Etikett »arrogant und elitär« zu vermeiden.
- Wenn Sie den äußeren Feind (den Fremden) oder den inneren Feind (den Verräter) benennen, machen Sie dazu anschauliche Gesten wie ein Opernsänger, der durch die meuchelnde Hand eines Bühnenkollegen stirbt.
- Schließen Sie Ihren rhetorischen Höhenflug mit einer emphatischen Parole: »Wenn ihr euch befreien wollt, gehorcht. Stimmt für mich.«

Wie Sie feststellen werden, verdanken viele Diktatoren diesem Rezept, dass sie geliebt und demokratisch gewählt wurden. In Pakistan wurde unlängst eine anti-elitäre Partei gegründet,[4] die den Hass auf Kleriker konserviert, wie er in Frankreich seit der Erfindung des Buchdrucks existiert.[5] Über totalitäre Sprachen nachzudenken heißt, die Worte ausfindig zu machen, die das Denken vereinnahmen. Jede Körper- und Verbalsprache verleiht dem Ausdruck, was wir fühlen, weit mehr als dem, was ist. Jedes Wort zeigt den Ausschnitt der Welt, auf den es ein Licht wirft. Wir sind ehrlich, wenn wir uns von Erzählungen mitreißen lassen, die uns wie ein Scheinwerfer vor Augen führen, was sie beleuchten. Deshalb empfinden wir es als selbstverständlich und notwendig, diejenigen, die nicht dieselbe Welt sehen wie wir, zu eliminieren.

George Orwell hat uns den Weg gewiesen,[6] wenig später folgten Hannah Arendt[7] und Albert Camus[8]. Orwells Lebensumstände haben ihn mit einem besonderen Wahrnehmungsapparat ausgestattet. Die Worte, die uns in den Sinn kommen, um eine aktuelle Situation zu beschreiben, sind nicht die, mit denen wir von diesem Ereignis erzählen, wenn es in der Vergangenheit liegt. Zu der Zeit, als die Prügelstrafe noch als probates Erziehungsmittel für Jungen galt, hieß es, man müsse sie zähmen, so wie man ein wildes Tier zähme. Achtzig Prozent der öffentlich gezüchtigten Jugendlichen erklärten, sie hätten sich erniedrigt gefühlt. Doch als man sie dreißig Jahre später bat, noch einmal davon zu erzählen, verwendeten nur noch dreißig Prozent dieses Wort.[9] Die meisten Erwachsenen erzählten von der Erinnerung in abgeänderter Form: »Das war nichts, ich habe schon Schlimmeres erlebt.« Der simple Lauf des Lebens hatte ihr Bild der Vergangenheit verändert, und das Wort »Erniedrigung« bezeichnete nicht mehr dieselbe Tatsache.

In den 1930er-Jahren lebte George Orwell praktisch auf der Straße, als er, um Geld zu verdienen, wöchentliche Kolumnen für die englische Zeitschrift *Tribune* schrieb. Er schilderte darin das Aufkommen extremer Theorien und verknüpfte sie mit Belanglosigkeiten aus dem Alltag. Als er seine Kolumnen 1943 wieder las, schrieb er: »Wer sich für unfehlbar halten will, sollte besser kein Tagebuch führen. Beim Blättern in dem, welches ich 1940 und 1941 geführt habe, fällt mir auf, dass ich mich fast jedes Mal, wo es möglich war, sich zu täuschen, getäuscht habe. Gleichwohl habe ich mich nicht so oft getäuscht wie die Militärexperten.«[10] Sehr früh verwendet er den Begriff des Totalitarismus, um zu zeigen, dass dessen Sprache nicht nur die Ausschaltung der Gegner impliziert, sondern auch die Eliminierung jeder abweichenden Meinung. Die kleinen Alltäglichkeiten, die er 1931 in seinen Tagebüchern festhält, haben 1941 keine Erinnerung hinterlassen, da sie vor dem Hintergrund des Krieges ohne Belang sind.

Wohl aber die extremen Diskurse von Nazis, Kommunisten, Kapitalisten und Militärs, deren Aufkommen er registriert, ohne sich von ihnen anstecken oder berauschen zu lassen. Dank dieser sprachlichen Distanz kann er sich das bewahren, was Hannah Arendt später »innere Freiheit« nennen wird. Aufgrund des Umstands, dass er in der 1930er-Jahren, als die Staaten kriegsvorbereitende Diskurse führten, ein Außenseiterdasein fristete, brauchte sich Orwell nicht für eine extreme Theorie zu engagieren. Als Verfasser von Kolumnen, die voll waren mit Bagatellen, die getrost vergessen werden konnten, bezog der Romancier einen Beobachterposten, von dem aus er das Schauspiel des Totalitarismus verfolgen konnte. Weil er ein Außenseiter war, konnte er zusehen, wie aus einem logischen Gedanken ein wahnhafter wird, wenn er sich von der Alltagserfahrung entfernt. »Die Logik eines Gedankens löst sich von dem, was das Funktionieren von Denken ausmacht, und nimmt schließlich eine eigene Logik an. Sie wird insofern wahnhaft, als sie die Dinge nicht mehr anerkennt, die sie stoppen können.«[11] Hitler hatte nicht Unrecht, als er bei seinen Kundgebungen immer wieder sagte, der Versailler Vertrag (1919) verhindere den Wiederaufbau Deutschlands, da das ganze Geld als Reparationen ins Ausland gehe. Die Juden, so Hitler weiter, seien allmächtig, sie hätten Geld, Macht und Verstand, und dass man den Krieg verloren habe, sei der Beweis, dass sie Deutschland verraten hätten. So wird auf einer unbeweisbaren Behauptung ein ganzes logisches System errichtet, ohne dass es an der Realität relativiert wird: Sie sind mächtig … wir haben den Krieg verloren … folglich haben sie nichts für unsere Verteidigung getan … Es ist richtig, sie zu bestrafen … das Vermögen zurückzufordern, das sie besitzen … ein Gedankengebäude zu errichten, das die Maßnahmen der Polizei legitimiert … sie in Lagern zu internieren, damit sie keinen Schaden mehr anrichten können. Eine solche Argumentationskette, die alles erklärt und weder Differenzierungen noch Einwände zulässt, läuft darauf hinaus, die Beseitigung des schuldigen Volkes zu rechtfertigen. Der Lebensalltag der deutschen Juden wurde nie thematisiert, weder die Tatsache, dass sie im Krieg 1914–1918 für Deutschland gekämpft hatten und sich voller Stolz der deutschen Kultur verhaftet fühlten, noch die Frage, wie sie zu ihrem Wohlstand gekommen waren. Da es ihnen untersagt war, Land zu besitzen, Häuser zu bauen oder Christen zu beschäftigen, blieben ihnen nur die geistigen Berufe, die Medizin, die Philosophie, die Musik, die Rechtsprechung und das Bankwesen. Aristokratie und Klerus wollten sich mit Geld, einem Symbol für Kot, nicht die Hände schmutzig machen und vertrauten ihr Vermögen jüdischen Geldverleihern an, sodass im 19. Jahrhundert, als die Industrie einen rasanten Aufschwung nahm, Juden alles besaßen, was man zum Erfolg brauchte: Geld, Kenntnis der Gesetze und internationale Kontakte. In der Sprache des Totalitarismus kam der Alltag der Juden niemals vor. Nur was sich aus ihrem Streben nach der Weltherrschaft und ihrer Liebe zum Geld logisch ableiten ließ, existierte noch in der Sprache der Nicht-Juden. Der reale Mensch wurde überflüssig. Das wahnhafte, logische Denken stützte sich auf eine Annahme, die nie im Detail überprüft wurde. Die Windfresser nährten sich davon, denn sie einigten sich darauf, das Wissen der Ackermänner zu ignorieren, und heulten mit den Wölfen.

Eine solche, von der wahrnehmbaren Realität losgelöste Sprache schafft ein verbales Umfeld, das ein Wahrheitsgefühl vermittelt, denn tief in seinem Innern spürt man: »Die Juden verschwören sich gegen uns, sie planen den Krieg, um noch mehr Geld zu verdienen.« Als mit den täglichen Verfolgungen das Grauen Einzug hielt, mussten Wörter gefunden werden, die das Unerträgliche erträglich machten. Dieser sprachlich-emotionale Trick erklärt die Fülle von Euphemismen in den Sprachen des Totalitarismus. Victor Klemperer findet zahlreiche Beispiele dafür, wie der totalitäre Geist mit technischen Termini »Menschenmaterial« beschreibt und dann harmlose Wörter erfindet, um die furchtbaren Entscheidungen zu verschleiern, die sich aus diesen technischen Ausdrücken logisch ergeben.[12] Wenn man Menschen mit dem Ausdruck »Menschenmaterial« bezeichnet, erweckt man den Anschein wissenschaftlichen Denkens. Die Konsequenz, die aus dieser sprachlichen Repräsentation resultiert, besteht darin, die Komponenten dieses Materials zu analysieren. Die guten Maschinen werden pfleglich behandelt und die schlechten werden guten Gewissens verschrottet. Nun prägen sich die Worte aber dem Gedächtnis ein und hinterlassen dort Spuren.[13] Unser Gehirn, auf diese Weise durch die im familiären und kulturellen Umfeld gehörten Worte kurzgeschlossen, wird empfänglich für eine bestimmte Art von Informationen. Wir nehmen den Unterschied zwischen dem guten Material, das wir bewundern, und dem schlechten, das wir entsorgen, stärker wahr. Die Sprache beeinflusst unser Denken, indem sie Unterschiede zwischen den Menschen sichtbar macht, und wird sie in einer kollektiven Erzählung ständig undifferenziert wiederholt, wird sie so verinnerlicht, dass sie schließlich für das Subjekt denkt. Dann wird der Psittazismus, die Papageiensprache, zu einer Illusion von Denken, zu einer Gewissheit, die sich auf nichts Reales mehr bezieht.

Gleichwohl gebe ich zu, dass es auch in mir eine mechanische Komponente gibt. Mein Skelett wird durch meine Ringbänder in Bewegung gesetzt. Eine solche Formulierung wird nur dann totalitär, wenn ich das Bild von mir auf diesen Teilaspekt reduziere und davon ausgehe, dass diese mechanische Komponente meine Persönlichkeit vollständig erklärt. Damit sie nicht totalitär wird, muss ich eine weitere Komponente hinzufügen, und zwar eine andersgeartete, eine emotionale, poetische, interaktive, soziale und sogar spirituelle. Dann tun sich zwei Gefahren auf: Die erste besteht in der Behauptung, dass die unsichtbare Welt der Seele den Menschen als Ganzes beherrsche. Der spirituelle Totalitarismus erklärt dem mechanischen Totalitarismus den Krieg. Die zweite Gefahr droht von denen, die heterogene Menschenbilder integrieren wollen und sich dadurch dem Vorwurf aussetzen, ein disziplinäres Chaos anzurichten. Der Ackermann weiß, dass die Saat dann die besten Ernten hervorbringt, wenn alles zusammenpasst: Boden, Wasser, Wärme und Jahreszeit. Das partielle Wissen der Wissenschaftler kann das Studium von Boden, Luftfeuchtigkeit und Pflanzengenetik verbessern, aber die Ernten werden nur besser, wenn der Ackermann die unterschiedlichen Daten zusammenführt.

Sprechen, um die Realität zu verbergen

Wenn ein partielles Menschenbild den Anspruch erhebt, alles zu erklären, müssen Worte und Metaphern gefunden werden, die auf der Grundlage dieser segmentalen Daten eine kohärente Vorstellung vermitteln. Dann sollte ein Führer verehrt werden, ein Geistlicher, ein Wissenschaftler oder ein Philosoph, damit man eine Art Offenbarung erfahren kann. Alles lässt sich mit der Wirtschaft erklären oder mit der Biologie, der Seele oder der Politik. Wählen Sie das für Sie Passende aus, und Sie werden teilweise richtig und völlig falsch liegen. Aber wenn es Ihnen gelingt, eine Gruppe von Bewunderern um sich zu scharen, werden Sie versuchen, denjenigen Ihre Wahrheit aufzuzwingen, die nicht so denken wie Sie. Zusammen fühlen wir uns gut, wir verstehen uns auch ohne viele Worte, wir haben die gleichen Überzeugungen, und um uns gegenseitig besser zu erkennen, tragen wir die gleiche Kleidung, die gleichen Abzeichen, den gleichen Haarschnitt. Wir machen die gleichen Gesten, wir rufen die gleichen Parolen, wir marschieren im Gleichschritt zur gleichen Musik wie ein Mann, wie Marionetten. Welch ein Glück! Welch ein Gefühl von Stärke verleiht uns diese paraverbale Sprache, die nichts Reales bezeichnet, aber in euphorische Begeisterung versetzt! Wer sich von dieser Sprachtechnik nicht mitreißen lässt, findet sich allein in der Menge wieder, zweifelnd, zaudernd, nachdenklich in einem Meer der Überzeugungen. In den 1930er-Jahren begegneten sich die Oppositionellen in

Deutschland anlässlich präverbaler Schmierenkomödien. Wenn auf einer Hauptstraße ein Offizieller im Wagen vorbeifuhr, stürzte die Menge der Bewunderer hin, schrie ihre Liebe heraus und hob den rechten Arm, um Zusammengehörigkeit zu demonstrieren. Victor Klemperer teilte diese Freude nicht. Außerstande, diesem schönen Ereignis beizuwohnen, rannte auch er, aber in eine andere Richtung, bis er in eine Seitenstraße gelangte, wo er von der kollektiven Ekstase verschont blieb. Dort traf er zwei oder drei Personen, rot im Gesicht vor Anstrengung und außer Atem, da auch sie vor der totalitären Flut davongelaufen waren. Ohne ein Wort zu wechseln, wusste jeder, warum der andere hier war. Mein Jugendfreund Sebastian Haffner berichtet von derselben Erfahrung. Wenn auf der Straße ein SA-Trupp vorbeimarschierte, flüchtete man entweder in eine Toreinfahrt oder man tat, was alle taten, man hob den Arm, sonst bezog man Prügel: »Jubeln wir also und heulen wir mit den Wölfen, heil, heil! Außerdem kam man auf den Geschmack dabei.«[1]

Genau darin besteht die Macht des Konformismus. Wenn man mit den Wölfen heult, fühlt man sich irgendwann selbst als Wolf. Das Gefühl der Zugehörigkeit zu einer Gruppe ist so beruhigend und euphorisierend, dass man sich berauschen lässt. Selbst wenn man gemeinsam Gewalt anprangert, verleiht das am Ende ein angenehmes Gefühl von Stärke. Nicht was gesagt wird, begeistert uns, sondern die Tatsache, dass wir zusammen sind und den Hass besingen.

Sprache »dient der Vernunft wie dem Gefühl«[2]. Doch die Worte, die uns in den Sinn kommen, sind bereits eine Interpretation der Wirklichkeit, ein Verrat an den Fakten. Wenn die Wirklichkeit unerträglich ist und ich behutsam auf jemanden einwirken will, indem ich ihm etwas erzähle, werde ich Worte verwenden, die den Schrecken lindern. Umgekehrt kann ich andere Worte wählen, um die Darstellung desselben

Ereignisses zuzuspitzen. Wenn ich das Bedürfnis habe, mich zu beklagen, oder die Absicht, meinen Aggressor zu beschuldigen, entscheide ich mich für emphatische Worte: »Folter, Demütigung, Entmenschlichung«. Wenn ich versuche, das Massaker an Unschuldigen zu verharmlosen, gebrauche ich technische Begriffe wie »liquidieren« oder hygienische wie »säubern«. Man braucht den Unschuldigen nur mit Wörtern wie »Schmutz« oder »Parasit« zu belegen, so ergeben sich daraus Ausdrücke wie »Schmutz beseitigen« oder »desinfizieren« als logische Folge. Wollen Sie ein Land kolonisieren, seine Ländereien in Besitz nehmen und das Eigentum seiner Bewohner stehlen, fallen Ihnen Begriffe wie »Wilde«, »Primitive« oder »Rückständige« ein. Da ist es nur logisch, dass Sie Soldaten, Ärzte und Lehrer schicken, um dieses unwissende und gewalttätige Volk zu befrieden. Wenn Sie diese armen Einfaltspinsel aus Ihrer Heimat vertreiben und Teile ihres Staatsgebiets an sich reißen wollen, müssen Sie eine »Umsiedlung der Bevölkerung« vornehmen. Sie sprechen dann von »Grenzbereinigung«. George Orwell hat zahlreiche weitere Beispiele für Euphemismen gefunden, die es ermöglichen, über den Schrecken zu sprechen, ohne ein Gefühl des Schreckens auszulösen.[3]

Wenn die Sprache nicht mehr eine Bezugsgröße ist, wenn sie also nicht mehr dazu dient, Gefühle auszudrücken oder Argumente zu formulieren, wird sie zu einer magischen Beschwörung, die darauf abzielt, den anderen unvermittelt und mit einem Schlag eine Vorstellung in die Köpfe zu pflanzen, die nie hinterfragt wird, eine bloße Behauptung, dazu gedacht, ihre Gedankenwelt zu beherrschen. Die einhämmernde Sprache ist kein Verständigungsmittel mehr, sondern wird zu einem Instrument der Einflussnahme, das durch Konformismus die Macht übernimmt und das Denken durch Parolen ersetzt. Das ist der Grund, warum diejenigen, die Worte zum Denken benutzen, in allen Diktaturen als Feinde betrachtet werden. Man muss ihnen misstrauen, sie umerziehen und nötigenfalls eliminieren.

Eine Freundin von mir, eine Psychologin aus Buenos Aires, hatte die ausgefallene Idee, einen Operndirektor zu heiraten. Kurz nach der Machtergreifung der Militärs tauchten Polizisten in ihrer Praxis auf und verlangten von ihr das Adressbuch mit den Namen ihrer Komplizen. Sie bestritt zunächst, etwas dergleichen zu besitzen, bis sie begriff, dass sie ihren Terminkalender meinten und es auf die Namen ihrer Patienten abgesehen hatten. Da diese Menschen zu ihr kamen, um darüber nachzudenken, was sie bedrückte, stellten sie sich außerhalb der totalitären Doxa. Sie waren Komplizen, weil sie an einem Problem arbeiteten, statt die Aussagen des Führers nachzubeten. Da der Mann dieser Psychologin ein Opernhaus leitete, war auch er verdächtig. Seit den alten Griechen müssen die Künstler als Sprachrohr der Bürger die Probleme der Stadt in den Fokus rücken. Die Kunst hat einen demokratisierenden Effekt, wenn sie zur Debatte einlädt, was von totalitären Regimen als Angriff betrachtet wird, als Blasphemie gegenüber dem alleinigen Besitzer der Wahrheit. Tod den Psychologen, Künstlern, Journalisten und Philosophen! Erziehen wir sie um, damit Ordnung herrscht! Diese Ordnung wird einer Friedhofsruhe gleichen und Gewissheiten den Vorzug geben vor dem demokratischen Fieber, bei dem man nie weiß, was man denken soll: »Alle müssen in dasselbe Horn blasen, sagt uns, was wir glauben sollen«, skandieren die Bewunderer des allwissenden Führers.

Im Allgemeinen geht man davon aus, dass eine Aussage reale Dinge oder Ereignisse bezeichnet, während der Vorgang des Aussagens, also die Art, wie wir etwas sagen, eher die emotionale Konnotation des Gesagten zum Ausdruck bringt.[4] Vielleicht sollte es richtiger heißen: Die Worte, die uns in den

Sinn kommen, zeugen von einer inneren Freiheit. Wenn wir ein Ereignis schildern, haben wir die Absicht, ein Zeugnis abzulegen und gleichzeitig zum Ausdruck zu bringen, welchen Eindruck dieses Ereignis in unserer Seele hinterlassen hat. Wir haben also die Wahl des Themas und die Wahl der Worte, um unseren Gefühlen Ausdruck zu verleihen. Es geht in der Tat um innere Freiheit, denn wir hätten uns auch dafür entscheiden können, nicht über dieses Ereignis zu sprechen oder in ausgesuchten Worten, um die emotionale Konnotation zu modifizieren, abzuschwächen oder zu verstärken, um für Heiterkeit zu sorgen oder einen Skandal zu provozieren. Die Aussage und das Aussagen wirken zusammen und bieten gewissermaßen eine Theatervorstellung des Ereignisses.

Bestimmte sprachliche Inszenierungen laden zur Diskussion ein, während andere zum Schweigen bringen. Als ich den Zeichentrickfilm *Persepolis*[5] sah, fragte ich mich, was die Iraner hätten tun müssen, um den Frauen dabei zu helfen, sich von den sprachlichen und rechtlichen Fesseln der Ajatollahs zu befreien. Als ich den Film *Waltz with Bashir*[6] sah, fragte ich mich, warum die israelischen Soldaten sich schuldig fühlten, nachdem sie das Massaker an den Palästinensern in Sabra und Schatila durch libanesische Milizen nicht verhindert hatten. Doch als ich den Film *Panzerkreuzer Potemkin*[7] sah, der die russische Revolution von 1917 rechtfertigt, oder *Olympia*[8], der die Stärke der blonden *Übermenschen* offenbart, fragte ich mich, was die merkwürdige Schönheit dieser Bilder ausmachte. Mir kam der Gedanke, dass mich Regisseur und Regisseurin nicht zu einer Diskussion einluden, sondern mir überzeugende Bilder aufzwangen wie Propaganda, einen grenzenlosen Romantizismus, eine bedeutungsschwangere Blase, ein Meisterwerk der Werbung. Das von Maden wimmelnde Fleisch der Matrosen erklärt und rechtfertigt die kommunistische Revolution. Die schönen deutschen Athleten bebildern die *rassische Überlegenheit* der *Arier*. In ihrem schwülstigen Stil präsentieren diese Filme starke Bilder, faules Fleisch, einen Kinderwagen, der die Treppe in Odessa hinunterrollt, in Szene gesetzt, um undifferenzierte Emotionen hervorzurufen, eine Empörung und eine Entrüstung, die von der Notwendigkeit der dahinterstehenden extremen Theorien überzeugen. Jede Diskussion hätte das Wahrheitsgefühl geschwächt, wohingegen eine eindrucksvolle Veranschaulichung überzeugt.

Wenn es möglich ist, Worte zu finden, die eine unerträgliche Realität erträglich machen, könnte man dann nicht auch, wenn nötig, andere Worte finden, die eine erträgliche Realität unerträglich machen? Seit einigen Jahren spricht man nicht mehr von Ungerechtigkeit, wenn einer Gruppe von Menschen Rechte verweigert werden, sondern zieht das Wort »Apartheid« vor. Wenn ein Apotheker in Frankreich seiner Aufgabe nachgeht und Coronatests vornimmt, sagt man nicht, dass er seinen öffentlichen Auftrag erfüllt, sondern beschimpft ihn als »Kollaborateur«, um zu suggerieren, er sei ein Verräter, der sich dem gesundheitspolitischen Besatzer unterwirft. Wenn man sich einen Stern an die Brust näht und »ungeimpft« darauf schreibt, erzeugt man ein Bild, das eine Analogie herstellt zwischen denen, die sich nicht impfen lassen wollen, und sechs Millionen Menschen, die durch diesen Stern zum Tode verurteilt wurden. Was soll diese geschmacklose Übertreibung eines möglicherweise berechtigten Problems? Geht es bei diesem Missbrauch von Wörtern vielleicht darum, aus einem Problem, das eigentlich nur Anlass zu einer Informationsveranstaltung gibt, ein Schreckensszenario zu machen? Warum sich als verfolgt bezeichnen, obwohl man das Recht hat, dagegen zu sein? Um die eigene Gewalt zu legitimieren? »Sie wollen meinen Tod, deshalb ist es legitim, dass ich alles kaputt schlage, um mich zu verteidigen. Aber wenn ich alles kaputt schlage, statt zu argumentieren, mache ich mich strafbar.« Wenn Euphemismus »Worte von guter Vorbedeutung« bedeutet, so lautet das Gegenstück Dysphemismus, »Worte von übler Vorbedeutung«. Wer solche Worte gebraucht, findet ein Vergnügen daran, Menschen, Objekte oder Gedenkstätten anzugreifen und dadurch zu verunglimpfen oder zu schänden. Sie nennen sich selbst Verfolgte und suggerieren damit, dass sie in Notwehr handeln und mithin nichts Unrechtes tun. Durch massenhafte Diffamierung und Cybermobbing verhöhnen sie die Demokratie und gönnen sich das schändliche Vergnügen, Worte zu missbrauchen, die für wahres Unglück stehen.

Ich glaube, dass Hannah Arendt in dieser Weise Eichmann beschrieben hat.[9] Im Wissen um die Ungeheuerlichkeit seiner Verbrechen erwartete sie, ein Monster zu sehen, und ihr Erstaunen war groß, als sie einen kleinen Mann erblickte, einen lächerlichen Hampelmann, der nicht reden konnte: »Der ehemalige Verantwortliche des Dritten Reiches, der unablässig auf dieselben Formulierungen zurückgreift, scheint in der Tat enorme Mühe zu haben, Worte zu finden und Sätze zu bilden, was seiner Sprache etwas Aufgeblasenes und Mechanisches verleiht.«[10] Eichmann ist auf lächerliche Weise der Realität entrückt. Vor seiner Hinrichtung sagt er kühl: »In einem kurzen Weilchen, meine Herren, sehen wir uns ohnehin alle wieder. Das ist das Los aller Menschen ... Es lebe Deutschland. Es lebe Argentinien. Es lebe Österreich ... Ich werde sie nie vergessen.«[11] Lächerlich, zusammenhanglos, schwülstig und unpassend. Als er einem Richter antwortet, »die Verwaltungssprache ist meine einzige Sprache«, bestätigt er, dass Floskeln und Schlagworte bei ihm das Denken ersetzt haben. Er hat nur gehorcht, denn die Befehle, die er erhielt, ermöglichten ihm, seinen antisemitischen Wahn auszuleben. Keine Gefühlsregung, kein Bedauern, ich habe sogar den Eindruck, dass er sich gar keine Vorstellung machen konnte vom ungeheuren Ausmaß des Verbrechens, das er begangen hatte, indem er ganz banal mit einem Füller das Todesurteil Zehntausender Unschuldiger unterzeichnete. Hatten seine große Gelassenheit und das erstaunliche Fehlen von Schuldgefühlen ihren Grund in seiner Unterwerfung? Er wurde nie zum Gehorsam gezwungen, er unterwarf sich freiwillig, um daraus einen Nutzen zu ziehen, um seinen antisemitischen Fantasien freien Lauf zu lassen und mit einem Federstrich Juden zu töten.

Wenn die Massen sich selbst überlassen werden, wenn Bildungssystem und Kultur versagen und diese sie nicht in die Lage versetzt haben, denken zu lernen, unterwerfen sie sich vorgefassten Gedanken, wiederholen sie und verschaffen sich so die Illusion zu verstehen. Eichmanns Alexithymie bietet dafür ein gutes Beispiel. Ist ein Subjekt im Denken nicht geübt, findet es nicht die Worte, um seine Gefühle und Gedanken auszudrücken. Seine Fantasie ist unterentwickelt, er reiht Banalitäten aneinander wie ein Verwaltungsformular oder die Gebrauchsanleitung einer Kaffeemaschine. Poesie ist unmöglich, wenn man keine Gefühle hat. Die konformistische Wiederholung erzeugt eine triste Normalität und erleichtert die Karriere in Verwaltung und Universität, bringt aber keine Gedichte und Romane hervor und verhindert sogar empathisches Berichten. Unmöglich zu sagen: »Diese Frau muss gelitten haben … Dieses Kind, das seine Familie verloren hat, wird einen schwierigen Start ins Leben haben.« Um Empathie zu empfinden, müssen wir in der Lage sein, uns in die Gedankenwelt eines anderen zu versetzen. Wenn wir uns an das Vorgegebene halten, formulieren wir: »Diese Frau muss interniert werden, wie es in Artikel fünf des Arisierungsgesetzes geschrieben steht.« Wir unterschreiben, wir leisten ordentliche Arbeit, wir lassen uns nicht von Vorstellungen aufhalten, die uns Unbehagen bereiten könnten. Keine Selbstreflexion, kein Abdriften in die Fantasie: Wir unterzeichnen, machen unsere Arbeit, das ist alles. Als Hannah Arendt den Ausdruck »Banalität des Bösen« verwendete, was ihr heftige Vorwürfe einbrachte,[12] hätte sie wahrscheinlich das Wort »Alexithymie« benutzen sollen. Nur gab es das 1966 noch nicht. Dieser Neologismus wurde 1972 von Peter E. Sifneos und John C. Nemiah geprägt und aus dem Griechischen hergeleitet – *a* (nicht), *léxis* (Wort) und *thymós* (Gemüt, Gefühl) – und soll die Unfähigkeit bezeichnen, ein Gefühl in Worte zu fassen.

Sich unterwerfen, um sich zu befreien

Kein Baby kann am Tag seiner Geburt sprechen, es muss bis zum dritten Lebensjahr warten, ehe es die Fähigkeit erwirbt, seine Gefühle in sprachlicher Form auszudrücken. Wenn es heftige Emotionen empfindet, wird es die passenden Worte finden, doch wenn es die ersten Jahre in einer emotionalen Nische zugebracht hat, die arm ist an Worten, wird es seine innersten Gefühle nur in eine karge Sprache übersetzen können. Wenn ein Kind auf die Welt kommt, weiß es nicht, was es tun muss, es hat keine Kontrolle über seine Gefühle, versteht nicht, was es wahrnimmt. Will es in dieser sensorischen Nische leben, in die das Leben es gesetzt hat, muss es alles lernen. Um nicht zu sterben, ist Unterwerfung erforderlich. Es kann sich dem Einfluss seines Umfelds nicht entziehen. Am Tag der Geburt verfügt es nur über einen sehr kleinen Vorrat an Verhaltensweisen, die es ihm erlauben, sich an eine vertraute Person zu klammern, die die Erwachsenen »Mutter« nennen. Das Kind nimmt nur ein Teilobjekt wahr, bestehend aus Form und Farbe der Brustwarze, und dem wendet es sich zu, ohne dass es das gelernt hat. Wenn es trinkt, findet es Halt am Glanz der Augen, den Blickbewegungen, den tiefen Frequenzen der Stimme und dem manipulativen Stil der Person, der die Brustwarze gehört. Und erst wenn sich diese erste sichere Basis seinem Gedächtnis eingeprägt hat, kann es mit der Erkundung der Umgebung beginnen. In diesem Entwicklungsstadium hängt sein Wahrnehmungsapparat vollkommen von dem Sinnesobjekt in seiner Nähe ab. Wenn es dieses Objekt durch ein Unglück verliert, kann es keine seiner Fähigkeiten entwickeln, denn ohne Stimulation verkümmern sie.[1]

Wenn sich das Bewusstsein des geborgenen Babys weitet und es rund um den Körper der Mutter nach anderen Informationen sucht, entdeckt es ein weiteres Sinnesobjekt, das mit der Mutter verbunden und doch anders ist und von den Erwachsenen »Vater« genannt wird. Heute sprechen wir vom »zweiten Elternteil«, so sehr haben sich die familiären Strukturen in unseren modernen Gesellschaften verändert.[2] Einige Jahre später, wenn das Kind familiären und kulturellen Erzählungen zu lauschen beginnt, wird es sich in einen Zusammenhang integrieren, der zur Herausbildung seiner Identität beiträgt.[3] Einen solchen äußeren Rahmen bilden die drei ökologischen Nischen (biologische, affektive und sprachliche), ohne die ein Kind sich nicht entwickeln kann. Es wird wesentlich von der Struktur seines Umfelds geprägt, und damit es diese Prägung empfangen und es selbst werden kann, muss es gehorchen. Es kann sich ausschließlich in den drei Nischen entwickeln, die seine Umwelt bilden: Sensorik, Affektivität und Sprache. Wenn eine dieser Nischen ausfällt, etwa durch Tod oder Krankheit der Mutter, affektive Veränderungen oder traumatisierende Erzählungen, erfährt das Kind einen Bruch in seiner Entwicklung. Manchmal verweigert der Organismus des Kindes die Prägung durch das Umfeld aufgrund einer Erbkrankheit, einer Enzephalopathie oder einer entwicklungsneurologischen Störung. Ist der Austausch zwischen Organismus und Umwelt gestört, hat das Kind Schwierigkeiten, es selbst zu werden. Seine Entwicklung stagniert, da es den Einfluss des Milieus nur schwer verinnerlichen kann.[4] Damit es sich harmonisch entwickeln kann, muss es sich unterwerfen und die biologischen, affektiven und sprachlichen

Zwänge bewältigen. Nur dann wird es seine Welt sehen und selbstständig beurteilen können.

Das bedeutet, dass wir nur dann einen bestimmten Grad an innerer Freiheit erlangen können, wenn unser Wahrnehmungs- und Denkapparat gut aufgestellt ist: Der neue Freiheitsbegriff beruht »auf der Befreiung von Armut«.[5] Für einen Psychologen ist sensorische und sprachliche Armut oft mit sozialer Armut verknüpft, weil die Eltern Probleme haben. Gleichwohl sind Kinder in einer armen Familie, die durch Zuneigung und die Kultur strukturiert ist, nicht unglücklich und entwickeln sich gut. Wenn dagegen die Bedingungen für sein Gedeihen nicht gewährleistet sind, wenn die Erziehungsberechtigten gebrochene oder kranke Menschen sind, läuft die Entwicklung schief, und das Kind schafft es nicht, einen ausreichenden Grad an innerer Freiheit zu erlangen.

Wenn man nicht selbstständig urteilen und entscheiden kann, empfindet man es als Erleichterung, sich jemandem zu unterwerfen, der für einen denkt. Wenn man sich auf der Schattenseite des Lebens wähnt, sucht man nach Gründen für das eigene Leid und findet einen Sündenbock, was das Unglück noch verschlimmert: »Voltaire ist an allem schuld … meine Mutter … die Ausländer … die Ungläubigen … die Elite … die Arschlöcher …« Auf diese Weise verschafft totalitäre Sprache ein schlechtes Glücksgefühl. Wer keine innere Freiheit erwerben konnte, ist froh, wenn er sich einem Beschützer unterwerfen kann, der einem die Wahrheit sagt und einem Hoffnung gibt, vorausgesetzt, man gehorcht ihm: »Ich bin euer Retter, wenn ihr eure Freiheit wollt, gehorcht … säubert … befriedet … erzieht diese Ungläubigen um, die nicht so denken wie euer geliebter Führer.« Die Vereinigung einer Menge mit ihrem Beschützer gleicht einer Amour fou: »Ich liebe mein Volk«, spricht der Retter. »Ich bin bereit, für es zu sterben.« Und der Errettete: »Ich verehre meinen Befreier. Ich bin bereit, für ihn zu sterben.« Iwan der Schreckliche, Napoleon, Mao, Hitler und Stalin haben dem Volk befohlen, im Krieg zu sterben, um Frieden zu erlangen. Doch wenn die Liebesekstase erlischt, erkennt das immer noch unglückliche Volk, dass es mit einer wunderbaren Utopie betrogen wurde. Noch nie hat eine Traumregierung über ein glückliches Volk geherrscht. Die kommunistische Ideologie, großzügig und todbringend, und die menschenverachtende und verbrecherische Utopie der Nazis haben die Massen begeistert, bis die Enttäuschung folgte. Dann richten die Massen ihren Retter hin.

Zugehörigkeit ist unerlässlich für die körperliche und geistige Entwicklung eines Kindes. Wenn sie jedoch zu Abhängigkeit führt und das Subjekt seine innere Freiheit nicht erlangt, betet es weiter die Person an, die ihn in die Knechtschaft führt. Dies gilt beispielweise für Paare, deren wunderbare Liebe bei einem der Partner zur Depersonalisation führt. Dieser Vorgang ist auch bei Massenkundgebungen zu beobachten, bei denen der Anführer idealisiert wird, und bei Mutter-Kind-Beziehungen, wenn aus dem für die Entwicklung notwendigen Band der Zusammengehörigkeit ein Gefängnis wird, das innere Freiheit verhindert und Unterwerfung erotisiert.

Die Anpassung an die Welt hängt von der affektiven Struktur ab, die sich unserem Gedächtnis eingeprägt hat. Ein Bindungsstil ist die Art und Weise, wie wir uns sozialisieren, wie wir Beziehungen zu den anderen herstellen. Bereits im zehnten Monat haben alle Kinder, einerlei in welcher Kultur, einen Bindungsstil erworben. Grob gesagt, haben 66 Prozent eine sichere Bindung und gehen die kleinen Herausforderungen des Lebens selbstbewusst an; 20 Prozent legen ein vermeidendes Bindungsverhalten an den Tag, wirken ruhig, distanziert und zeigen ihre Gefühle nicht; 15 Prozent sind ambivalent, freuen sich über ein Wiedersehen mit ihren Bezugspersonen, greifen sie aber an und machen es ihnen zum Vorwurf, dass sie nicht die ganze Zeit für sie dagewesen sind; und 5 Prozent sind unsicher, desorganisiert, was auf eine schwere Entwicklungsstörung hinweist.[6] Diese affektiven Kategorien bilden kein starres System, sondern liefern Adjektive, mit denen sich beschreiben lässt, wie Beziehungen hergestellt werden und wie sie sich mit der Zeit und nach weiteren Begegnungen entwickeln. Die adaptiven Reaktionen auf ein äußeres Ereignis werden von dem zuvor erworbenen affektiven Stil beeinflusst.[7] Wenn in einer dieser sensorischen Nischen Unruhe entsteht, reagiert das Kind darauf mit dem, was es in sich hat. Im Falle einer Ehekrise, einer Scheidung oder eines Todesfalls passt es sich an, indem es die Mittel nutzt, die es während seiner Entwicklung im Innern aufgebaut hat. Die unsicheren Kinder werden noch desorganisierter, wenn das Umfeld aus den Fugen gerät. Die Ambivalenten geben Liebeserklärungen an die Eltern ab, die sie attackieren. Und der vermeidende Typ sagt, dass ihn das Ganze nichts angehe. Er ist wenig berührt, denn er vertraut nur auf sich selbst und verbirgt seine Probleme, indem er sich gleichgültig gibt. Die sicheren Kinder, aufgewühlt durch das eheliche Zerwürfnis, analysieren die Situation, versuchen, sie zu verstehen, und entscheiden sich dann für eine Beziehungsstrategie. Könnte man sagen, dass sie eine innere Freiheit erworben haben, die ihnen dabei hilft, sich der schweren Prüfung zu stellen, die Situation zu beurteilen und zu entscheiden, was zu tun ist, um ihr Leid zu mildern?[8]

Dagegen leiden Kinder, die im Verlauf ihrer Frühentwicklung Vulnerabilitätsfaktoren erworben haben, sehr unter solchen belastenden Ereignissen. Ein sicheres Kind empfindet jede neue Situation als Erkundungsspiel, während ein unsicheres in derselben Veränderung eine Bedrohung sieht. Die

Gesellschaften schreiben diesen unterschiedlichen Temperamenten bestimmte soziale Rollen zu: Der Ängstliche übernimmt die Aufgabe des Whistleblowers, der die kleinste Gefahr erkennt, der vermeidende Typ akzeptiert widerspruchslos jeden akademischen oder politischen Diskurs, was ihn zu einem guten Schüler und passiven Bürger macht. Könnte man damit die unterschiedlichen Reaktionen auf soziale Umwälzungen erklären? Die einen ziehen sich in Bürgerwehren zurück, wo sie vor Angst aggressiv werden, während andere ihre Beziehungen weiterentwickeln und verändern. In allen derartigen Situationen ist der Bindungsstil dafür maßgeblich, welche Informationen aus der Realität herausgefiltert und welche affektiven Konnotationen ihnen zugeordnet werden.

Wenn wir von solchen Ereignissen erzählen, fassen wir eine innere Welt in eine sprachliche Form, deshalb ist jede Erzählung wahr, auch wenn sie anders ist. Diejenigen mit einer sicheren Bindung, die gelernt haben, Informationen aus der Realität zu analysieren und zu bewerten, machen daraus Erzählungen, die mit den sozialen Erzählungen übereinstimmen. Aber unsere Sprachfertigkeit ist so mächtig, dass sie uns befähigt, Ereignisse zu benennen, die der sinnlichen Welt immer weiter entrücken, bis wir schließlich eine Entität erschaffen, die unmöglich wahrzunehmen ist, die wir aber trotzdem tief in unserem Körper spüren. Auf diese Weise können wir uns Überzeugungen aneignen, die losgelöst von der Realität sind und dennoch als Tatsachen wahrgenommen werden. In den Nachkriegsjahren war es mir unmöglich, darüber zu sprechen, was mir widerfahren war: über meine Verhaftung durch die französische Gestapo, als ich sechs Jahre alt war, über meine Flucht und die Verfolgung durch die Präfekturbehörden. Die Erwachsenen konnten eine Geschichte, die ihnen in ihrer Vorstellungswelt so unwahrscheinlich vorkam, nicht glauben. Sie hatten den Krieg unter anderen, brutalen oder auch angenehmen Bedingungen überstanden und hatten daher andere individuelle Erfahrungen aus dieser Zeit. Sie hatten ihre eigenen, auf eigenen Erlebnissen beruhenden Vorstellungen und konnten oder wollten sich nicht die Mühe machen, sich selbst zurückzunehmen und sich die unwahrscheinlichen Erlebnisse eines kleinen Jungen vorzustellen, der als Sechsjähriger zum Tode verurteilt und unter abenteuerlichen Umständen entkommen war. Dank einer Buchveröffentlichung im Jahr 1983,[9] die mir eine Einladung des Senders FR3 Aquitaine eintrug, konnte ich sämtliche Zeugen meiner Flucht ausfindig machen: Mme Descoubès, die Krankenschwester, die mir das Zeichen gegeben hatte, wegzulaufen und mich in dem Lieferwagen zu verstecken, Gilberte Blanché, die schwerverletzte Dame, unter der ich mich verkrochen hatte, ihren Sohn Jacques und ihre Enkelin Valérie, der sie die ganze Geschichte erzählt hatte, Jacques de Léotard, den Jurastudenten, der mich in einem großen Kochtopf aus der Mensa der Universität geschmuggelt hatte, und nicht zuletzt Margot Farges, die mir über Jahre hinweg bei verschiedenen Gerechten, fast ausschließlich Lehrern, zu einem sicheren Unterschlupf verholfen hatte.[10] Diese Fernsehsendung spielte für mich eine ähnliche Rolle wie jene andere,[11] die sich der Suche nach verschollenen Angehörigen widmete und dank der hohen Zuschauerzahl größere Erfolgschancen hatte. Wie sonst hätte ich diese Zeugen ausfindig machen können? Ohne sie hätte ich niemals beweisen können, dass meine unwahrscheinliche Geschichte tatsächlich passiert war.

Dieses Ereignis meiner Kindheit machte mir begreiflich, dass die Menschen, die mir nicht glaubten, sich eine klare Weltsicht verschafft hatten, indem sie die Welt vereinfachten. Das Fehlen jeden Zweifels verhalf ihnen zu eindeutigen Verhaltensmaßregeln, wohingegen ein Hinterfragen, ein Reflektieren die klare Sicht der Dinge, die sie brauchten, getrübt hätte. Warum haben bestimmte Menschen von Anfang an feste Überzeugungen? Ohne einer Sache auf den Grund zu gehen und zu überlegen, sagen sie: »Ich glaube dir nicht. Du erzählst ja schöne Geschichten.« Dieser Satz, den ich nach dem Krieg zu hören bekam, ließ mich vierzig Jahre lang schweigen. Dass mich diese Menschen zum Schweigen brachten, vermittelte ihnen das Gefühl, im Besitz der Wahrheit sein, und das wiederum half ihnen, die Komplexität der Realität zu ignorieren. Was sie »Zweifel« nannten (»Ich habe Zweifel an deiner Geschichte«), war genau genommen eine Gewissheit, die ihren Verstand außer Kraft setzte. Wenn ein Schema eine Situation vereinfacht, damit sie sich besser erklären lässt, vermittelt ein Schlagwort eine Gewissheit, die das Denken stoppt.

Ich habe mein Leben lang immer wieder vor diesem Problem gestanden. Als ich 1954 aus Bukarest zurückkam, bat ich meine kommunistischen Freunde, mir zu erklären, warum das, was ich gesehen hatte, so gar nicht den wunderbaren Errungenschaften entsprach, von denen die Partei berichtete. Ihre Antwort lautete: »Du bist zu jung, um das zu verstehen.« Als ich nicht lockerließ, sagten sie: »Wenn du so denkst, kannst du nicht bei uns bleiben.« Ideen müssen klar sein, wenn sie Gewissheit bringen sollen, auch auf die Gefahr hin, dass sie alles ausblenden, was sie relativieren könnte. All diese Menschen, die ich schätzte, beharrten auf dem Theorem, der Hypothese, die es zu beweisen galt. Um einen klaren Kopf zu bewahren, verboten sie sich jede Äußerung, die Zweifel an der Grundannahme hätte aufkommen lassen können. Durch diese Methode der ideologischen Säuberung verwandelt sich die zu beweisende Hypothese in ein Postulat, das die Wahrheit zum Ausdruck bringt: »Es ist wahr, weil mein Führer sagt, dass es wahr ist.« So lässt man sich vom totalitären Geist anstecken.

Vor einigen Jahren hatte ich Gelegenheit, in Ramallah ein paar Vorträge zu halten.[12] Die Universität ist sehr schön und wird weitgehend von Frankreich finanziert. Michel Manciaux und ich wurden sehr herzlich empfangen. Es kam zu regen Diskussionen mit Studenten und Dozenten, deren Toleranz und Aufgeschlossenheit wir schätzten. Als ich, zurück in Frankreich, davon berichten wollte, wurde ich vom Betar, einer äußerst rechtsgerichteten jüdischen Gruppierung, und der extremen Linken scharf kritisiert, also von denen, die die klarsten Vorstellungen haben. Der Betar rief im Internet dazu auf, mir die Fresse zu polieren, und die extreme Linke in Marseille schrie empört auf, als ich berichtete, dass wir am Abend zusammen in schönen, von Blumengärten umsäumten Restaurants essen gegangen waren. »Alles ist zerstört«, brüllten diese Leute, die noch nie in Ramallah gewesen waren, »Palästina ist ein Krankenhaus unter freiem Himmel.« Der Nachrichtensender Al Jazeera ist da viel ehrlicher, wenn er davon berichtet, wie die Bewohner von Gaza versuchen, mit internationaler Finanzhilfe das Land aufzubauen, und Palästinenser filmt, die Ärzte und sogar Professoren in erstklassigen israelischen Kliniken geworden sind, in denen Krankenschwestern mit Kopftuch lächelnd Männer mit Kippa impfen. Dieser in Katar ansässige und wahnsinnig reiche Sender zeigt auch die Häuser von Palästinensern, die von den Siedlern zerstört wurden. Um sich in einer Welt der festen Überzeugungen einrichten zu können, müssen Extremisten jedes Zeugnis bestreiten, das differenziertes Denken erfordert. Dann können sie selbstsicher die Ideen ihres Führers verteidigen.

Wie die Außenwelt Einfluss auf die Innenwelt nimmt

Solch eine totalitäre Haltung ist nicht allein religiös oder politisch, sie kann auch wissenschaftlich fundiert sein. Als Neurochirurg sah ich in den Jahren 1967/68 tagtäglich mehr oder weniger diffuse und auch lokalisierte Hirnatrophien in den frontalen, temporalen oder ventrikulären Regionen. Abgesehen von den Hydrocephalus-Fällen, bei denen nur eine dünne Schicht der Hirnrinde übrig blieb, war die Ursache unbekannt.

Am Krankenhaus von Digne setzte ich die Beschreibung von Fällen derartigen Schwunds fort, doch einige meiner Kollegen echauffierten sich in der Überzeugung, meine Arbeiten seien absurd, denn noch nie habe man ein Gehirn schrumpfen sehen. Es bildete sich ein kleiner Kreis von Gegnern. Außenstehenden Laien fiel es schwer zu entscheiden, welcher Seite sie Glauben schenken sollten. Zwar waren Hubel und Wiesel 1981 für ihren Nachweis mit dem Nobelpreis ausgezeichnet worden, dass eine lokalisierte Hirnatrophie von einer Störung in der Außenwelt verursacht werden kann: Die Neurowissenschaftler hatten einer Gruppe von Kätzchen das linke Auge mit einer Klappe verdeckt und postmortal eine Atrophie im rechten Hinterhaupt festgestellt, in dem Bereich also, der visuelle Reize verarbeitet. Die Abdeckung des rechten Auges einer Kontrollgruppe führte zur linksseitigen Hinterhaupt-Atrophie, womit die Plastizität des Gehirns bewiesen war. Die Ursache für eine Störung in den Hirnregionen war also außerhalb des Gehirns zu suchen, in der Umwelt eines Organismus. Der Medizin-Nobelpreis von 1981 ist nicht ins gesellschaftliche Bewusstsein vorgedrungen, das noch ein Denken vermittelte, wonach ein Körper, ein Gehirn oder eine Seele sich ohne Rücksicht auf die Umwelteinwirkungen entwickeln könnten: Ein gesundes Kind habe keine Hirnatrophie. Wenn bestimmte Bereiche Probleme bereiten, »ist das der Beweis für einen biologischen Defekt des Kindes«, so sagte man. Man war sich wohl nicht einmal im Klaren, wie ähnlich eine solche Erklärung rassistischen Stereotypen war.

Dasselbe Argument hatten wir auch zu hören bekommen, als wir 1989 mit »Ärzte der Welt« erneut nach Bukarest gereist waren. Die Diktatur unter Staatspräsident Ceauşescu hatte Auslandsschulden zu begleichen und ließ die Bürgerinnen dafür 14 Stunden am Tag arbeiten. Vorschriftsmäßig kontrollierten die Aufseherinnen deren Unterwäsche, damit die Frauen nicht abtreiben konnten und möglichst viele künftige Arbeiter zur Welt bringen mussten.

Da keine Vorkehrungen für die Versorgung dieser 170 000 Kinder getroffen waren, brachte man sie in Sammeleinrichtungen mit der zynischen Aufschrift »Waisenhäuser« unter: Niemand sprach mit ihnen, niemand kümmerte sich um sie, es gab einen Blechnapf am Tag, einen Wasserschwall aus dem Schlauch im Monat – die Hirnregionen fast all dieser Kinder waren verkümmert. Andere rumänische Einrichtungen haben die vernachlässigten Kinder einfach dadurch gerettet, dass sie ihnen eine Umgebung boten, die durch Zuwendung und Anregungen strukturiert war.[1]

Praktizierende Ärzte nehmen Probleme wahr, die sie nicht immer wissenschaftlich erklären können. Sie verfügen über einen klinischen Befund, erarbeiten eine Hypothese, vergleichen Gruppen und spontane wie therapeutische Entwicklungen, können aber schwerlich einen experimentellen Einfluss nehmen – der würde ihnen ethisch begründet zum Vorwurf gemacht. Wissenschaftler hingegen sollen Einfluss auf die Rahmenbedingungen nehmen und die Entdeckungen der Praktiker präzisieren.[2]

Die weltweit anerkannte neurologische Koryphäe Charles A. Nelson gründete im Jahr 2000 eine Forschervereinigung namens »Bukarest Early Intervention Project« (BEIP). Mit präzisen Analysen und erstaunlichen Resultaten bestätigte sich die Bedeutung der sensiblen Periode in den ersten Jahren: Kommt die Entwicklung aufgrund des Entzugs äußerer Reize zum Erliegen, führt dies zu Veränderungen im Gehirn. Wegbereiter dieser Arbeit, die man heute allseits zitiert, war eine ganze Reihe von Veröffentlichungen. Schon in den 1930ern hatten Tierethologen das Konzept der »sensiblen Periode« beschrieben, in der ein Organismus überempfindlich auf einen Typus äußerer Reize reagiert.[3] Fehlt ein solcher Impuls, kommt es zu einer Störung des Gehirns.

Tierbeobachtungen sowohl in freier Wildbahn als auch im Labor lassen begründet vermuten, dass ein Gehirn ein und dieselbe Information je nach Entwicklungsstand unterschiedlich verarbeitet. Bereits in den 1950er-Jahren hatte René Spitz mit diesem Konzept (im Anschluss an Sigmund Freud) die eminente Bedeutung der ersten Lebensmonate untermauern können.[4] In diesem erstaunlichen Buch stand bereits alles, was später den Erfolg der Bindungstheorien begründen sollte, die heutzutage in der akademischen und berufsschulischen Lehre eindeutig dominieren. Spitz' Bibliografie verzeichnet 21 Einträge aus der Tierethologie. Es war allerdings John Bowlby, der den Grundstein für eine neue Disziplin namens »Bindungstheorie« legte.[5]

Die praktische Folge der Beobachtungen, die die Unicef und die Ärzte der Welt bei den vernachlässigten Kindern in den rumänischen Sterbeheimen gemacht hatten, bestand in der Empfehlung an die Staaten der Welt, hilfsbedürftige Kinder nicht mehr in Großeinrichtungen zu sperren, sondern Pflegefamilien anzuvertrauen. Dieser kluge Schluss ist natürlich nur bedingt gültig: Im Jahr 1945 wurden 250 000 Kriegswaisen in Großeinrichtungen untergebracht, die mitunter mehrere tausend Kinder aufnahmen. Eine Studie ergab fünfzig Jahre später, dass die meisten gut zurechtgekommen waren. Es gab einige tragische Entwicklungen bei den Kindern, die in den Todeslagern gefangen gehalten worden waren, in den Gettos Hunger gelitten hatten, in den Städten und Dörfern verfolgt worden waren und nun nach der Befreiung allein dastanden, ohne Schulbildung und ohne Familie. Doch die Mehrzahl der Kinder, die in den Großeinrichtungen[6] Unterstützung fanden, dachten bei sich: »Ich muss rasch einen Beruf erlernen.« Sie nahmen eine gute Entwicklung, gliederten sich in die Gesellschaft ein und gründeten eine Familie. In diesem Bevölkerungssegment verzeichnete man weniger Arbeitslose als im Durchschnitt und einige bemerkenswerte unternehmerische Erfolge.

In den Einrichtungen, die einen Schwerpunkt auf die intellektuelle Entwicklung legten,[7] wurden manche Kinder zu Wissenschaftlern und Akademikern, viele aber wandten sich dem Künstlermilieu zu. Die Literatur und das Kino boten Gelegenheiten zur Äußerung der Emotionen – hier ermöglichte der künstlerische Ausdruck, dem Unaussprechlichen Gestalt zu verleihen. Der Ausdruck »persönliche und gesellschaftliche Entfaltung« bedeutete nicht, dass die Betroffenen ihre normale Entwicklung wieder aufgenommen hätten, so als hätten das Trauma, der Krieg, die Verfolgung und die Vernachlässigung keinerlei Spuren in ihrer Psyche hinterlassen. Selbst wenn sie eine gute Entwicklung genommen haben, blieb in ihrer erwachsenen Seele eine affektive Verletzlichkeit zurück, die ihre Beziehungen schmerzlich belastete und zugleich ihre Kreativität nährte.[8]

Vergleicht man das katastrophale Schicksal der 170 000 kleinen Rumänen, deren Seele in Ceauşescus Sterbehäusern gemordet worden ist, mit der guten Entwicklung einer Mehrheit der 250 000 Kriegswaisen und vergegenwärtigt sich zudem die enormen Schwierigkeiten der aktuell 300 000 Kinder in der Obhut des französischen Jugendamts (bei der »Aide sociale à l'enfance«, ASE), lässt sich durchaus die Hypothese aufstellen, die Entwicklungsunterschiede seien auf die Qualität der ersten tausend Tage zurückzuführen. Säuglinge, die sehr bald nach ihrer Geburt in großen Sälen isoliert wurden, konnten keine gute Ausgangsbasis erwerben. Dieser Befund gilt auch für jene Kinder, die in Frankreich der ASE überantwortet wurden, deren Familien sich also in einer ernsten emotionalen, betreuungsrelevanten oder sozialen Notlage befanden und für ihr Kind keine anregende Entwicklungsnische schaffen konnten, die Sicherheit, Geborgenheit und Energie geboten hätte. Eine unzureichende Personaldecke, die mangelnde Ausbildung in praktischer Bindungstheorie und ein Zuviel bürokratischer Aufgaben gegenüber der Beziehungsarbeit mit den Kindern raubten auch den motiviertesten Erziehern letztlich den Elan. Sie hätten einiges kompensieren sollen, doch die Institutionen versagten wie die Familien.

Dieser Befund gilt nicht für Kriegswaisen. Mehrheitlich hatten diese in ihrer Familie bereits eine stabile Grundsicherheit erworben,[9] bevor die gesellschaftliche Tragödie sie traf. Sie litten unter dem Verlust, doch 1945 fanden sie Aufnahme in den »homes« mit 30 bis 40 Kindern oder in großen Schlössern mit mehreren tausend kleinen Pensionsgästen. Die »Aufseher« (viele fanden Anregungen bei Korczak,[10] den Beruf des Erziehers gab es damals noch nicht) hatten die Aufgabe, den sprachlichen Austausch und künstlerisches Schaffen zu ermöglichen sowie Ausbildung und spielerische Entspannung zu organisieren. Mit ihren Kursen, ihren Liedern und ihren Theaterstücken boten diese nichtdiplomierten »Erzieher« den verletzten Kindern stützende Strukturen der Resilienz, die es der Mehrzahl ermöglichten, eine gute Entwicklung zu nehmen.

In ihrer Dissertation, betreut von Colette Chiland, bestätigt Myrna Gannagé diese Erklärung:[11] Im Anschluss an den langen Bürgerkrieg im Libanon (1975–1990) begleitete Gannagé drei Kleingruppen von Kindern. Die Pariser Exilanten konnten in ihren stabilen Familien verbleiben, wo sie sich erwartungsgemäß gut entwickelten. Überraschend war vielmehr der Fakt, dass sich die Kinder, die man einer sicheren Institution anvertraut hatte, besser entwickelten als jene, die in ihrer eigenen, vom Krieg traumatisierten Familie bleiben mussten. Für die Schädigung des Kindes sind das emotionale Defizit und die Sinnlosigkeit des Unglücks verantwortlich, die Größe der Einrichtung fällt weniger ins Gewicht. Es stimmt zwar, dass eine große Einrichtung eine Anomie begünstigt, wenn aber zwischenmenschliche Zuneigung und Momente für den sprachlichen Austausch zur Verfügung stehen, kommt das Kind hier besser zurecht als in einer vom Unglück zermürbten Familie.

Bereits in den 1930er-Jahren hatten Psychoanalytiker auf Beschwerden hingewiesen, die durch ein emotionales Defizit verursacht werden,[12] doch das kulturelle Umfeld bewertete – mit seiner Ausrichtung auf den Krieg, auf die Arbeit in den Fabriken oder unter Tage – körperliche Stärke, Mut und Gewalt, kurz: Heldentum, höher. Emotionalität und Affektivität galten als Schwächen, und allein der Gedanke, sie könnten eine biologische Rolle spielen, war eigentlich undenkbar. Die entsprechenden Veröffentlichungen blieben völlig unbeachtet, derweil Stereotype die Gesellschaft strukturell prägten.

Zwei Diskurse standen nebeneinander. Der klinische und psychoanalytische wurde übertönt von einem falsch begründeten, der ohne Beweise auskam oder nur Konzepte postulierte: »Man muss stark sein, die Schwachen beiseitetun, ja gar vernichten, denn ihre bloße Existenz macht die Gesellschaft angreifbar.« Die Forschungsliteratur tastet sich vor, derweil stürmen die totalitären Pamphlete mit Pauken und Trompeten voran. Der methodische Zweifel führt zwar zur Entscheidungsfreiheit, dem Zeichen innerer Freiheit, doch die wiederholten und donnernden Behauptungen schwemmen jede Überzeugung weg. In den 1930ern strukturierten religiöse, faschistische, nationalsozialistische und kommunistische Diskurse die kollektiven Erzählungen mit der Insinuation: »Ihr seid frei, euren Herren zu wählen.« Diese paradoxe Aufforderung führte zu einer semantischen Verschiebung und bezeichnete nur mehr eine einzige Freiheit: sich einem allwissenden Chef zu unterwerfen, dessen Worte ins Morgenrot der Jugend, in tausendjähriges Glück oder ins Paradies führen. So entsteht die relationale Überwältigung, oder anders gesagt eine Machtbeziehung: »Ich unterstelle dich meinem Gesetz, damit du glücklich bist«, spricht der Haustyrann. »Tun Sie, was ich sage, so retten Sie Ihre Seele«, spricht der Guru. »Entweder das Chaos oder ich«, spricht der Wahlkämpfer und Diktator in spe.

Die Frage ist freilich, warum manche Menschen sich die Zeit nehmen, selbst zu urteilen, während andere ein großes Vergnügen daran empfinden, sich auf die kollektive, gedankenlähmende Ekstase einzulassen. Die einen finden ein Urteil, die anderen ein Vorurteil. Handelt es sich hier um unterschiedliche Ausprägungen des Temperaments, wie sie beim Erwerb eines Bindungstypus entstehen? Offenbar nehmen sich diejenigen, die eine sichere Bindung erworben haben und friedfertiger sind, die Zeit, einen Gedanken durchzuspielen, das Für und Wider abzuwägen, bevor sie urteilen und entscheiden.[13] Die Unsicheren hingegen benötigen Gewissheiten, um sich wohlzufühlen; deshalb verfallen sie auf Vorurteile und akzeptieren vorgefertigte, klare und eineindeutige Ideen, die ihnen bei den Festlegungen[14] im Leben helfen.

Die Festlegung auf Sex und Tod

Ohne Festlegungen lässt sich nicht leben. Wir wären irrende Seelen, dem Wolfsgeheul der Ideen ausgeliefert, ohne Ziel und ohne Träume, die der Verwirklichung harren. Unsere Existenz kennte keinen Sinn, keine Emotionen, keine Lebensfreude, kein Verzweifeln am Leben. Das wäre ein Glück der seichten Ruhe, kein lebendiges Gefühl. Erfreulicherweise beschränkt sich unser Biokapital, das sagen die Genetiker, auf 120 Lebensjahre. Ein echter Glücksfall, denn nur der Tod verleiht dem Leben einen Sinn. Man muss sich im Leben rasch festlegen, bevor der Tod kommt. Wer stirbt, hat das Glück gehabt, gelebt zu haben. Am Todestag - ob man nun Blume, Vogel, Säugetier oder Mensch gewesen ist - unterscheidet sich unser Organismus von dem am Tage unserer Geburt. Wir entwickeln uns unter dem Eindruck des zweifachen Drucks einerseits unserer Innenwelt und der Umweltzwänge andererseits. Ohne Tod und ohne Sex könnten sich die Individuen nicht entwickeln, die ganze Art würde aussterben - wie 96 Prozent der Tiere, die ursprünglich auf der Erde lebten, von denen heute nur noch einige wenige fossile Spuren erhalten sind. Dank des Geschlechtsverkehrs können wir mit jeder Generation neue Kinder erfinden, die von zwei Eltern abstammen und sich doch von ihnen unterscheiden. Und zwar in dem Maße, dass sich ein Teil der kleinen Abkömmlinge an die Bedingungen einer neuen, sich unablässig verändernden Umwelt anpasst. Die Entstehung der Sexualität in der belebten Welt ermöglichte die Evolution der Arten, so wie das Aufkommen der sexuellen Motivation beim Individuum ebendieses Individuum dazu bewegt, seine Bindungen weiterzuentwickeln. Die sexuelle Orientierung zeigt sich erst, wenn der Organismus fortpflanzungsfähig ist, dann zwingt die Pubertät zum Bindungswechsel: Bei den Vögeln folgt das ausgewachsene Jungtier der Mutter nicht mehr, obwohl sie es geprägt hat. Bei den Säugetieren muss das Jungtier (je nach Art das Männchen oder das Weibchen) seine Ursprungsgruppe verlassen, womit quasi der Inzest verhindert wird.[1] Beim Menschen fixiert sich die Lust auf den Körper des anderen, die man »Begehren« nennt, auf ein jeweils neues Objekt – ein Sexualobjekt, zu dem der junge Mensch eine neue Bindung aufbauen muss. Seine Prägung hat der Organismus zunächst durch seine Mutter und seine Umwelt erfahren, es entstand eine von Sexualität freie Verbundenheit. Mit der Pubertät muss er weiterziehen und einen anderen Organismus, einen Partner finden, mit dem eine andere Form der Verbundenheit entstehen wird. Die Festlegung ist zunächst passiv, sie wird aber aktiv und richtet sich auf ein von der Mutter verschiedenes Objekt, wenn die sexuelle Motivation sich manifestiert – dadurch entsteht eine biologische (ein Kind zeugen), emotionale (sich in elterlicher Weise binden) und soziale (seinen Platz in der Gruppe einnehmen) Öffnung.

Als Menschen müssen wir also eine Prägung erfahren, um wir selbst zu werden, und müssen uns dann im Laufe der Pubertät lösen und anderweitig festlegen, um uns zu entwickeln. Dieser Prozess gegensätzlicher und korrespondierender Kräfte erfordert eine perfekte und dynamische Abstimmung. Erwartungsgemäß kommt es auch zu Fehlschlägen und Problemen bei der Festlegung. Als kleiner Mensch, der das sexuelle Alter noch nicht erreicht hat, sucht man nach der Bezugsperson, die uns Geborgenheit vermittelt. Man lässt sich in den Arm nehmen, hochheben, umdrehen, kämmen, füttern, kleiden, hätscheln und von Worten durchdringen, die sozusagen eine geistige Autobahn zwischen Mutter und Kind bilden. Man ist festgelegt und akzeptiert glücklich, unfrei zu sein, denn im Gegenzug gibt es Schutz und Liebe. In dem Maße, in dem die andere Person da ist und sich ins eigene Gedächtnis einprägt, gewinne ich an Selbstvertrauen, denn ich vertraue mich ihr an. Ich vertraue dem, was sie tut und sagt. Indem ich ihr die Macht einräume, mich zu beeinflussen, mache ich ein gutes Geschäft, denn im Tausch für meine verlorene Freiheit fühle ich mich bei ihr wohl. Als ich auf die Welt kam, wusste ich nichts, nichts war mir vertraut, ich konnte die Welt nur im Bezug auf sie (kennen)lernen, von meiner sicheren Basis aus.

Natürlich durchlief ich die »Nein«-Phase im dritten Lebensjahr, ich stellte mich ihr mitunter entgegen – was mich mit Stolz erfüllte. Dabei handelte es sich allerdings nur um eine winzige Befreiungsübung, im Vergleich zu dem Sprung ins Leere, mit dem ein Jungvogel das Nest verlässt, oder zu dem Teenager mit seinem Traum, sich vom elterlichen Haushalt zu lösen. Nicht selten kommt es zu wohlgemeinten Missverständnissen, etwa wenn sich das Kind unter dem Tisch versteckt und eine große Wiedersehensfreude hervorzurufen hofft, während die Mutter sauer wird, weil sie den Zug nicht verpassen will. Manchmal fürchtet der vergötterte Teenager, mit dem Autonomiegewinn seine Geborgenheit zu verlieren, und wird wütend auf die, die ihn in einem emotionalen Gefängnis aufgezogen haben.

Der natürliche Ablauf ist also der folgende:

- passive Festlegung (Bindung), lebenswichtig in der frühen Säuglings- und Kleinkindzeit, in der das Kind seine Prägung durch die Umgebung erfährt;
- Loslösung zur Selbstverwirklichung in der Pubertät;
- aktive (Wieder-)Festlegung in einer neuen sexuellen und elterlichen Beziehung.

Zu Fehlentwicklungen kann es in allen Phasen dieses Prozesses kommen. Eine reizreduzierende Isolation ist die Hauptursache von Beeinträchtigungen, wenn eine karge Umwelt beim Kind zu einer Funktionsstörung im Gehirn führt. Die Pubertät ist die frohe Hinwendung zum Körper des anderen, wenn aber der sexuelle Elan nicht durch Erziehung und soziale Regeln ritualisiert wird, verwandelt er sich unversehens in eine strafbare Handlung oder eine angstbesetzte Hemmung. Wenn die Gesellschaft für den Griff nach der Autonomie weder Träume noch Räume anbietet, verliert der Jugendliche die Orientierung, verliert das Ziel aus dem Blick – und läuft daher Gefahr, zur Beute eines Erlösers zu werden. Der gibt dann vor, was man glauben muss, und weckt mit klaren Worten utopische Hoffnungen. Die Pubertät ist das Alter des blinden Vertrauens in einen intellektuellen Lehrmeister, der sich der Seele eines nach dem Wege suchenden Jugendlichen bemächtigen kann. Sofern die Freiheit Furcht einflößend ist, weil jede Entscheidung Verantwortung bedeutet, kann Knechtschaft beruhigend wirken. Erleichtert akzeptiert man ein autoritäres Regime religiöser oder weltlicher Ausprägung. Man hält es für normal, gesellschaftlich gelenkt und von einem Priester oder den Eltern verheiratet zu werden. Jedes abweichende Verhalten empfindet man als kriminellen Akt. Konformismus generiert den emotionalen und sozialen Druck, der zum Fanatismus führt. So reiht man sich glückselig in das Heulen der Wölfe ein und wiederholt gemeinsam die Losungen, die einem ein Gefühl der Stärke und eine Illusion von Reflektiertheit vermitteln.

Der Bevölkerungsboom begünstigt eine solche Abwehrreaktion. Wer in einer Megametropole oder einem Stadtviertel zu Hause ist, wo die übermäßige Bevölkerungsdichte eine feste Bindung *(attachement)* völlig unmöglich macht, erlebt jeden Nachbarn als Fremden. In einem anomischen Milieu kann man sich die Menschen, denen man nicht begegnen kann, nur vorstellen.[2] Also sucht man noch für die kleinste klimatische, soziale oder institutionelle Abweichung einen Sündenbock, dem man die Schuld zuschieben kann. Und wenn man die Ursache des Übels gefunden zu haben glaubt, fühlt man sich besser – für den Moment.[3] In einer Gesellschaft ohne Krieg erwerben 70 Prozent der Jugendlichen eine sichere Bindung, sodass sie Zeit zum Nachdenken haben, bevor sie sich zwangsläufig festlegen. Befindet sich ein Land aber im Krieg oder in gesellschaftlichem Aufruhr, sinkt dieser Prozentsatz drastisch, je nach Intensität und Dauer von Chaos und Desorganisation. In dem Jugendsegment, das eine unsichere Bindung erworben hat, findet man eine Tendenz zur Unterwerfung – so fühlt man sich besser. Die jungen Leute akzeptieren die Worte und die Wahrheit eines Erlösers, er weist die Richtung zum utopischen Glück.[4]

Die Jugendlichen, die heute ihr sexuelles und soziales Abenteuer antreten, werden wahrscheinlich drei oder vier Paarbeziehungen und vier bis sechs Berufe kennenlernen. Ihre Festlegungen werden nicht mehr die gleiche Verbundenheit stiften wie die ihrer Eltern und Großeltern. Wie werden sie für diese Freiheit bezahlen? Werden sie noch Vergnügen daran finden, Partner und Beruf zu wechseln, oder werden sie die Instabilität als Stress oder wiederkehrende Verlusterfahrung empfinden? In einer großen Gruppe findet man unweigerlich beide der entgegengesetzten Tendenzen. Es ist der soziale Hintergrund, der die variable Anzahl derer bedingt, die die beängstigende Freiheit lieben, und jener, die die Fügsamkeit bevorzugen.

Wir alle haben das notwendige Glück der Unterwerfung erfahren, als wir zu einer Mutter gehörten, zu einer Wohnung, einer Nachbarschaft, einer Religion oder Kultur. Notwendig war auch die jugendliche Kehrtwende, sie durchbrach das Gefühl einer erdrückenden emotionalen Nähe und offerierte uns eine neue Lust am Leben. Droht oder wütet kein Krieg, hat jeder dritte Jugendliche Angst vor der Zukunft, entweder weil er zu viele Risikofaktoren und Schwachpunkte auf sich vereinigt, oder weil ihm die Gesellschaft keine Institutionen, keine Aufnahme anbietet. Ein solcher Teenager lässt sich, ohne soziales Umfeld und ohne Ziel, mitunter vom Pathos eines totalitären Diskurses verführen, dessen ekstatische Inszenierung, dessen Banner, Trommeln und grandiose Legenden die suchende Jugendseele entflammen. Doch auf die Ekstase folgt der Kater – davon berichten uns jene, die einem diktatorischen Regime oder einer Machtbeziehung entkommen sind. Die bequeme Erklärung könnte lauten: »Da man ja weiß, dass einige Menschen zu monströsen Verbrechen fähig sind, muss man auf deren Körpern und in deren Worten nach Anzeichen für solcherlei Monstrosität suchen.« Fertig ist eine logische Vorstellung, die auf einem nicht beweisbaren Postulat beruht; damit hat die Welt wieder einen Sinn.

Gemeinsam im Delirium

Die unbequemere Frage würde lauten: Wie konnten sich nette Dorfbewohner dazu hinreißen lassen, systematischen Massenmord an Tausenden Nachbarn zu begehen oder zuzulassen? Wie konnten große Intellektuelle die Auffassung vertreten, es sei moralisch geboten, Menschenleben aufgrund eines unbewiesenen Gedankens auszulöschen? Wie konnten liebevolle Papas Kinder töten und dabei meinen, gute Arbeit zu leisten? Anstatt in der Theorie des Monströsen eine Erklärung zu suchen, sollten wir uns nach meiner Auffassung für die Drift des Banalen interessieren. »Wie konnte das geschehen?«[1]

Damals, in den 1930er-Jahren, hatte die niedersächsische Kleinstadt »Thalburg« keine besonderen Probleme. Nach dem Zusammenbruch der New Yorker Börse am »Schwarzen Freitag« verzeichnete die Nazipartei im Oktober 1929 unter fünf Prozent der Stimmen. Bei der Wahl 1932 erhielt die NSDAP 37,2 Prozent. Als Hitler an die Regierung gelangt war, stimmten 43,9 Prozent der Bevölkerung für sein Programm und im November 1933 kam die »Nationalsozialistische Deutsche Arbeiterpartei« in den Genuss eines erdrutschartigen Wahlsieges, der ihr auch formell die alleinige Macht sicherte. Diese Entwicklung vollzog sich ohne ein besonderes Ereignis, ohne Bombenanschlag, ohne ausländische Einwanderung, es genügte einfach ein hasserfüllter Diskurs. Angesichts der Probleme der Stadt und insbesondere der steigenden Arbeitslosigkeit sowie der Kommunalverwaltung verlegten sich die Redner auf eine zunehmend fieberhafte Rhetorik.

Anfangs drehten sich die Kundgebungen um die Alltagssorgen der Handwerker, Ladenbesitzer, Beamten und Rentner. Man stritt sich im üblichen Maße, musste sich aber auch mit einer kleinen und zunehmend aggressiven Gruppe auseinandersetzen, die sich lieber mit den abstrakten Fragen des Nationalismus und der heimtückischen Macht sowohl der Juden als auch der Marxisten befasste. In Thalburg gab es »wenig wirklichen Antisemitismus«, doch für die stark religiöse Bevölkerung organisierte man Theaterspiele, Filmvorführungen, Verlosungen und militärische Schaustellungen, die einen ideellen Kampf gegen den Feind in Szene setzten: »… es war der Jude, der Sozialist, der Gottlose oder, wenn man gestaltlose Verallgemeinerungen vorzog, das ›System‹, das für alles … verantwortlich war.«[2]

Der Weg an die Macht hat klassische Regeln. Zunächst einmal sind großartige Paraden zu organisieren, bei denen der kraftvolle Marsch, die offensiven Gesänge und die vor Insignien strotzenden Kleidungsstücke wie der Totenkopf des Wehrwolf-Bunds starke Emotionen hervorrufen. Weiterhin müssen die Reden Stoff liefern, der als Grundlage für Empörung, Hass und gerechten Zorn dient. Dann fällt es schwer, nicht zur Tat zu schreiten, die handfeste Auseinandersetzung nicht zu suchen und nicht alles zu zerschlagen, was für die Gesellschaft steht, die man niederringen will, seien es Denkmäler, öffentliche Sitzbänke oder gar Schulen: »Der Terror wurde, besonders im Kreis Thalburg, zu einer Standardwaffe … Thalburg hatte nur einen sehr kleinen jüdischen Bevölkerungsanteil. Die Volkszählung von 1932 ergab 120 Männer, Frauen und Kinder jüdischen Glaubens in einer Gesamtbevölkerung von zehntausend.«[3] Es gab kein jüdisches Viertel, nur eine winzig kleine Gruppe völlig assimilierter Ladenbesitzer, Lehrer, Musiker und Sportler, die sich als Deutsche fühlten und glücklich damit waren. Es gab auch keinen Antisemitismus. Um den Hass zu entfachen, konnte sich die nationalsozialistische Partei in der Lokalzeitung *Thalburger Neueste Nachrichten* nur darüber empören, »dass ›die Juden in aller Welt‹ die ›scheußlichste Gräuelpropaganda‹ gegen Deutschland verbreiteten«.[4] In Wirklichkeit: nichts. Doch in der Vorstellung von dieser inexistenten Realität wirkte ein Diskurs, dem eine so klare wie positive Rhetorik und eine bewegende, kraftvolle, ja erhebende Inszenierung Form verliehen – der also eine gerechte Empörung hervorrief. Die wenigen Thalburger Juden wurden boykottiert und in ihrem Alltag spürten sie, dass man noch die geringste ihrer Gesten mit Feindseligkeit deutete. Damit ihr Hass zum gerechten Zorn geriet, hatte es den Nazis genügt, sich als von »den Juden« verfolgte Unschuld darzustellen, die nicht ruhen werde, »›bis die Hasskampagne und der Boykott gegen deutsche Waren‹ aufhört«.[5] Die Juden sagten nichts, sie sahen sich als Deutsche, doch die Nazis rechtfertigten ihre Gewaltbereitschaft in der Pose der Notwehr. Diese Politik auf Schulhofniveau (»Ich war's nicht, Frau Lehrerin, er hat angefangen«) erwies sich als effektiv. Das emotionale Feuer war entfacht und die antifaschistischen Deutschen, die dem antisemitischen Diskurs mit rationalen Argumenten entgegentraten, kolportierten unfreiwillig dessen frei erfundene Behauptungen. Zu Beginn des Krieges freuten sich die Thalburger über die Siege der Wehrmacht. Um ihr Gesetz durchzusetzen, brauchte die Nazidiktatur keine schriftlichen Texte mehr, denn ihr Gesetz wurde im Alltag von Tausenden Mini-Diktatoren umgesetzt. Befehle waren nicht mehr notwendig, denn die Bevölkerung war bereits in einer glücklichen Unterwerfung gefangen.

So kann man sich zum Gefangenen eines Diskurses machen. Derjenige kann an den Diskurs wie an eine Tatsache glauben, den eine politische Rede im Grunde seines Herzens emotional trifft, weil diese Rede in allen Zuhörern dasselbe

Gefühl hervorruft und damit alle eine Meinung teilen. Die Worte bezeichnen dann keinen Teil der Wirklichkeit mehr, und doch verspürt man wirklich Zorn und Wut, Verachtung und Empörung, die den Schritt zur Tat legitimieren. Diesen Prozess, in dem man sich einer in Worte gewandeten und von der Realität abgeschnittenen Vorstellung unterwirft, kann man als »logisches Delirium« bezeichnen. Dabei handelt es sich nicht um eine Psychose, sondern um ein normales delirantes Syndrom, wenn wir einer Erzählung derart Bedeutung beimessen, dass wir an sie wie an eine Offenbarung glauben. Und um stärker daran zu glauben, vermeiden wir bewusst jede Analyse, die unsere Emotionen trüben könnte. Durch diesen mentalen Vorgang machen wir uns zu unbewussten Helfershelfern eben jenes Diskurses, der uns gefangen hält. Lässt sich so die erstaunliche Macht der Sekten erklären, in denen sich gebildete und intelligente Menschen gar um den Preis des eigenen Lebens einer dummen Erzählung unterwerfen?

Aufgeworfen wurde das Problem bereits Ende des 19. Jahrhunderts von zwei Psychiatern, die verwundert eine »folie à deux«, eine induzierte wahnhafte Störung diagnostizierten.[6] Zwei Personen formulierten dieselbe Wahrnehmungsstörung: »Mittels des Kronleuchters bestrahlt man uns mit Wellen … Nachts dringt man bei uns ein und verrückt einzelne Gegenstände … hinterlässt staubige Muster auf dem Tisch im Esszimmer … Man nimmt unsere Schuhe und nutzt sie ab, während wir nachts schlafen …« Die beiden Personen verbinden ihre Erzählungen miteinander und wollen so ein Rätsel klären: »Unsere Schuhe sind nur deshalb abgenutzt, weil sich ein unsichtbares Wesen ihrer des Nachts zum Laufen bedient.« Angesichts der gemeinsamen Erklärung stand der Psychiater vor einer Alternative: Er kann der Behauptung, bestätigt durch die Aussage des anderen, Glauben schenken, oder aber er kann zu der Auffassung gelangen, dass einer von beiden fantasiert und der andere sich dem Delir anschließt. Doch wer hatte Wahnvorstellungen? Beide beschrieben dieselben Tatsachen mit derselben Überzeugung, wer aber ist der Induktor gewesen? Beide Personen lebten in einer engen Beziehung miteinander, waren einander verbunden, intelligent, und das ungerechte Eindringen betrübte beide. Man müsste sie trennen, um herauszufinden, wer deliriert und den anderen induziert. Die Übernahme einer wechselseitigen Störung ist in der alltäglichen Praxis nicht ungewöhnlich, ihre Voraussetzung ist lediglich, dass die beeinflusste Person durch übermäßige Liebe zu der wahnhaften Person eine Depersonalisation erlitten hat. Einfach nachzuvollziehen ist das in einer Eltern-Kind-Beziehung, wenn ein gestörter Elternteil die Unterstützung des nichtgestörten Gatten (Mutter oder Vater) fordert. Häufig kommt die Übernahme der Störung durch eine gesunde Person bei Liebespaaren und in Verwandtschaftsbeziehungen vor, in denen das dominante delirierende Subjekt die eigenen Vorstellungen an seine Bewunderer weitergibt. Ich erinnere mich an eine junge Frau, die sich sehr stark in einen jungen Paranoiker verliebt hatte. Ihre Eltern stellten natürlich keine Diagnose, fühlten sich mit dem jungen Mann aber nicht wohl und teilten ihrer Tochter ihr Unverständnis mit. Das Paar ergriff die Flucht und schnitt sich damit von jeder Beziehung ab, die einen Zweifel und damit einen Schutz für den nichtgestörten Partner hätte bedeuten können. Der zunehmend misstrauische Junge bat seine Freundin um Hilfe, die auf ihn lauernden Mörder ausfindig zu machen. In ihrer leidenschaftlichen Verliebtheit und aus dem Wunsch heraus, den Freund zu schützen, perfektionierte das Mädchen die Kunst, verstohlene Blicke, seltsame Verhaltensweisen und Worte aufzuspüren, die etwas anderes bedeuteten, als sie oberflächlich besagten. Das Paar floh weiter und wechselte des Nachts die Wohnung, um unsichtbaren Verfolgern zu entkommen. Binnen weniger Monate hatte die ausgeglichene junge Frau die Paranoia ihres Freundes übernommen. Sobald sie ein gefährliches Zeichen aufgespürt hatte, geriet sie in Panik und vollführte mit ihrem Partner magische Rituale, die die unsichtbaren Angreifer verjagen sollten.

Überraschend kann auch die Leugnung einer Schwangerschaft sein, wenn eine junge Frau, die offensichtlich schwanger ist, im Brustton der Überzeugung erklärt, nicht schwanger zu sein – und darin von der Mutter, die neben ihr steht, unterstützt wird. Vielen Jugendlichen, die ihr Elternhaus verlassen wollen oder müssen und keinen Platz in der Gesellschaft finden, erscheint die Festlegung auf einen esoterischen Zirkel durchaus verlockend. In dessen verschwörerischen Zusammenkünften finden sie Halt, einen Sinn für ihr Streben, dort fühlen sie sich besser, wenn sie das Joch der Versammlungen, der vorgegebenen Formeln und die Geldspenden akzeptieren, von denen der Guru lebt.

Der Sinn, den man den Dingen beimisst, verändert deren Wahrnehmung. Als die »Arisierung« jüdischen Eigentums 1941 angeordnet wurde, teilte sich die deutsche Bevölkerung in drei Kategorien: Tatsächlich nutzten 40 Prozent der Begünstigten die Gelegenheit und bedienten sich an den Haushaltsgegenständen des Nachbarn oder »kauften« diese zu unglaublich günstigen Preisen. Sie betraten die Nachbarswohnung und nahmen die Kaffeekanne, sie ließen eine lächerliche Summe da, erhielten somit ein Arisierungszertifikat und kehrten frei von jeder Scham in die eigene Wohnung zurück. Die kollektive Vorstellung war eindeutig und klar, wer sich die Kaffeekanne des Nachbarn aneignete, wandte nur geltendes Recht an.[7] Weitere 40 Prozent der Deutschen übernahmen sehr preiswert ein jüdisches Unternehmen, das sie auf eigene Rechnung weiterführten. Beispielsweise führte Helen

Epsteins Großmutter einen Modesalon in Prag. Als ihr klar wurde, dass sie verhaftet werden würde, vertraut sie ihren Schmuck Freunden der Familie an. Nachdem Epsteins Mutter in Theresienstadt dem Tod entronnen war, kehrte sie nach Hause zurück. Die Freunde hatten den Schmuck verkauft und die engste Mitarbeiterin der Großmutter hatte Atelier wie Wohnung juristisch einwandfrei übernommen. Freundlich bitten die Freunde die Rückkehrerin zu Tisch – auch das Geschirr war arisiert worden.[8] Die Konstellation entspricht vollends dem Diskurs, der die Enteignung jüdischen Eigentums für rechtmäßig erklärte. Es gab keinen Grund, sich zu schämen. Nur 20 Prozent der Deutschen machten diese Schnäppchenjagd nicht mit: Wenn sie Eigentum erwarben, dann kauften sie es zu dem Preis, den sie auch einem nichtjüdischen Eigentümer bezahlt hätten.

Für das Zusammenleben ist dieser normale Prozess der Akzeptanz einer kollektiven Vorstellung zwar notwendig, er kann allerdings leicht in einen Überwältigungsdiskurs abgleiten. Wer sie ohne eigenes Urteil akzeptiert, gibt seine Persönlichkeit auf und lässt sich depersonalisieren. »Die Sekte … ist eine dogmatische Struktur der Unterwerfung, die in sich geschlossen ist und von einer absoluten Autorität geleitet wird … ohne jeden Gegenpol … in der das Individuum seine Eigenschaft als Person verliert.«[9] Wer sich verwundbar fühlt, akzeptiert leichthin dogmatische Aussagen, die einem quasi auf intellektuellem Weg das Rückgrat stärken. Die Gedanken kreisen um einige verbale Prothesen, doch wie beim »induzierten Irresein« lässt sich das nächste Umfeld, das dem Tonangebenden am meisten verbunden ist, bezirzen und kann so weiterhin in den Genuss seiner Zuneigung kommen.

Glückselige Entfremdung

Die Gründung der französischen Sekte »Néo-Pharc« in Nantes veranschaulicht die Funktionsweise einer Gruppe, die sich den seltsamen Ideen eines einfachen Mannes und einer eigenwilligen Interpretation der Zahlensymbolik in der Kabbala ergibt. Durch einige Buchstaben- und Zahlentricks beweist der Anführer ganz »logisch«, dass er Jesus Christus wäre! Er behauptet, die Anschläge auf das New Yorker World Trade Center am 11. September 2001 vorausgesehen zu haben und daher in der Lage zu sein, auch die Apokalypse am 24. Oktober 2002 vorauszusehen. Seine Behauptung ist wirr (völlig abgeschnitten von der geraden Bahn des Ackermanns) und ausgefallen (sich abhebend von der Masse),[1] doch »sein systematischer, logisch zusammenhängender, pseudowissenschaftlicher Wahn überzeugt einige Anhänger davon, glücklicherweise zu den Auserwählten zu gehören«.[2] Die Apokalypse fand nicht statt, und um seine Theorie zu retten, schob der Guru seinen Anhängern die Schuld dafür in die Schuhe. Ein Getreuer warf sich vor ein Auto, kurz darauf sprang eine verzweifelte Anbeterin aus dem Fenster – in der Hand hielt sie eine Tulpe, das Symbol der Sekte und also ihrer Treue.

Als Hitler 1945 in seinem Bunker begriff, dass er den Krieg verloren hatte, machte er sein Volk dafür verantwortlich, dem es am Mut gemangelt habe, für seine wunderbare Utopie zu streiten. Unversehrt bleibt die Theorie, wirr, doch unversehrt. Der Verräter war das Volk. Göring wird seiner Ämter enthoben, während Goebbels im April 1945 beim Führer geblieben war. Am 30. April, einen Tag vor seinem Suizid, wird der

Doktor der Philosophie noch zum Reichskanzler befördert.[3] Seine sechs Kinder spielen im Führerbunker, sie liefen und tobten wie immer. Magda Goebbels kleidete die Kinder in weiße Gewänder und übergab sie dem Tod, bevor sie sich mit ihrem Mann umbrachte.[4] Verliert der Mensch seine innere Freiheit, ist er nur mehr das Werkzeug eines übergeordneten Willens.

Das bequeme Denken kann das rasch erklären: »Solche Leute sind geisteskrank, deshalb laufen sie dummen Ideen hinterher, begehen dafür sogar Selbstmord und töten die eigenen Kinder.« Gibt es keine andere Erklärung? Sich zu unterwerfen ist normal, nur so erwerben Kinder lebenswichtige Kenntnisse und so etwas wie ein Selbstwertgefühl. Untermauert wird dieser paradoxe Gedanke durch experimentelle Beobachtungen der Bindungsforschung.[5] Ein Kind kann nur dann es selbst werden, wenn ein anderer Mensch seine Seele strukturell geprägt hat: Die Mutter, der Vater, die Muttersprache, die Nachbarschaft, die gesellschaftlichen Werte und Stereotypen besitzen diese Macht. Die Grunderfahrung der Abhängigkeit strukturiert unsere Identität, um unserer persönlichen Entwicklung willen müssen wir uns aber von ihr frei machen. »Ihr Verhältnis zu Bewältigungs-, Loslösungs- und Resilienzmechanismen … harrt einer wissenschaftlichen Untersuchung und Analyse.«[6] Der Sich-gefangen-Gebende leidet an keiner Geisteskrankheit, sondern kämpft mit der Herausforderung, in einem Heim selbstständig denken zu lernen, das keine sichere (sondern eine ausweichende, zweideutige oder verworrene) Bindung bot und dessen Milieu das Subjekt nicht anleitete, das sich in seiner Orientierungslosigkeit nach Gefangenschaft sehnt. Wer eine solche Verletzlichkeit entwickelte, akzeptiert vorgestanzte Gedanken wie eine stützende Prothese. So schreibt Daniel Zagury: »In zahlreichen Gutachten in Fällen mentaler Überwältigung … stellte ich starke familiäre Zugehörigkeitsgefühle fest. Ich konnte jedoch keinerlei psychiatrische Erkrankung, keine größere Störung nachweisen.«[7] Dass man einer Gruppe angehören muss, um bei sich zu sein, und gemeinsame Probleme diskutiert, um seinen geistigen Horizont zu strukturieren, kann induzierte Wahnstörungen erklären: ein normales Phänomen, nichts weiter als ein Identitätsbedürfnis, das eine zwischenmenschliche oder gesellschaftliche Störung erschüttert hat.

In Mexiko verwenden die indigenen Völker seit Langem den Saft des Peyotl, eines dornenlosen Kaktus, um eine psychische Gruppenerfahrung auszulösen. Zwei bis drei Stunden nach ihrer Einnahme führt die Substanz zu Euphorie und rauschartigen Halluzinationen. Der Ureinwohner fühlt sich zum anderen gewandelt und erlebt eine Autoskopie: Er sieht sich selbst, als würde seine Seele über seinem Körper schweben. Das physiologische Phänomen wird bei religiösen Initiationsriten genutzt, wenn die Indigenen das gemeinsame Gefühl haben, in eine von der Realität verschiedene Welt gereist zu sein – ein Impuls zur Spiritualität. Im Westen übernimmt mitunter der Alkohol diese Funktion bei feuchtfröhlichen Feierlichkeiten, die einen Übergang markieren: beim Eintritt in den Ehestand, bei der Unterzeichnung eines Vertrags oder beim Abschied aus dem Berufsleben. Die gemeinschaftliche Alkoholvergiftung erschafft ein Gefühl des Übergangs, von dem es kein Zurück gibt. Dieser Moment allseitigen Irreseins vereint die Partner und stürzt sie in eine neue Welt. Nicht anders funktionieren kultische Zeremonien, induzierte Wahnstörungen und Familiendelirien.

Es ist nicht ungewöhnlich, dass eine starke Emotion im Familienkreis eine ekstatische, jähzornige oder abschreckende Wirkung hat, sodass es auch ohne die Einnahme von Substanzen zu einer emotionalen Erschütterung kommt. Ein Ereignis oder eine Beziehung kann die Ausschüttung von Neurotransmittern, also Botenstoffen, beeinflussen und uns die Welt mit anderen Augen sehen lassen: Eine gute Nachricht erhöht den Serotoninspiegel und euphorisiert uns, eine Liebeserklärung steigert die Ausschüttung von Oxytocin, des Bindungshormons, schließlich kann uns das Angebot einer relationalen Überwältigung seitens eines einflussreichen Menschen entweder in Alarmbereitschaft versetzen – wenn es Widerwillen hervorruft und vermehrt Stresshormone wie Cortisol und Katecholamine zirkulieren – oder es steigert die beruhigende Serotoninausschüttung, wenn uns die Autorität Sicherheit, ja Geborgenheit verheißt.

So erging es den elf Mitgliedern einer recht harmonischen Familie adliger Herkunft, deren starker innerer Zusammenhalt in der Liebe zu einem Schloss gegründet war. Besagte Familie ließ sich von einem paranoiden Männlein unterjochen und auf ihrem Anwesen in Monflanquin einsperren – weil sie sich den Wahn des Mannes zu eigen gemacht hatten: Ghislaine de Védrines war Teil einer reichen, erfolgreichen und angriffslustigen Familie bei Bordeaux.[8] In Paris stand sie einer Sekretärinnenschule für Mädchen aus guter Familie vor. Das Familienunternehmen durchlief eine schwere Phase, die auch für Madame de Védrines persönlich belastend war. Zwei Jahre zuvor war ihr Vater gestorben, ein Jahr darauf die ältere Schwester, die ihr eine zweite Mutter gewesen war. Derweil hatte ihr Ehemann keine Zeit für sie, er war vollends mit der Gründung seiner Zeitung beschäftigt. Ghislaine war traurig, allein und von zahllosen Problemen überfordert. Da trat Thierry Tilly, Reinigungskraft an ihrer Schule, in ihr Leben und gab ihr einfache Ratschläge. Ghislaine de Védrines erinnert sich: »Ich lernte seinen Rat zunehmend schätzen, ja, ich träumte gar von seinem Rat, denn bald vermengte er sich mit einem Gefühl der Erleichterung … Wie wohltuend war es, in überaus schwieriger Zeit einen solchen Mann an unserer Seite zu wissen.«[9] Wenn er in der Nähe war, fühlte sie sich besser und vertraute ihm so sehr, dass sie das eine Geheimnis mehr nicht hinterfragte, welches er ihr eines Tages anvertraute: »Ich bin Geheimagent der NATO und habe den Auftrag, gegen den zunehmenden Einfluss der Freimaurer vorzugehen.«[10] Es war vollbracht! Nun hatte er die sonst so klarsichtige und mutige Frau am Haken, denn sie hatte in einem Moment der Schwäche eine Grundgeborgenheit gebraucht. Dieser kleine, pseudologische Lügner und Verschwörungstheoretiker sollte ihr die mangelnde Geborgenheit vermitteln und sie ihrer Persönlichkeit berauben, dazu musste ihm nur eine relationale Überwältigung gelingen. Sie sollte all seine Worte akzeptieren, sollte glauben, dass er und seine unsichtbaren Kollegen sie beschützen und dass sie zu ihrer Rettung lediglich seinen Anweisungen zu folgen hatte: nämlich das Schloss und die Immobilien zu verkaufen und das Geld auf ein britisches Konto zu überweisen, auf welches die Freimaurer und Juden keinen Zugriff hätten. Es lief wie am Schnürchen! Hat man kritiklos den ersten wahnhaften Satz geschluckt, akzeptiert man leichthin auch die nachfolgenden Aussagen. Bei der induzierten Wahnstörung, in deren Zuge ein gesunder Geist der Fantasie eines anderen verfällt, etwa bei der Schwangerschaftsverleugnung, in deren Zuge die Mutter unter Missachtung aller gegenteiligen Beweise die eigene Tochter für »nicht schwanger« erklärt, und beim Stockholm-Syndrom, in dessen Zuge sich die absolut verängstigte Geisel die Ideen ihres Entführers zu eigen macht, weil dieser eine Vertrauensbeziehung zu ihr aufgebaut hat, läuft derselbe Prozess wie in einer notleidenden Gesellschaft, der ein Erlöser das Ersehnte verspricht: Ordnung, Glück und Frieden. Eine Machtbeziehung entsteht, wenn der Einflussnehmende eine Verlustangst besänftigt: »Ich höre ihn im Traum … er vermittelt mir ein Gefühl der Erleichterung«, so Ghislaine. Wenn die eigene Welt in Scherben liegt, ergibt man sich dem Gesang der Sirenen, man opfert die Freiheit einem Glücksversprechen: »Gehorcht«, sprach Hitler zum gedemütigten deutschen Volk, »und ich schenke euch tausend glückliche Jahre.« Und das Volk gehorchte. Es schluckte den Köder, das Versprechen von der Erfüllung seines Traumes: dem Ruin zu entkommen und eine neue Gesellschaft zu errichten. Dieses gelehrte Volk biss an, denn es brauchte eine großartige Geschichte, um seine Erniedrigung zu verwinden. Dazu diente ihm »Mein Kampf«. Zwölf Millionen Deutsche kauften das Buch, überflogen einige Seiten und legten es dann als Zeichen der Zugehörigkeit gut sichtbar auf den Tisch: »Auch Sie lesen ›Mein Kampf‹, wir haben eine gemeinsame Weltanschauung. Der Buchautor, unser Erlöser sagt uns, was wir denken sollen, um wieder Hoffnung zu schöpfen. Er kennt den Ursprung des Übels und dirigiert unser Verhalten. Da steht es geschrieben.« Verblüfft hingegen waren die wenigen Deutschen, die das Buch tatsächlich gelesen haben. Der zusammenhanglose Text handelt von einer imaginären Wirklichkeit, es ist eine schöne Geschichte ohne jeglichen Realitätsbezug, und doch beglückt sie den Verzweifelten: »Wertlos fühlte ich mich, von allen verachtet. Aber seit ich sage … dass ich Arzt bei der WHO bin[11] … dass ich edler Abstammung bin … dass ich der *Herrenrasse* angehöre … dass mein Stellvertreter, mein geliebter Vorgesetzter, mein Führer mir sagt, was ich tun und wie ich mich kleiden soll, wie ich im Gleichschritt marschieren und zur Waffe greifen soll, um meinen verdienten Platz zurückzuerobern … seither verspüre ich ein Glücksgefühl.«

Es ist ein trügerischer Glaube, denn den Worten fehlt jeder Realitätsbezug. Der *arische* Ursprung der germanischen Völker wurden nie nachgewiesen und noch kein biologischer Test erwies die Überlegenheit blonder Menschen, doch die

Reden des Erlösers erzeugten inmitten der Verzweiflung eine solche Euphorie, eine solche Erleichterung, dass die Gläubigen ihre Augen verschlossen und nichts als glauben wollten. Die Naturverbundenheit, die Romantik, die Schönheit blonder *Übermenschen*, der Glaube an bessere Zeiten, der Krieg gegen das Böse, die Juden, die Slawen, die Geisteskranken und die Ungläubigen verbanden sich zu einer wunderhaften Ideenwelt: »... keine andere Bewegung ... begeisterte die Jungen so sehr ...«[12] Diese Ideen hatten keine Entsprechung in der realen Welt, doch das spielte keine Rolle, denn es zählte in tiefster Nacht nur das Glücksgefühl. Wer sich einem wohltuenden Einfluss unterwerfen will, kann an alles Mögliche glauben, muss dann aber alle diejenigen hassen, die seinen Glauben infrage stellen, die also seinen Schutzwall zermürben und sein Glück behindern.

Ghislaine fühlte sich von Tilly so gut beschützt, dass sie ihren geliebten Ehemann Jean zu hassen begann, als dieser ihr die Augen öffnen wollte. Sie glaubte lieber ihrem Beschützer, der ihr gerade seine geheimdienstlichen Erkenntnisse verraten hatte, wonach Jean asiatische Auftragsmörder angeheuert habe, die gemeinsamen Kinder zu töten.[13] Seither war die Familie in zwei unversöhnliche Lager gespalten. Zu den elf Einsiedlern von Monflanquin – die in erstaunlichem Maße einer von der Realität abgeschnittenen Geschichte mit ganzer Seele unterworfen waren – zählten ein Arzt, einige Studenten, eine gebildete Großmutter und eine Geschäftsfrau, die sich zum eigenen Schutz völlig isoliert hatten: »Wir haben keine Freunde mehr, wir zählen nur mehr Feinde.«[14] Der übrige Teil der Familie blickte entsetzt auf die Zurückgezogenheit und den totalen Bankrott, wollte zu Hilfe eilen und löste damit doch nur die Feindseligkeit der Einsiedler aus. Ghislaines Gatte Jean war ein angesehener Journalist und hatte die Presse alarmiert, die nun ernsthafte Nachforschungen anstellte.

Die Zeitung *Sud-Ouest* veröffentlichte »einen ganzseitigen Artikel unter der Überschrift ›Mysteriöse Klausur auf Schloss Martel‹«.[15] Die Einsiedler erhoben Klage wegen Verletzung der Privatsphäre und die Zeitung musste 23 000 Euro Schadenersatz zahlen. Die Summe floss nach London an die befreundete Bank, deren Tür den Freimaurern und Juden verschlossen war. Die siegreichen Einsiedler sanken noch tiefer in die Knechtschaft durch Tilly, ihren Erlöser.

Ich frage mich, warum einige Familienmitglieder an der eigenen Entfremdung mitwirkten, während sich andere widersetzten. Im marxistischen Sinne ist ein Mensch entfremdet, »wenn … er durch die ökonomischen Bedingungen am Bewusstsein gehindert ist«.[16] Zumeist handelt es sich um einen Mann oder eine Frau, die keine Produktionsmittel besitzen und also um des Überlebens willen die eigene Freiheit preisgeben, sich versklaven lassen wie im Alten Rom,[17] wie der Proletarier im Industriezeitalter, wie Prostituierte zu allen Zeiten. In der Machtbeziehung bemächtigt sich ein anderer der Seele des Entfremdeten. Seines Bewusstseins beraubt, lässt dieser sich vom Bewusstsein des anderen, vermeintlich Überlegenen in Besitz nehmen. Im Fall der Einsiedler von Monflanquin ergab sich ein Teil der Familie als Besitz, während ein anderer Teil sich wehrte. Woher rührt der Unterschied? Eine Hypothese mag lauten, die Besessenen hätten in ihrer Entwicklung oder einer schwierigen Lebensphase eine strukturelle Verletzlichkeit erworben. Die Widerständigen hingegen hätten demnach ein Selbstbewusstsein aufgebaut und seien zu einer Selbstbehauptung fähig, in der sie die Kraft fanden, bei sich zu bleiben, den Überblick zu behalten und sich gegen Vereinnahmung zu verwahren. Die Familie de Védrines war, bei allem Reichtum und aller Bildung, ökonomischen und persönlichen Risikofaktoren ausgesetzt (Firmenleitung, Verängstigung). Eine derartige Anfälligkeit findet sich in allen Gesellschaftsschichten, wahrscheinlicher aber unter ungünstigen soziokulturellen Bedingungen.

Im Römischen Reich sowie im Okzident bis zum Jahr 1000 n. Chr. stellte niemand die Sklaverei infrage: ohne Sklaven keine Gesellschaft. Die archaische Vergesellschaftung erfolgte durch Herrschaft. Es braucht inneren Frieden und eine organisierte Gesellschaft, um ein glückliches Leben ohne Herrschaft zu führen. Der moralische Anspruch bestand damals einfach darin, ein »guter Herr« bzw. ein »guter Sklave« zu sein. Selbst das Christentum stand zwar für Fortschritt, denn es verurteilte Gewalt, hielt die linke Wange hin und verlieh den Frauen mit Maria ihre Würde, doch es wandte sich nicht gegen die Sklaverei und war später an Religions- und Kolonialkriegen beteiligt. Im Alten Rom bot sich der Mann, der weder Familie noch ein Haus besaß, als Sklave an und unterwarf sich der Herrschaft – anstatt allein auf der Straße zu sterben. Somit vergesellschaftete er sich und begab sich in eine kindliche Abhängigkeit. Der Herr konnte ihn natürlich schlagen, und wenn eine vermögende Bürgerin mit der Arbeit ihrer Dienerin unzufrieden war, biss sie diese ohne zu zögern.[18] Steht eine Menschengruppe im Rang des Kindes, gilt noch die kleinste Rebellion als Vatermord. Die Bestrafung eines missratenen Sohnes oder eines aufständischen Sklaven erschien moralisch tatsächlich geboten.

Die Allmacht des Konformismus

Wird ein Volk in unserer Zeit infantilisiert, verinnerlicht es das Recht des Stärkeren, ja es misst ihm einen moralischen Wert bei. Hélène Berr arbeitete 1943 an der Sorbonne an einer Dissertation über Keats. In einer Pause ging sie in einen Park unweit von Notre-Dame. Kurz darauf verwies sie der Parkwächter des Parks – Hélène trug den Judenstern auf der Brust. Ein Bekannter wurde verhaftet, weil er den Stern zu hoch trug. Eine Dame rief daraufhin empört aus: »Das beweist ihre Unehrlichkeit!!!«[1] Unterwerfen wir uns den Doxa stereotyper Phrasen und akzeptieren sie ohne Überlegen, bewegen wir uns in unmittelbarer Nachbarschaft zur Moral des guten Herrn, der seinen Sklaven schlägt, zum Zorn der Bürgerin, die ihre Putzfrau beißt, und zum Parkwächter, der einschreitet, weil eine jüdische Studentin es wagte, sich in einen Park zu setzen. Selbstständiges Denken bedeutet ein Maß an innerer Freiheit. Doch im 21. Jahrhundert – da die Sklaverei theoretisch passé ist, da man seine Putzfrau viel seltener beißt, da ein Jude im Park sitzen kann –, da transportiert die kollektive Erinnerung in ihren Erzählungen nicht mehr die Vorstellung einer Hierarchie, in der ein Mensch über die Macht verfügt, sich einem anderen aufzuzwingen.

Das Konzept des »selbstständigen Denkens«, das zu einem Maß an Freiheit führt, ist sicherlich nicht immer anwendbar, denn die klinischen Neurowissenschaften belegen, dass ein Kind allein, ohne ein Gegenüber nicht denken kann. Ein dominanter Einfluss ist unerlässlich. Nur dadurch wird ein Kind angeleitet, ein Temperament zu entwickeln, die Muttersprache zu erlernen und Sozialisierungsrituale zu achten. Es erfordert einiges Nachdenken, damit dieser Einfluss persönlichkeitsbildend wirkt. Hyperaktive Kinder haben ein Aufmerksamkeitsdefizit, sodass sie schlecht lernen und sich sozial schlecht integrieren. Und orientierungslose, anomische, unentschlossene Kinder sind – da sie von ihrem Umfeld nicht geprägt werden, etwa weil die Mutter tot, die Familie zerbrochen ist oder das Land in einer Wirtschaftskrise steckt – den eigenen Trieben ausgeliefert, die zu kontrollieren sie nicht erlernen konnten. Wenn jedoch im Gegenteil der Einfluss des anderen eine Depersonalisation bewirkt, etwa weil er sich des Innersten bemächtigt, weil der Vater ein Tyrann ist oder weil eine totalitäre Gesellschaft jedes Überlegen unterbindet, empfindet mancher diese Überwältigung als moralischen Rückhalt und beugt sich ihr stolz. Wer das vom Vorgesetzten festgelegte Gesetz ablehnt, steht vor einer tragischen Entscheidung: Man kann sich anpassen und jegliches psychische Leben auslöschen, man kann aber auch fliehen oder zur Waffe greifen.

Der andere in mir ist notwendig, wenn er mir ermöglicht, mich zu binden, die konventionelle Sprache zu sprechen, eine Welt aus Erzählungen zu errichten und darin mit denen zu leben, denen ich ähnlich bin. Wenn aber der andere mich mir selbst entfremdet, besitzt er mich wie einen Sklaven. Wahrscheinlich ermöglicht der Konformismus einen Ausgleich zwischen den beiden notwendigen wie gegensätzlichen Entwicklungen. Ohne anderen werde ich zu einem Niemand, das sehen wir als Folge der Unterdrückung äußerer Reize bei ausgesetzten Kindern. Wenn aber der andere mich besitzt, kann ich nicht ich selbst werden, kann ich meine eigene Entwicklung nicht fortsetzen. Bindung, Muttersprache sowie Individual- und Gruppenidentität werden durch den anderen in mir ebenso ermöglicht wie gemeinsame Meinungen und

Überzeugungen, die Individuen zusammenhalten. Wenn sich der andere in mir jedoch des Innersten bemächtigt, bin ich besessen und werde zu einem Niemand.

Das Austarieren dieser beiden gegensätzlichen Bedürfnisse erfolgt wie in einer Transaktion. Ist der andere paranoid, glaubt er, seine Gedanken seien die einzige Wahrheit, und empört sich, wenn man sich ihr nicht beugt; er hält es für moralisch angezeigt, dass die Polizei seine Meinung durchsetzt. Ist der andere ein zwanghafter, pseudologischer Lügner, erfindet er eine Geschichtenwelt, die er einfach in die Volksseele einschmuggeln kann, weil er den Menschen sagt, was sie hören wollen. Ist aber der andere paranoid und pseudologisch zugleich, gewinnt er ihre Stimme! Selbstständig zu denken ist schwierig, wenn wir auf den Einfluss anderer angewiesen sind, um wir selbst zu werden – und uns dann von den anderen abgrenzen müssen, um unsere Persönlichkeit weiter zu entwickeln. Wie weit darf der Einfluss anderer gehen? »… ein Haufen Individuen … fasste den Beschluss, seine Individualität zu unterdrücken und so eine Einheit namens ›Gruppe‹ zu schaffen … definiert wird eine kollektive Identität durch gemeinsame Eigenschaften … Das Individuum lässt sich beeinflussen und passt sich der Gruppe an, weil diese eine Anziehungskraft ausübt.«[2] Demnach streben einige Individuen also danach, beeinflusst zu werden, sei es aufgrund einer instabilen Entwicklung, sei es in einer schwierigen Phase. Selbst stark personalisierte Individuen sind beeinflussbar, wenn sie sich von einer Gruppe angezogen fühlen, deren Image ihnen zusagt; womit sich ihr freiwilliger Konformismus erklärt.

Feuerwehrleute haben eine ausgeprägte Gruppenidentität und ein gutes Image. Die Männer sind meist groß und kräftig, mit schlanker Taille, definiertem Oberkörper und dem sympathischen Charme eines echten Haudegens. Die aktiven

Feuerwehrfrauen bieten ebenfalls ein schönes Bild, voller Mut und Seelengröße. Wie sollte eine Gesellschaft diese Männer und Frauen nicht verehren? Wie sollte ein Kind sich nicht wünschen, genauso zu sein wie sie? Eine menschliche Gruppe braucht Helden nur dann, wenn sie in Schwierigkeiten steckt und auf den erlösenden Retter hofft. Rettung ist die Aufgabe der Feuerwehr, die seltener bei Bränden, sondern häufiger bei modernen Alltagsunfällen zum Einsatz kommt. Das Zugehörigkeitsgefühl zu einer bewunderten Gruppe verleiht ihren Bemühungen einen Sinn und fördert die innere Konformität. Dieser Prozess gewünschter Beeinflussung selegiert Eindrücke, strukturiert Überzeugungen und steuert Verhaltensweisen, damit man zu allen Individuen der bewunderten Gruppe konform ist.[3] Der Konformismus hat einen festigenden Effekt: »Ich verhalte mich, wie es sich gehört … wenn ich es schaffe und so werde wie sie, werde ich geliebt und bewundert.« Wenn früher die Lehrerskinder Lehrer werden wollten, wenn Bauernkinder die Erfahrung ihres Vaters bewunderten, wenn einige Familien Soldatendynastien hervorbrachten, die von der Verteidigung des Heimatlandes träumten, dann brachte dieser Identifikationsprozess Zufriedenheit und Stolz hervor, aber auch Normen, die nicht immer gerechtfertigt waren: »Die Identifizierung mit dem idealisierten Objekt trägt zur Bildung und Bereicherung … der Person bei.«[4] Der Traum, ein bewunderter Feuerwehrmann zu werden, ist wie ein Leitstern. Sobald man einen Plan und ein ideales Selbstbild hat, sammelt man Informationen zur Verwirklichung dieses Plans, man teilt die Überzeugungen der Gruppe, in der man Sicherheit und Kraft findet, und man übt sich in einem Verhalten, wie man es an anderen bewundert. Der Konformismus entwickelt also eine integrative Kraft. Die Überwältigung ist erwünscht, man verleiht jener Person Macht, die einen zum größten Wohle führt.

Um diesen Prozess abzuschließen, muss die Person schließlich in der Lage sein, sich von dem Einfluss zu befreien. »Den Weg zur Emanzipation geht man an der Hand«, erklärte mir Jean-Pierre Pourtois einmal. Autonomie erlangt man nicht, wenn das Subjekt eine entwicklungsbedingte Verletzlichkeit erworben hat. Es braucht immer einen Lehrer, der es bei der Hand nimmt. In einem Moment der Schwäche kommt einem Vater, einem Priester oder einer Regierung mitunter eine unverdiente Bedeutung zu. Das erste Versagen liegt oft in der gesellschaftlichen Struktur und Organisation, die Kleinkinder nicht optimal versorgt, was zu unsozialem Verhalten, zu Kriminalität und zu Depressionen führt, die den Staat unendlich viel mehr kosten als eine echte Investition in die ersten Lebensjahre. Wenn ein Kind seine desolate Familie verlassen muss, wenn es von der Schule fliegt, die ihm doch nichts beibringen konnte, wenn es seine Jugend durchlebt, ohne in Kontakt mit Kunst und Kultur gekommen zu sein, wenn es auch in der Armee auf Ablehnung stößt und in einer Gesellschaft durch alle Raster fällt, in der es sich nicht nützlich machen konnte, dann ist es möglich, dass so ein junger Mann bei einem Dschihadisten endlich Kraft findet, dass er seine Selbstachtung und einen Lebenssinn findet, dass man ihn losschickt, nicht nur Kinder in einer jüdischen Schule zu töten, sondern auch Muslime, die mit ihrem Dienst in der französischen Armee den Islam verraten haben sollen. So verleben Dschihadisten einige glückliche Monate, bevor sie mit einem Lächeln auf den Lippen ihr Verbrechen begehen. Will einer alles verstanden haben und will dieser Jemand seine Wahrheit durchsetzen, wird er stets einige verwundete Seelen finden, die sich von einem selbstsicheren Monarchen beeinflussen lassen, der für jegliches Widerwort taub ist und unter dem Deckmantel der Erlösung alle unterdrückt, die an ihn glauben.

Nachahmung und Gemeinschaft

Früher hieß es, die Nachahmung in den ersten Lebensjahren sei bloß das banale Kopieren des Verhaltens anderer. Heute beobachtet man genauer und begreift, die Nachahmung ist nicht nur ein Kopieren, sondern eine Form der Kommunikation, die eine Beziehung herstellt.[1] Ahmt ein Kind ein anderes nach, bringt es durch dieses Verhalten zum Ausdruck, dass es in derselben Welt leben möchte wie der nachgeahmte Spielkamerad. Wenn ein Kind in der Krippe mit dem Löffel seinen Brei verteilt, wird es nicht selten von anderen Kindern nachgemacht – mit diesem Spiel signalisieren sie: »Wir verstehen uns, denn wir verteilen beide unseren Brei.« Dabei handelt es sich um eine für die Kinder wichtige Koordination ihrer Emotionen und Vorstellungswelten, auch wenn die Mütter mit der Breiverteilung nicht einverstanden sind.

Bei Neugeborenen kommt es im Alter von zwei Wochen zum ersten Nachahmen, unweigerlich imitieren sie die Mimik der Bezugsperson. Wenn ein vertrauter Erwachsener die Zunge herausstreckt, reagiert das Baby mit dem Herausstrecken der Zunge … mit dem Hochziehen der Augenbrauen … mit einem »Aahhh« … oder mit einem Schmollmund, stets wie der Erwachsene.[2] Diese sensorische und motorische Leistung zeigt, dass ein Mensch schon in den ersten Wochen seines Lebens so empfindsam auf die Signale anderer reagiert, dass es ihm regelrecht schwerfällt, nicht zu reagieren: Er koordiniert seine Welt mit der seines unmittelbaren Umfelds. Später, mit 18 bis 24 Monaten, kann das Kind dieses Nachahmen hinauszögern und beweist damit, dass es auf das reagieren kann, was es gesehen und im Gedächtnis behalten hat. Indem das Kind das vergangene Verhalten einer Bezugsperson nachahmt, reagiert es auf eine nicht mehr unmittelbar gegebene Stimulation – es betritt damit die Welt des Symbolischen und kann wiederholen, was ein anderer in der Vergangenheit in seine mentale Welt eingepflanzt hat. Dem Kind sind Echopraxien (Wiederholen von Gesten) und Echolalien (Wiederholen von Lauten) möglich, selbst wenn der Erwachsene nicht mehr zugegen ist. Das Kind beginnt, sich zu verselbstständigen, weil sein Gedächtnis durch einen Erwachsenen eine Prägung erfahren hat. Um man selbst zu werden, muss man von einem anderen geprägt worden sein, und um jemanden in die Emanzipation zu führen, muss man ihn bei der Hand genommen haben; um selbstständig zu denken, muss man mit anderen zusammen gewesen sein. So wird klar, warum sich Kinder ohne Anleitung so schwer emanzipieren, warum sie leicht abschweifen und sich besser fühlen, wenn sie einen fremden Einfluss spüren. Nur durch das Wiederholen der Worte eines anderen erlernt man seine Muttersprache. Die Rezitation dient daher »der Rückversicherung, der Selbststimulation, dem Autoerotismus«.[3] Nichts anderes geschieht, wenn eine orientierungslose Person sich neu orientiert und den Worten eines Geborgenheit bietenden Menschen folgt, wie es in der Erziehung, bei den Gebeten von Gläubigen, ja bei politischen Losungen und überhaupt in jeder Beziehung der Fall ist, in der ein unsicheres Subjekt einen stabilisierenden Ratgeber sucht.

Bereits von Anfang an ist die Nachahmung mit Absichten verbunden. Der Wechsel zwischen den Sprechern erfolgt, wenn die Prosodie, also die Wortmelodie, die Bereitschaft des Sprechers signalisiert, den anderen zu Wort kommen zu lassen.[4] Voraussetzung dieser intellektuellen Leistung ist, dass das Kind zur sogenannten *theory of mind* fähig und also in der Lage ist, sich Gedanken und Absichten eines anderen vorzustellen: Wenn ich meinen Redefluss verlangsame, die Lautstärke senke und besser artikuliere, erkennt das Gegenüber, dass ich mich anschicke, ihm das Wort zu überlassen. Beginnend mit dem 14. Monat wirke ich auf die mentale Welt des Kindes ein, wenn ich mit dem Finger auf ein entferntes Objekt deute,[5] ich lenke es, und wir leben zusammen.

Erst diese Fähigkeit, eine andere Sichtweise einzunehmen, sich die mentale Welt eines Gegenübers vorzustellen und darauf mittels Gesten und Worten einzuwirken, erlaubt es uns, eine gemeinsame Sprache zu lernen und unsere mentalen Welten in Einklang zu bringen. Was nichts anderes bedeutet, als dass der Einfluss anderer für unsere Entwicklung unerlässlich ist. Wer nicht eigenständig leben kann – wie soll so jemand dann selbstständig denken?

Experimentell konnte man nachweisen, dass die bloße Anwesenheit eines anderen unsere mentale Welt und sogar unsere Weltwahrnehmung und -bewertung verändert:[6] Ein Versuchsleiter bittet eine Testperson, mehrere Linien miteinander zu vergleichen. Dazu zeichnet er eine Linie auf ein Blatt, und auf ein zweites Blatt zeichnet er drei verschieden lange Linien. Die Testperson soll nun die Linie auf Blatt 2 benennen, die in der Länge der Linie auf Blatt 1 am nächsten kommt. Der Testperson fällt es nicht schwer, die gleich langen Linien zu erkennen. Zieht der Versuchsleiter nun zwei weitere Personen hinzu, die absichtlich eine kürzere oder längere Linie benennen, lässt sich die Testperson meist beeinflussen und entscheidet sich, der Übereinstimmung mit seinen Nachbarn wegen, ebenfalls für die kürzere oder längere Linie.

In einem weiteren Experiment, das weniger präzise, aber umso anschaulicher ist, bittet Solomon Asch die Testperson, in einem Raum zu warten. Die Person ist allein, als plötzlich schwarzer Rauch aus einem Lüftungsschacht dringt. Umgehend erhebt sich die Testperson und versucht, das Ereignis zu melden. Wenn hingegen drei weitere Personen im selben Raum warten und keinerlei Anzeichen der Beunruhigung zeigen, kann der Rauch ebenso schwarz und dicht sein, doch die Testperson bemüht sich nicht mehr darum, den alarmierenden Vorfall zu melden.

Seit einigen Jahrzehnten erklären Neurologen diese erstaunliche emotionale Imitation im Verhalten mit den neu entdeckten Spiegelneuronen.[7] Allein die Beobachtung einer interessanten Geste macht, dass wir die gleiche Geste ausführen. Wenn wir Hunger haben und sehen, wie jemand die Hand nach einem Sandwich ausstreckt, senden die entsprechenden Neuronen bereits Impulse an die Muskeln unseres rechten Arms. Allein der Fakt, etwas zu sehen, bringt uns dazu, eine ebensolche Handlung vorzubereiten. Die Koordination motorischer Handlungen führt zur Koordination der Emotionen. Sehe ich jemanden tanzen, will ich tanzen, und sehe ich jemanden sich erbrechen, muss ich mich unwillkürlich erbrechen. Mit bildgebenden Verfahren haben brasilianische Neurologen das Gehirn von Personen untersucht, während sie ihnen einen abstoßenden Film zeigten, in dem ein schmutziger und brutaler Mann auf widerliche Weise isst. Mimisch brachten die Probanden Ekel zum Ausdruck und die Magnetresonanztomographie zeigte einen Temperaturanstieg in ihren entsprechenden Hirnregionen, insbesondere in der Insula, in der vorderen Gürtelwindung, im orbitofrontalen Kortex und vor allem im Mandelkernkomplex[8] – die Probanden empfanden also starken Ekel. Für die Stimulation eines bestimmten neuronalen Netzes genügte in dem Experiment der bloße Anblick eines Bildes.

Die Macht der Spiegelneuronen, die uns dazu bringt, dass wir die gleichen Gesten tun und die gleichen Emotionen spüren wie der induktive Mitmensch, erklärt, dass und wie ein psychisches System ein anderes mittels Verführung, Suggestion, Abstammung, Beeinflussung oder auch Kunst regieren kann. Auch beim Theaterbesuch feuern die Spiegelneuronen: Man zahlt Eintrittsgeld und nimmt in einem Raum Platz, dessen Dekor ein bestimmtes Ereignis erwarten lässt. Noch bevor die Schauspieler die Bühne betreten, stellen wir uns mental darauf ein, die Künstler mit unseren Spiegelneuronen willkommen zu heißen. Manchmal haben uns die Wechselfälle des Lebens – ein Unglück oder ernste Sorgen – verwundbar gemacht und liefern uns über unsere Spiegelneuronen jedem aus, der sie zu aktivieren weiß. Talentierte Schauspieler und Redner, die diese Neuronen mit ihrer Gestik und ihrer Wortwahl zu stimulieren und manchmal förmlich zu entzünden vermögen, und die Zuschauer sind letztlich Helfershelfer dabei, sich in Empörung oder Wut versetzen zu lassen, denn sie sind mit nichts anderem als ebendem Wunsch ins Theater oder zur Versammlung gekommen, sich begeistern zu lassen. So entstehen köstliche künstlerische Ekstasen, so entsteht tugendhafte Empörung und auch Gruppenhass. Wir mögen angenehme Emotionen, etwa wenn wir uns von hübschen Frauen oder jungen Männern verführen lassen und eine leichte sexuelle Erregung verspüren, wie bei einem Kuss auf der Leinwand. Sind wir allerdings verletzlich, erlangt diese leichte körperliche Erregung eine übermäßige Bedeutung, und wir ergeben uns ihr.

Sollten wir durch einen bedauernswerten Zufall jemals jegliches Unglück aus der menschlichen Existenz tilgen können, wäre dies der Ruin von Buchhandlungen und Theatern. Liegt allein hierin die Erklärung für die Kraft des Konformismus, durch den wir uns in Einklang und Harmonie mit gänzlich Unbekannten einer Gruppe zu bringen suchen, der wir angehören möchten?

Den Propheten folgen wir nur, solange sie uns von Ängsten und Hoffnungen sprechen. Andere Reden wecken kein Interesse, prosaischen Worten fehlt es zum Orakel, es braucht schon etwas Pathos, um sich einer Seele zu bemächtigen.[9] Für die Menschen, die im Laufe ihrer Entwicklung kein Selbstvertrauen entwickeln konnten oder es in einer leidvollen Prüfung wieder verloren haben, dient der Konformismus als Prothese. Man öffnet sich, man verlässt sich auf andere und sucht deren Unterstützung, man vermeidet es, etwas zu hinterfragen, aus Angst vor dem Zweifel, vor selbstständigem Denken jenseits der Gruppe, man will nichts weiter als glauben und findet darin seinen Frieden. Andere Menschen hingegen hegen ein allzu hohes Selbstwertgefühl und nur wenig Achtung für andere, sie verspüren daher nicht das Bedürfnis zu gefallen oder sich anzupassen, denn sie fühlen sich vollends im Recht: »Ich sehe das so, und so muss es stimmen, denn ich sehe es ja so. Ich habe keinen Grund zu zweifeln, und es bringt mich auf die Palme, wenn jemand nicht so denkt wie ich, denn ich habe ja recht.« Ich hatte einen Freund, der brach nach einem abenteuerlustigen Leben regelrecht in sich zusammen, als er seine militärische Laufbahn hinter sich hatte und in den Ruhestand ging. Er wusste weder, was er tun, noch wohin er wollte … als er Gurdjieff kennenlernte. Dieser Mann verfügte über eine starke Persönlichkeit, denn er war nie von anderen beeinflusst worden und zu keinem Zugeständnis bereit: »Meine Gedanken, meine Erinnerungen, meine Begierden, meine Empfindungen … das Steak, das ich verzehre, die Zigarette, die ich rauche, der Verkehr, den ich habe … sie alle saugen mich ganz ein.«[10] Das Selbstvertrauen jenes Mannes und die Durchsetzungskraft seiner Gedanken strahlten auf meinen Freund aus, der sich in dessen Nähe aufgehoben fühlte. Sein Publikum ließ sich von dem originellen Denker gern mitreißen, der seine eigene Perspektive nicht zu relativieren vermochte und jede Frage als Angriff auffassen musste. Als mein Freund einmal einen winzigen Zweifel äußerte, blieb Gurdjieff wütend stehen und erklärte: »Sie ... absolutes Scheißerlein!« Das war das Ende ihrer Freundschaft, denn das Wort des Meisters machte keinen Eindruck mehr auf den Schüler und er vermochte ihn nicht mehr zu lenken. Der Ausschluss aus der Gemeinde der Gläubigen gab ihm zwar seine gedankliche Freiheit zurück, warf ihn aber auf die eigene Unsicherheit zurück. Der Verstoßende trauerte seinem Lehrer, dessen stabilisierender Autorität nach und verfiel in Depressionen.

Allein das Leben in einer Gruppe ermöglicht Lerneffekte, die auch unbewusst bleiben können. Man braucht nicht unbedingt Worte, um Wissen zu vermitteln. Schon eine nonverbale Haltung steuert die Aufmerksamkeit. Ein Bild, ein Schweigen, eine Wortmelodie, ein Zittern der Stimme können Ungesagtes ans Tageslicht bringen. In einer Sicherheit vermittelnden und anregenden Gruppe kann ein nonverbales Signal schon Hinweis genug sein, und man kann auch ganz ohne Worte lernen.

Die neurologische Klinik kennt Fälle, in denen ein kleiner Schlaganfall im rechten unteren Parietallappen zur Vernachlässigung von linksseitigen Informationen führt. Ein derart beeinträchtigter Patient nimmt die Objekte im Raum links vor sich wahr, erinnert sich aber nicht, sie gesehen zu haben: Er weicht linksseitig postierten Hindernissen zwar aus, erklärt allerdings, es gebe diese Hindernisse nicht. Der Neurologe zeichnet das Zifferblatt einer Uhr und bittet den Patienten, es abzumalen: Dieser zeichnet nur den rechten Teil und vernachlässigt die gesamte linke Seite. Der Patient rasiert sich lediglich die rechte Gesichtshälfte, deren Bild er rechts im Spiegel sieht, und lässt den Bart linker Hand stehen. Man legt ihm den Vers »Höre ich die Harfenlaute des Herbstes nahn« vor, er liest laut »des Herbstes nahn« und erklärt, er habe alles gelesen.[11] Schließlich soll er ein Puzzle mit einem Ballon und einem Blumenstrauß zusammensetzen. In zwanzig Minuten hat er den rechten Teil von Ballon und Strauß fertig, doch deren linke Seite ignoriert er. In der folgenden Woche benötigt er dafür nur noch zehn Minuten, denn er erinnert sich an den ersten Durchlauf. Dann dreht man ihm das Puzzle um, sodass die linke Hälfte von Ballon und Blumenstrauß nun rechts liegt. Der Patient braucht für die zweite Hälfte des Puzzles, das er noch nie gesehen haben will, nur vier Minuten. Hätte er es wirklich nie gesehen, hätte er wohl zwanzig Minuten benötigt. Dieser kleine Test belegt, dass der Patient die Formen und Farben auf der linken Seite wahrgenommen hat, allerdings unbewusst.[12]

Epidemien und Glaubensnebel

Lässt sich damit der Glaubensnebel von allerlei Überzeugungen erklären, der sich in Familien, Dörfern und Regionen wie ein Virusherd[1] ausbreitet? Wie bei allen Epidemien gibt es Menschen in der Gruppe, die sich nicht anstecken lassen und den Glauben nicht teilen. Allgemein verbreitet sich der Dunst wie eine kognitive Kommunikation, denn die räumliche und emotionale Nähe erleichtert die Weitergabe von Ideen zwischen Menschen, in deren gemeinsamem Umfeld die gestische, mimische und alltagslogische Nähe auch die Übertragung von Emotionen strukturiert.[2]

Sobald uns ein Unglück ereilt, kommen wir um eine Erklärung nicht umhin, mit der wir die Tragödie in den Griff bekommen wollen. Seit der Jungsteinzeit (vor 12 000 Jahren) errichten wir Verhaue und Ställe, in denen wir zahme Tiere einsperren, um sie zu essen oder für uns arbeiten zu lassen. Wir werden sesshaft und häufen Lebensmittelvorräte an, die ein wahres Schlaraffenland für die Ratten sowie ihre Flöhe, Läuse und Bazillen sind. So kam es zur Justinianischen und zur Attischen Pest, zur Beulenpest und dem Schwarzen Tod, allesamt festgehalten von Archivaren, Malern, Philosophen, Ärzten und Priestern. Bei jeder Epidemie suchte und fand man eine Erklärung vor dem Hintergrund des jeweiligen Wissensstandes. Offensichtlich starben die Menschen an schmerzhaften roten Schwellungen der Lymphknoten, an Lungeninfekten und Durchfall, doch über deren Ursachen stritten die Anhänger des Himmels und die Anhänger der Erde. Ein wichtiger Teil der kulturellen Erzählungen geht auf die Astronomen zurück. Im Teppich von Bayeux (11. Jahrhundert) sieht man den überraschend aufgetretenen Kometen, der bereits vom Ausbruch des Schwarzen Todes im Jahr 1348 kündete, in dessen Folge binnen zwei bis drei Jahren die Hälfte der europäischen Bevölkerung ums Leben kam. Schon 1348 entdeckte die Medizinische Fakultät von Paris, »dass die erste und weite Ursache dieser Seuche war und ist eine bestimmte Himmelskonstellation«.[3] Der Karmeliter Jean de Venette sah »über Paris gegen Westen hin einen sehr großen hellschimmernden Stern«, der schließlich »in zahllose Strahlen zerplatzte, und ... plötzlich erlosch«.[4] Boccaccio liefert in seinem *Dekameron* (1370) wertvolle Informationen, demnach ward die Pest »wegen unseres schlechten Wandels von dem gerechten Zorne Gottes zu unserer Besserung über die Sterblichen geschickt«.[5] Die übliche Reaktion war die Bestrafung des Schuldigen, was dieser geschickt selbst besorgte. Die Flagellanten zogen mit nacktem Oberkörper durch die Straßen und peitschten sich mit eisenbesetzten Riemen den Rücken – die Buße für ihren mangelnden Glauben an Gott. Andere Mönchsorden gaben einem Büßergewand und dessen grobem, juckendem Stoff den Vorzug, mit dem sie sich zu strafen suchten, bis ihre eingebildete Schuld von ihren Schultern genommen würde. In den damaligen Kriegen überfielen Söldner die Bauernhöfe, sie plünderten, raubten und vergewaltigten, wenn sich eine Gelegenheit bot. Ihre Plünderungen endeten erst, als die Seuche zahlreiche Söldner dahingerafft hatte. In diesem Weltuntergangsklima mangelte es den Chiliasten nicht an Argumenten für das nahende Ende aller Existenz.

Wer an einen irdischen Ursprung der Epidemie glaubte, behauptete, ein Jude sei gesehen worden, wie er kurz vor Bekanntwerden der ersten Todesfälle Pulver in einen Brunnen geschüttet habe. In Toulouse wurden schon 1348 riesige

Scheiterhaufen für die Juden errichtet, die man mit einem Schwert durchbohrt oder bei lebendigem Leibe vor »den Bürgern und den Zünften der Stadt« in die Flammen warf.[6] Dessen ungeachtet griff die Seuche weiter um sich, und 1349 entfachte man auch in der deutschen Reichsstadt Ulm Scheiterhaufen,[7] wieder vergebens. Über das Bankwesen verwalteten Juden das Geld des Adels und des Klerus. Papst Clemens VI. eilte ihnen zu Hilfe, ohne viel dagegen ausrichten zu können, dass das Volk sie hasste. Als es dann schwieriger geworden war, Juden zum Verbrennen zu finden, bezichtigte man einige Frauen der Hexerei. Dem pestgeschwächten Klerus gelang es nicht, der Epidemie todbringender Überzeugungen Einhalt zu gebieten, die ihrerseits im traditionellen Phänomen des Sündenbocks ihre Rechtfertigung fanden.

Währenddessen feierte die Jugend auf den Massengräbern. Sie speisten feines Fleisch aus den Beständen des Gutsherrn, leerten dessen Keller, liefen von einem Gasthaus zum nächsten, erfreuten sich an der Musik, sangen, lachten und spotteten.[8] So mancher Arzt hatte erkannt, dass sich die Krankheit durch »die Rede« oder über das gemeinsame Mahl mit Pestkranken verbreitet. Man überhörte diese Stimmen, weil es einfacher und erhaben ist zu glauben, die Tragödie sei Konsequenz der Nähe eines Gestirns, einer göttlichen Strafe oder einer jüdischen Verschwörung. Das bequeme Denken bestimmt das Meinungsbild.

Bei Massenverbrechen mitmachen

Zu Beginn des Abenteuers Leben gibt es für ein Kind keine Banalitäten. Das »Kuckuck«-Spiel ist ein außergewöhnliches Ereignis. Papa versteckt das Gesicht hinter einer Serviette, taucht plötzlich wieder auf und ruft: »Kuckuck!« Ein echtes Wunder: Erst ist er da, dann ist er weg und dann wieder da. Keine Vernunft kann dieses Wunder je erklären, eine nüchterne Erklärung dürfte das Wunderbare gar töten. Nichts ist schöner als eine Seifenblase, dieser kleine Regenbogen, nichts ästhetischer als ein goldener Bindfaden um rotes Geschenkpapier. Wenn das Kind mit sechs bis acht Jahren ins Märchenalter kommt, erscheint ihm die Welt als eindeutige Tatsache. Es kennt den Kampf zwischen Gut und Böse, es unterscheidet zwischen Groß und Klein, Menschen und Tieren, Jungen und Mädchen, Müttern und Vätern. Das Kind braucht eine eindeutige Sicht, um seine Welt zu verstehen und in ihr zu agieren, allerdings ist sie falsch, denn sie ist binär, ohne Abstufung, ohne Entwicklungsperspektive. Das Kind weiß nicht, dass es auch andere Formen gibt, die Welt zu sehen. Erst im Zuge seiner weiteren Entwicklung, die sich nicht ohne Begegnungen und Verletzungen vollzieht, wird sich diese Sichtweise ändern.

Wenn bestimmte Vorgänge die Weiterentwicklung behindern, legt sich das Kind auf einen extremen Weg fest beziehungsweise wird es darauf festgelegt, als Geisel seiner stereotypen Sicht. Wächst das Kind in einem fühllosen Umfeld oder im Schatten einer kriegerischen Auseinandersetzung auf, sind die Würfel schon gefallen. Ist das Meer ruhig, wartet man auf den Wind, und schüttelt uns der Sturm, ersehnt man die Stille. So kommt es, dass die gut erzogenen, bis zur Teilnahmslosigkeit behüteten Kinder überaus fürsorglicher Familien sich einer extremistischen Partei anschließen, mit der sie unterdrückten Völkern gern zu Hilfe eilen wollen. Eine Extremsituation bewirkt ihr Erwachen, die nahe Gefahr gibt ihnen das Gefühl zu leben. Einem totalitären Regime fällt es leicht, den Wunsch nach einem intensiven Leben auszunutzen, den ein hehres Ziel rechtfertigt: »Ihr seid die Ritter für die edelste Sache auf der edelsten Kreuzfahrt«, sprach Jean Ybarnégaray als Jugendminister von Marschall Pétain.[1] Der sympathische Pelota-Profi hatte das Amt im Vichy-Regime übernommen, weil er gegen Kommunisten und Deutsche war. Als ihm jedoch der fürchterliche Preis der Kollaboration bewusst wurde, schloss er sich dem Widerstand an, bevor er nach Dachau deportiert wurde. Motiviert haben diesen Mann das Pelotaspiel, der Antikommunismus und die Résistance. Da fühlte er sich lebendig.

Einen Kämpfer für totalitäre Ideologie formt man von frühester Kindheit an, von Anfang an wiederholt man dem Kind in der Familie, in der Schule und im Betrieb die eine und einzige Wahrheit. Weil sich das Kind nichts anderes vorstellen und keine andere Welt kennenlernen kann, zieht es glückselig in den Kampf für seine Lieben, die es die edlen Glaubenssätze lehrten. In einer Umgebung ohne affektive und narrative Vorgaben irrt das Kind ziellos durch die Welt, treibt hin und her, landet schließlich in der Mitte derer, die lautstark mit den Wölfen heulen. Fehlt ihm eine innere Struktur, wirken die Worte der anderen allmächtig. Ein unentschlossener Teenager kennt kein Ziel, er richtet seinen Kurs an seinem Umgang aus, er verfügt über keine innere Freiheit, denn er wartet darauf, dass man sich seiner Seele bemächtigt. Im Heer der Extremisten findet man überqualifizierte Fanatiker ebenso wie ärmliche Seelen, die sich mit unreflektiert übernommenen Geschichten behelfen.

Bildet sich auf diese Weise eine heterogene Gruppe, muss man um der Solidarität willen einen Feind benennen. Und ist der Quell des Übels erst bekannt, erscheint alles klar und deutlich. Das kann der Genussmensch sein, der für den Augenblick lebt und einfach kein »Ritter für die edelste Sache auf der edelsten Kreuzfahrt« werden kann. Vielleicht auch der Jazzfan, der nur Musik zum Leben braucht, der lange Kleider trägt und langes Haar, der zu primitiven Rhythmen tanzt. Kein Vergleich mit Wagner, mit den Fahnen, dem Trommelwirbel und den Reden des Anführers, der einen begeistert und einem den Feind bezeichnet: Kommunisten, Juden, Freimaurer, Geheimgesellschaften, fahrendes Volk und *Zigeuner*, Geisteskranke und Homosexuelle, Slawen, Spanier, Nord- und sonstige Afrikaner.[2] Glücklich, wer so viele Feinde hat! Wer sich verfolgt sieht, ist zur Solidarität gezwungen. Wir greifen vielleicht zur Waffe, wir haben vielleicht extreme Ansichten, aber wir verteidigen uns bloß. Die Vernichtung der Gegner und Andersartigen vermittelt die Lust des moralischen Siegers. Die Denunziation ist ein Akt der Säuberung. »Ein Härtetest ist wohltuend, er stählt Körper und Geist, er bereitet eine erquickliche Zukunft«, erklärte Pétain in seiner Rede an die Jugend.[3] Jean Borotra, der Tennischampion, sagte wohl immer wieder: »Ohne Muskeln kann man nicht Teil einer großartigen *Rasse* sein«. Das pflegte der Tennisweltmeister tatsächlich so zu sagen: »Männer sollt ihr sein«, die mannhafte Ehrenordnung steht im Gegensatz zur weiblichen Ordnung.[4] Kommunisten sind die sichtbaren Feinde, gegen die man sich verbünden muss, doch der ideelle Feind ist kein anderer als der unsichtbare Jude, der mit seinem ständigen

Intellektualismus die Verschmelzung des mannhaften Geistes und Körpers zu verhindern weiß. In den Straßen richtet sich ein Plakat an die Jugend: »Jugendlicher Franzose … Du zahlst heute für Fehler, die du nicht begangen hast … Du willst ein freies Frankreich, frei von der Diktatur des Geldes, der Kartelle und der Spekulanten … Du wirst im Kreis der Führer stehen, wenn du dich dessen würdig zeigst … Kämpfe mit uns für die nationale Revolution.«[5]

Das Bedürfnis nach persönlicher Unterstützung und sozialem Sinn wird zur Waffe des Totalitarismus, wenn eine Jugendorganisation allein über alle Macht verfügt. Deutschland konnte 1920 – infolge der Niederlage und durch die Reparationen ruiniert – seine Kinder nicht mehr versorgen. Den Kindern in den verarmten und gedemütigten Familien fehlten Schule und Ziele, so gerieten sie ins Schwärmen. Spätestens als Baldur von Schirach 1932 die Führung der Hitlerjugend übernahm, verbesserte sich die Lage der Jugendlichen prompt. Sie trugen ordentliche Kleidung, ein braunes Hemd und ein schwarzes Halstuch, Ausdruck ihres Stolzes als Mitglied einer solidarischen, starken, entschieden fröhlichen Gruppe mit dem Ideal einer neuen Gesellschaft. Bei den Gruppenabenden wurde gesungen, man las und besprach vorgegebene Texte. Im Sommer zog man mit dem Rucksack los, man baute Unterstände und hockte am Lagerfeuer, und die Besten durften zum Reichsparteitag nach Nürnberg fahren. Die Jungen ertrugen stolz die Gewalt der Wehrübungen, und die Mädchen lobte man für ihre Schönheit und Anmut, für die Pflege ihres Körpers und geistige Geradlinigkeit, für ihre Bereitschaft zur Ehe, in der sie hübsche blonde Kinder gebären sollten, aus denen sie Helden machen würden. Mit so einem Programm kann man nicht unglücklich sein.

Tatsächlich erlebte auch ich ein solches Glück in den 1950er-Jahren. Die Männer meiner Familie, die sich beim

Marschregiment ausländischer Freiwilliger (RMVE der Fremdenlegion) verpflichtet hatten, waren fast allesamt getötet worden. Die Jugendlichen waren in die Résistance eingetreten, und der Rest meiner Familie war mit den ersten Razzien bereits nach Auschwitz gekommen. Als mein Onkel Jacques, der Widerstandskämpfer, mich bei der »Union de la Jeunesse Républicaine de France« anmeldete, die UJRF war eine Vorfeldorganisation des kommunistischen Jugendverbands, legte er mich auf ein Milieu fest, das mir meine Würde wiedergab. Es gab keine Uniformen, sondern wir sprachen frei über die Gesellschaft, die wir erfinden wollten. Wir lasen viele Bücher und Zeitungen, dort fanden wir die Themen für unsere Diskussionen, etwa die Ausbeutung des Menschen durch den Menschen oder den dialektischen Marxismus. Sonntags kletterten wir in den Felsen von Fontainebleau, übernachteten im Zelt und sangen, wir besuchten im Théâtre National Populaire (TNP) Vorstellungen von Gérard Philipe und knüpften Freundschaften, es hieß, wir würden die Akteure einer künftigen Gesellschaft sein, die nur Glück und Gerechtigkeit kennen sollte. Ich kehrte nun in das Leben zurück, das ich mit Kriegsbeginn verloren hatte. Wie sollte ich von diesem herrlichen Programm nicht begeistert sein? Um uns zusammenzuschweißen, wurden Feinde benannt: die Kleinbürger und Kapitalisten, die dicke Zigarren rauchten und auf Säcken voller Dollars saßen. Im Deutschland der 1930er-Jahre beglückte die Hitlerjugend die blonden Kinder und benannte als ihre Feinde einen Abschaum der Gesellschaft, der nicht die gleichen Überzeugungen, nicht die gleiche Hautfarbe und nicht die gleichen Worte hatte.

Beide Systeme waren, das verstehe ich heute, pädagogisch wirkungsvoll. Die Jugendlichen, Faschisten wie Kommunisten, sozialisierten sich und entzogen sich dem Schutz der Eltern, unter dem man in der Pubertät erstickt. Man muss andere Jugendliche kennenlernen, muss lesen, singen und Sport treiben. Der Aufwand ergibt Sinn und ist es wert, wenn die kleinen Blondschöpfe stolz gegen Sozialschmarotzer angehen. Jungkommunisten wiederum sind glücklich im Kampf gegen die Besitzbürger und Kapitalisten. Die Grundbedürfnisse werden befriedigt. Gestärkt durch die Zuneigung ihrer Eltern, setzen die Kinder ihre Entwicklung fort und sozialisieren sich im strukturellen Gefüge zwischen Familie und Gesellschaft.

Die Frage ist nur, welches Thema oder Projekt, welche Bedeutung die Chefetage in diese Mittlerstrukturen einfließen lässt. Die einen treten für Gleichheit und den Schutz der Schwachen ein, für Fortschritt, für den Kampf gegen die Ausbeuter, für das Volk. An einem solchen Ethos richten sich die Jugendlichen gern aus. Die anderen betonen die gesellschaftliche Säuberung und den Sinn des Rassismus, der alle ausschaltet, deren bloße Existenz schon ein Übel darstellt: die Juden, Schwarzen, Geisteskranken, Homosexuellen und alle, die *der sozialen Reinheit* im Wege stehen. An einem solchen Ethos richten sich die Jugendlichen gern aus. Im Laufe einer normalen Entwicklung unterliegt man natürlich der mütterlichen Überwältigung, dort erwirbt man Selbstwertgefühl und die Freude an einer Erkundung der Welt. Im Verlauf dieser sensiblen Phase kann man einen jungen Menschen leicht lotsen, man überführt ihn lediglich aus dem mütterlichen Einflussbereich in die Ägide eines Pädagogen. Dies ist so wohltuend und euphorisierend, dass der junge Mensch leicht auf Autonomie verzichtet. Selbstständiges Denken erfordert eine mentale Stärke, die einem in der Einsamkeit hilft, wenn man sich dem Einfluss seiner Lieben entzieht. Riskiert man die Zuneigung, wenn am für eine Idee eintritt?

Nichts anderes geschieht in einer Gruppe, die eine heilige oder säkulare Religion zusammenhält, sobald der kleinste persönliche Gedanke den Denker aus der Solidarität löst und in die Position des Schöpfers, des Außenseiters oder des Verräters bringt. So manches deutsche Elternpaar sah das eigene Kind zu tief in totalitäre Bilder eintauchen und suchte das Menschlein zu warnen, das empört zur Polizei ging und die eigenen Eltern als Verräter denunzierte. Ergreift die Freude am Totalitären eine Seele, so entdeckt sie die Wonnen des Hasses. Die tugendhafte Empörung schreitet zur Tat. Wenn Epidemien Abertausende unschuldige Menschen töten, verleiht die Aufdeckung einer Verschwörung dem sinnlosen Unglück einen Gehalt: »Man sah einen Juden Pulver in den Brunnen streuen, und wenige Tage später gab es die ersten Toten im Dorf.« Der Zusammenhang ist selbstverständlich, die Ursache gefunden! Die Empörung drängt zur Tat, der Scheiterhaufen wird zur akzeptablen Option, nicht wahr? »Die Armeen des jüdisch-angloamerikanischen Kapitalismus überrollen Europa. Unter derart dramatischen Umständen muss die Jugend für das Wohl des Vaterlandes eintreten … Wir fordern die revolutionäre Führung der Jugend auf, die Jugend in der Verteidigung des Vaterlandes mittun zu lassen.«[6] Aktiver Hass ist gut, er verleiht Mut und steigert die Wahrscheinlichkeit des Sieges. Gleichwohl grundsätzlich verschieden, gehören Wut und Hass notwendig zusammen. Wut rührt oft von einer Abwehrreaktion her, die den Ängstlichen die Kraft zum Angriff gibt, während Hass als Gefühl von einer Vorstellung herrührt, die mit der Realität nicht unbedingt vereinbar ist. Hassen kann man allein aufgrund der Vorstellung, die man von jemandem hat, oder aufgrund einer Geschichte, die man glaubt: »Es heißt, die Schwarzen wollen unsere Frauen vergewaltigen. Von meinen Freunden oder dem bewunderten Führer kann ich mich nicht distanzieren. Stattdessen lasse ich mich lieber von einer gerechtfertigten Empörung mitreißen, denn es ist ganz und gar inakzeptabel, dass die Schwarzen unsere Frauen vergewaltigen. Ich empfinde erstaunliches Vergnügen, mit Männern zusammen zu sein, die denselben Hass empfinden wie ich. Gemeinsam, Seit' an Seit' und in Notwehr schützen wir unsere Frauen mit einem Angriff gegen die Angreifer.« – Hut ab, meine Herren vom KKK! Welch ein Gefühl der Stärke, wenn Sie Schwarze terrorisieren! Welche Schönheit, Ihr Aufmarsch in weißen Gewändern und spitzen Kapuzen.[7] Das Vergnügen des Hassens ist eine tragische Leidenschaft,[8] die Freude verzehrt das Fleisch, denn die bloße Terrorabsicht bereitet dem Hassenden schon körperliches Vergnügen.[9]

Diesem seltsamen Vergnügen geht oft eine Demütigung voraus, die im Gegenzug die Lust an der Demütigung rechtfertigt. Nach dem US-Bürgerkrieg waren etwa bundesstaatliche Vertreter in den Südstaaten schlecht gelitten, denn »sie beleidigten ihr Ehrgefühl und versuchten absichtlich, den Süden zu demütigen«.[10] Wenn die Schwarzen das Wahlrecht erhalten, fühlt man sich gedemütigt! Heute fühlt sich mancher Engländer durch den Erfolg zahlreicher Pakistani gedemütigt, die erfolgreich studieren, gute Filme drehen und die Wahl zum Londoner Bürgermeister gewinnen. So mancher Franzose stört sich daran, dass sich »die Nordafrikaner« schlecht integrieren, fühlt sich allerdings erniedrigt, wenn sie sich erfolgreich integrieren – so wie sich mancher Mann durch den Erfolg von Frauen gedemütigt wähnt. Solche Menschen sind am Boden zerstört, weil sie nicht mehr obenauf stehen können. Daraus kann Mordlust entstehen, wenn der gesellschaftliche Kontext es zulässt: »In den Worten und Taten des ›Osteinsatzes‹ drückt sich [schon 1941] eine Mischung aus … Hass und sadistischer Freude aus.«[11] Lachend sehen Familienväter zu, wie Juden in die kalkgefüllten Gräben stürzen, nachdem ein ausgelassener Soldat ihnen eine Kugel ins Genick geschossen hat. Man rechtfertigte diese Art des Mordens mit dem gesellschaftlichen und intellektuellen Erfolg »der Juden«. Ich erinnere mich an Jugendgruppen der Miliz, die im Gleichschritt durch die Straßen von Bordeaux marschierten und sangen: »Wir wollen eine feurige Jugend formen, uns're Toten werden's zufrieden sein.«[12] Ich verspürte blanke Gefahr und wunderte mich über die Freude der Toten, um derentwillen die jungen Leute die Bevölkerung terrorisierten. Die Lust am Schockieren im Namen einer imaginären Notwehr zeigt sich bei Jean Genet: Fasziniert vom Schmutz, erotisiert er das Übel, das man ausübt und das man erleidet. Hingezogen fühlt er sich zu allen Verfolgten dieser Erde, solange sie nur schön und gefährlich sind: die Algerier der Nationalen Befreiungsfront, die amerikanischen Black Panthers, die deutsche Baader-Meinhof-Bande, die Sekten in Japan und die Palästinenser. Als er die faschistischen Milizionäre marschieren sah, wollte er sich ihnen anschließen, denn sie terrorisierten die Bevölkerung.[13] Im Umgang mit den Palästinensern, die 1970 dem Massaker der jordanischen Armee entkommen waren, übten ihre jungen Körper, ihre Waffen und der Geruch des Todes, den sie mit ihrer Flucht in die arabischen Lager verhießen, eine große Anziehungskraft auf Genet aus. Für die Theorien der Nazis oder der Kommunisten interessierte er sich nicht; was ihn sexuell umtrieb, war das Bild eines schönen, verfolgten Jungen, der zur Waffe greift und seinen Herrn terrorisiert: »Seine äußere Verdammung [sic] erlaubt ihm jetzt … lauter kühne Tätigkeiten.«[14] Sich einer Verfolgung auszusetzen, um seine Lust am Hassen zu rechtfertigen, ist keine seltene Strategie derer, die ihrer Begierde, Böses zu tun, einen moralischen Anstrich verleihen wollen.

Dieser psychologische Ansatz ist uralt. »Im alten Rom sprach man nicht von ›Cancel Culture‹, es hieß ›damnatio memoriae‹«,[15] Tilgung des Andenkens, sprich: aus jeglicher

Erzählung die Person oder Begebenheit zu verbannen, die in Ungnade gefallen war. Die Französische Revolution zerschlug die Statuen von Königen und Priestern, der Kolonialismus vernichtete alle Spuren einer Zivilisation der Kolonisierten, im Mittelalter zerstörten die christlichen Ikonoklasten aus einer spirituellen Motivation heraus zahlreiche Bildnisse, sie wollten das Denken auf die Höhe eines unmöglich wahrnehmbaren, ja verbotenen Gottesbildes heben.[16] Und die Taliban sprengten im Jahr 2001 die gigantische Buddha-Statuen von Bamiyan, damit jede nichtislamische Darstellung Gottes ausgelöscht wäre, und offenbarten damit ihre totalitären Absichten.

Diese Kultur des Annullierens erlaubt nur mehr eine einzige Geschichte, eine Art Hyperzensur: »Sie haben kein Recht zu sprechen, Sie haben kein Existenzrecht. Als Sklavenhalter sind Sie mundtot zu machen, damit Sie aus jeglicher Erinnerung verschwinden.« Die Nazis erfanden eine Vergangenheit, die ihre unglaubliche Gewalt legitimierte und ihr noch jeden Ruch von Gewalt nahm. Sie sprachen: »Die Juden schmieden Komplotte, um die Weltherrschaft an sich zu reißen, die *Zigeuner* schmarotzen als ewige Diebe an der Gesellschaft, die Geisteskranken kosten viel Geld, mit dem man *lebensunwertes Leben* erhält, sie alle auszuschalten ist logisch und vernünftig. Was daran soll kriminell sein? Unsere Philosophie des Guten und der Vernunft rechtfertigt deren Beseitigung. Die Suche nach anderen Lösungen ist unnötig, ihr müsst uns einfach nur nach dem Munde reden, wenn ihr nicht als Feinde dastehen wollt.«

Die »Cancel«-Freunde aller Couleur, die Erinnerung auslöschen wollen, stehen im Widerspruch zu jenen, die die Vergangenheit einfrieren wollen. Eine gesunde Erinnerung entwickelt sich, das Gedächtnis verfolgt immer einen Zweck, wenn es in der Vergangenheit nach wahren Fakten sucht, aus denen es eine Erzählung zimmert. Wenn die Shoah das Erinnern zur Pflicht macht, gerät das Gedenken zu einer unpersönlichen Erzählung, als würde man den Gedenkstättenbesuchern in Auschwitz einen Multiple-Choice-Fragebogen vorlegen: Wie viele Menschen wurden in Auschwitz getötet? Bitte kreuzen Sie an. Einer von vier Jugendlichen hat noch nie von den Vernichtungslagern gehört, und es geht ihm gut damit. Einer von vier Jugendlichen ist tief erschüttert. Die übrigen betrachten die Schreckensbilder gleichgültig, die man ihnen vorsetzt, die aufgestapelten Körper, die *Muselmänner*, die ausgezehrten Kinder, die zum Verkauf gehorteten Zähne, Haare und Brillen. Sie sagen seelenruhig, diese Grausamkeiten erinnern sie an Tiere im Schlachthof, an Katastrophengebiete, an Autounfälle.

Veröffentlichen, was man glauben will

Man kann unmöglich nicht über die Shoah sprechen. Wer schweigt, macht sich zum Komplizen, wer aber unablässig davon spricht, vereinfacht die Erzählung, macht aus ihr eine Schablone, eine leere Stereotype, einige dahingesagte Worte – dabei sind die Gedanken woanders. Um das Bewusstsein wachzurufen, muss man ein Problem aufwerfen, eine ungewöhnliche Frage stellen, die für Überraschung sorgt und die Erzählung durcheinanderbringt. Das bequeme Denken verknüpft wenige Worte zu einer überaus klaren Aussage, dann ist Nachdenken überflüssig: Die Deutschen waren Barbaren, Bösewichte, deshalb haben sie die Juden getötet. Das ist klar, das ist wahr, das ist alles.

Während des Krieges musste ich schweigen, um am Leben zu bleiben. Von der Shoah und den Todeslagern wusste ich nichts, man wollte mich einfach nur umbringen. Mit meinem vollkommenen Schweigen hatte ich die Situation unter Kontrolle. Hin und wieder wurde mir klar, dass die anderen Kinder wussten, dass ich vor Worten floh, dass ich bestimmte Wörter meiden und meinen Namen verschweigen musste, um leben zu dürfen. Als ich bei den Monzies in der Nähe von Bordeaux Unterschlupf gefunden hatte, verlor deren gleichaltriger Sohn kein Sterbenswort. In der Schule fragten ihn die Klassenkameraden, warum sich bei ihm zu Hause manchmal die Vorhänge bewegten, obwohl angeblich niemand da sei. Alle diese Kinder wussten Bescheid, keines hat etwas verraten. Vor Kurzem erst erfuhr ich, dass ein Gerechter, der mich in Castillon versteckte, eine Vorladung des Präfekten mit der Anweisung erhalten hatte, mich zwecks Familienzusammenführung zur Polizeiwache zu bringen. Unerwähnt ließ man in dem Schreiben, dass meine Mutter schon in Auschwitz war.

Nach dem Krieg zerrte man in der allgemeinen Freude den Mut der Widerstandskämpfer ins Rampenlicht, die den Franzosen – in der Niederlage von 1940 gedemütigt und durch die Kollaboration mit den Nazis beschämt – ihre Würde zurückgaben. Das Geschwätz in meinem Umfeld drehte sich nur um die kargen Lebensmittelkarten und wann es wieder Butter gebe (sie stand für Überfluss und Lebensfreude). Die siegreichen Kommunisten forderten die Arbeiter zu Überstunden und freiwilliger Sonntagsarbeit auf. Sie standen für den Wiederaufbau Frankreichs, was ihrer Arbeit ehrenwerten Sinn verlieh. Überhaupt herrschten die reine Freude und Großmut, trotz extremer Armut im darniederliegenden Frankreich. Dagegen war meine Erfahrung geradezu erbarmungswürdig. Ich schämte mich, keine Eltern zu haben, anders als die anderen Kinder, ich fühlte mich minderwertiger als sie. Ich hätte nie zugeben können, dass man mich hatte töten wollen. Eines Tages rutschte es mir heraus, ein bisschen, nur ein Satz: »Ich war eingesperrt, aber ich konnte fliehen« – groß war das Gelächter der Erwachsenen!

In den 1980er-Jahren wagte es die französische Gesellschaft endlich, die Kollaboration des Vichy-Regimes mit dem Nationalsozialismus zu thematisieren. In der Zeitschrift *Historia* erzählte der prominente Geschichtslehrer Michel Slitinsky die Geschichte meines Vaters, »verwundet wurde der tapfere Soldat Cyrulnik bei Soissons« als Fremdenlegionär;[1] und im Krankenhaus von Bordeaux hat ihn ausgerechnet die Polizei des Landes verhaftet, für das er gekämpft hatte. Madame Richard, eine Krankenschwester des Gesundheits- und Familienzentrums, in dem auch ich arbeitete, hatte den Artikel gelesen und sprach mich darauf an. Seither ist es mir nicht mehr möglich, über meine seltsame Kindheit nicht zu sprechen. Die Gesellschaft hat sich gewandelt. Claude Lanzmanns Film *Shoah*[2] und vor allem der Prozess gegen Maurice Papon brachten in Frankreich das bisher unter dem Tisch Gehaltene an die Öffentlichkeit. Die Verleugnung der französischen Nachkriegsgesellschaft rückte ins Zentrum des Interesses, ja bot mitunter den Anlass für das Ausleben einer obszönen Neugier: »Ganz allein als Kind … was musstest du da wohl mitmachen?«

Gedächtnis und Erinnerung sind zweckorientiert, jeder sucht in der Vergangenheit nach realen Fakten, die seine Weltsicht bestätigen. So mancher erzählt, wie er während der deutschen Besatzung als Jazz-Fan verfolgt worden ist. Wegen der langen Haare, der übergroßen Jacken und zweifarbigen Schuhe, wegen ihrer Liebe zum Jazz landeten sie im Gefängnis, wo sie mit verächtlichen Fragen und auch Schlägen traktiert wurden. Eine Notiz der Gestapo vom 5. Juni 1942 vermerkt bedrohliche projüdische Sympathiebekundungen: »… gaullistische und kommunistische Kreise betreiben massive Propaganda, um Unruhe zu stiften … man solle alle Juden, die einen Judenstern tragen, freundlich grüßen … anstelle der Aufschrift ›Jude‹ müsse der Name einer französischen Provinz stehen«. Ein derartiges, so die Gestapo, Verbrechen rufe nach Strafe: »… es ist rücksichtslos durchzugreifen … alle Träger falscher Judensterne sind festzunehmen und entsprechend ihres Vergehens zu bestrafen«.[3] Fakten gewinnen ihre Bedeutung in Abhängigkeit vom Kontext: Wenn ein Nichtjude im Krieg einen gelben Stern mit der Aufschrift »Provençale« anstelle von »Jude« auf seine Brust näht, gab er damit zu verstehen, sich auf die Seite der Juden und gegen die Gestapo zu stellen. Deswegen wurde er verprügelt, inhaftiert und auch deportiert. Wenn heutzutage ein Demonstrant einen Stern mit der Aufschrift »Ungeimpft« trägt, will er damit sagen, die demokratisch gewählte Regierung sei nicht besser als die Gestapo und er als Demonstrant werde grausam behandelt wie 1942 ein Jude. Welch schamlose Übertreibung.

Wenn man über diese Zeit spricht, ist unweigerlich die Rede vom Fanatismus der Nazis, von den Verhaftungen unbewaffneter Menschenmassen, die vor einem Waggon Schlange stehen, von den Bergen ausgemergelter Leichname. Dieser Schrecken wurde zur stereotypen Vorstellung. Zu derselben Zeit gab es jedoch ein schönes Deutschland der Philosophen, Wissenschaftler, Schriftsteller und Musiker, die den Klassizismus ebenso liebten wie den Jazz. Der Jude Benny Goodman, der Schwarze Lionel Hampton, der Sinto Django Reinhardt, der Exilant Aimé Barelli, man verehrte sie alle. Als die Deutschen Jesse Owens zu seinen vier Goldmedaillen bei den Olympischen Spielen 1936 in Berlin gratulierten, waren sie nicht so rassistisch wie die Amerikaner, die den schwarzen Athleten ja als Vertreter zu den Spielen geschickt hatten.

In einer Population, einer Gesellschaft, einer Zeit reißt eine ekstatische Strömung die Fanatiker mit, während sich andere nicht einwickeln lassen, weil sie ruhig und frei sind. Woran liegt diese Weichenstellung? Wie lässt sich eine derart unterschiedliche Ausrichtung erklären? Manche unterwerfen sich freudig einer Idee, die sie nicht begreifen, durch die sie aber aufgewertet werden, wohingegen andere es vorziehen, etwas Abstand zu wahren, um das Ereignis einschätzen und sich die eigene innere Freiheit erhalten zu können. Jugendliche ziehen nicht freiwillig in den Krieg, eine innere Berufung oder eine gesellschaftliche Lüge zwingen sie. In ihrem Alter sind Teenager leicht zu begeistern. Sobald die sexuelle Begierde entsteht, treibt sie eine innere Kraft aus dem elterlichen Heim. Sie schämen sich der Nähe zur Mama, bei der sie sich noch klein fühlen, und sehnen sich nach einem Selbstwertgefühl, das sie zum Aufbruch verleitet. Also suchen sie in ihrem Umfeld nach einer Institution, die ihnen helfen soll, sich dem familiären Zugriff zu entziehen und sich weiterzuentwickeln. Lebt das Land in Frieden, bieten die Universität, die Fabrik, der Freundeskreis oder die beste Freundin einen Zwischenschritt auf dem Weg zu psychischer Autonomie und sozialer Unabhängigkeit. Befindet sich das Land aber im Krieg oder Chaos, bieten die Armee, der Eintritt in eine Extremistengruppe oder auch illegale Geschäfte ein Trugbild der Befreiung. »Meiner Mutter hatte ich es verheimlicht, ich hatte mich freiwillig gemeldet (mit 14 Jahren, zusammen mit meinem besten Freund, einem Klassenkameraden). Wir erreichten das Hinterland der Front, dort wollte uns keiner, wegen des Alters ... der Hauptmann schickte uns in die Küche zum Schaldienst [sic].«[4] Viele Wege führen zur Reife. Trifft ein Jugendlicher auf einen vernünftigen Hauptmann, landet er beim Kartoffelschälen; auf seiner Flucht kann er aber auch auf einen skrupellosen Fanatiker treffen, der ihm einen Sprengstoffgürtel umbindet, nur um einer Theorie zum Sieg zu verhelfen, von der der Junge keine Ahnung hat. Die meisten Kinder, die ausgebeutet und um ihr Leben gebracht werden, kommen aus armen Gegenden ohne Vermittlungsinstanzen. Der Zulauf zu den Extremisten aus besseren Vierteln ist geringer, dort engagiert sich der Jugendliche großherzig in einer Nichtregierungsorganisation, in einem Sport- oder Kunstverein.

In Kriegszeiten geht der Zwang von den Kommandierenden aus: »Im August 1944 hatte der Reichsjugendführer Artur Axmann die Jungen des Jahrgangs 1928 aufgerufen, sich bei der Wehrmacht zu verpflichten ... Binnen sechs Monaten hatten 70 % dieser Altersgruppe freiwillig gezeichnet.«[5] Hatten sie sich wirklich freiwillig gemeldet? Oder hatten sie sich von einem Massenphänomen mitreißen lassen, bei dem man nur schwer hinter Menschen zurückbleibt, denen man verbunden ist? Später fanden sich die Worte, um dem Gefühl einen rationalen Anstrich zu geben, das sich aus geheimer Quelle speist und offenkundig zu spüren ist. Der 8. Mai 1945, der Tag der »Kapitulation«, war der schwärzeste Tag der deutschen Geschichte. Mancher Jugendliche dachte: »Der Krieg ist vorbei, es gibt wieder Frieden.« Sehr wenige nur sprachen: »Wir haben den Zweiten Weltkrieg vom Zaun gebrochen, es ist nur gerecht, die Nazigesellschaft zu zerstören.« Wilhelm schrieb am Ende seiner Schulzeit in Bremerhaven: »... wir sind gezwungen die Waffen zu strecken, nach beinahe sechs Jahren im feindlichen Kessel.«[6] Sich verfolgt und belagert zu nennen, rechtfertigt Gewalttaten und verhindert Schuldgefühle. Lieselottes Eltern waren eher gegen die Nazis. Als sie vom Völkermord an den Juden erfuhren, wollten sie darüber mit ihrer Tochter sprechen, der das Thema unerträglich war. Sie war derart begeistert von der Verteidigung des nationalsozialistischen Deutschlands, dass sie, als ihr jüngerer Bruder in den Krieg gegen die Russen geschickt wurde, sagte: »Ich selbst würde bereit sein, ihn zu opfern.«[7] So wunderbar war der Kult der Selbstaufopferung – warum sollte man da die Augen öffnen?

Es ist äußerst vorteilhaft, nicht hinzusehen, sondern gedankenlos zu akzeptieren, was einem vorgesetzt wird. Die freiwillige Knechtschaft führt zur mutwilligen Gewissheit. Eine solche Bequemlichkeit zu erreichen, braucht man nur Umgang mit Menschen zu pflegen, die die gleiche Sprache sprechen wie man selbst. Als Heranwachsender hatte ich nur Freunde, die die gleichen Zeitungen lasen wie ich. Wir diskutierten über dieselben Themen, den Vietnamkrieg, die Unabhängigkeit Algeriens, über linke Kultur, Bertolt Brecht, über »Panzerkreuzer Potemkin« und die Bücher von Louis Aragon wie von André Stil, mehr als die Gemälde von Fernand Léger brauchte es nicht für unsere Ausflüge und Treffen im Freundeskreis. Wir sprachen die gleiche Sprache, wir hatten die gleichen Vorstellungen, wir schlossen Freundschaft. Auf diese Weise haben wir so aufrichtig wie möglich unsere Seelen sozialisiert. Je länger wir unter uns blieben und an unseren Argumenten feilten, desto eindeutiger und klarer wurden unsere Ideen. Heute denke ich, diese klaren Ideen verstellten uns die Sicht, denn sie blendeten alle anderen Gedanken aus. Der Hang zum intellektuellen Herdentrieb verlieh uns ein Gefühl der Stärke. Es empörte uns, dass man die Welt auch anders sehen konnte. Ständig kommentierten wir den wunderbaren Aragon und den stinklangweiligen André Stil, völlig unbekannt war uns der arrogante Charles Maurras. Die Sozialisierung unserer Seelen führte uns zu intellektueller Endogamie und in Freundesgruppen, die jenen mit Hass und Verachtung begegneten, die andere Bücher lasen als wir. Ganz unbewusst trugen wir Erkennungszeichen am Körper: gleiche Kleidung, gleiche Frisur, gleiche Floskeln. Auf diese Weise organisierten wir eine kleine Gemeinschaft, ein emotionales und intellektuelles soziales Netzwerk, in dem sich einige der materialistischen Philosophie zuwandten, während andere sich als Wissenschaftler oder Künstler sahen. Niemand wollte Ladenbesitzer oder »Kleinbürger« werden. Diese Kategorisierung war natürlich falsch; denn die Philosophie kann dem Glaubensbegehren einen rationalen Anstrich verleihen und ein wissenschaftlicher Ansatz geht durchaus überein mit einer magischen Weltsicht.

Ich erinnere mich einer ausgezeichneten Neurobiologin, die mit Henri Laborit eine Studie veröffentlichte und erklärte, warum eine einzelne Heuschrecke blau und unbeweglich wurde, während dasselbe Insekt in einem Gruppenzusammenhang rot wurde, sich ständig bewegte und sich widerstandsfähiger gegen ein Insektizid zeigte.[8] Diese so einfache wie strenge wissenschaftliche Arbeit bewies vor vierzig Jahren, dass Änderungen im inneren Dopamin-Stoffwechsel (der Neurotransmitter ist für die Färbung und die Bewegung verantwortlich) mit Änderungen in der Umgebung einhergehen. Dieselbe exzellente Wissenschaftlerin behauptete, die Gestirne würden unsere psychologische Entwicklung und unser soziales Los bestimmen.[9] Ihre bahnbrechende wissenschaftliche Arbeit ist inzwischen durch neurobiologische Forschungen zur Gänze bestätigt, und es gilt als erwiesen, dass die (klimatische oder soziale) Struktur der Umwelt Einfluss hat auf die Genexpression, die Sekretion von Neurotransmittern sowie auf Verhaltensweisen. Doch die astrale Bestimmung des Zwillingsschicksals ist ungeachtet zahlreicher Veröffentlichungen noch nicht bewiesen. Jeder Autor veröffentlicht, was er glauben möchte,[10] ohne seine Ideen zwangsläufig dem Urteil einer wissenschaftlichen Prüfung oder klinischen Bestätigung zu unterwerfen.

Entwicklung braucht Zweifel

Zur Prüfung gehört der Zweifel. Gewissheit lässt das Denken erstarren und führt zur rhetorischen Routine. Natürlich braucht, wer zur Tat schreiten und in Beziehung treten will, einen Moment der Gewissheit. Zwangsneurotiker, die alles anzweifeln, sind handlungsunfähig. Sie verbringen ihre Zeit damit, alles zu überprüfen, Schritte zu zählen und Türklinken abzuwischen. Sie setzen zu einer Geste an und halten sofort inne, weil sie an ihr zweifeln. Um sich im Leben festzulegen, brauchen wir bestimmte Gewissheiten, die allerdings entwicklungsoffen sein müssen, sodass wir uns ändern können, wenn die Umstände sich ändern. So empfindet man Freude am Entdecken und Bestaunen einer Welt, die nicht mehr unserer Vorstellung von ihr entspricht: »Ich sehe das anders«, sagt, wer sich weiterzuentwickeln versteht. Die Freude am Zweifeln ist also kein Ausdruck von Relativismus, kein Mir-doch-egal. Nicht alles ist gleichwertig, manche Entscheidungen sind besser als andere, je nach Kontext. Wenn eine Beziehung sich entwickelt oder eine Gesellschaftsstruktur sich verändert, sind auch die entsprechenden Entscheidungen nicht mehr die gleichen. Der Zweifel ermöglicht Innovation, die Rücksicht auf feine Unterschiede bedeutet nicht intellektuelle Schlaffheit, sondern mentale Beweglichkeit, sprich eine Offenheit für eine andere Möglichkeit, für die Ergründung eines anderen mentalen Universums.

Einige der anfangs hier porträtierten Personen wie Alfred Adler, Viktor Frankl und Hannah Arendt haben im Laufe ihrer Entwicklung eine geradezu evolutive Wandelbarkeit erworben. Sie akzeptierten die Vorstellung, Dinge nicht mehr so wie zuvor zu sehen. Dahingegen genossen andere wie Rudolf Höß und Josef Mengele das Vergnügen einer unerschütterlichen Gewissheit, welche ihre Grundannahme nur bestätigen konnte. Sie suchten sich Lehrmeister, die ihnen unversehens einen Glauben boten, einer Offenbarung gleich, bei der es nichts zu prüfen und nichts mit der Realität abzugleichen galt. Ihre Überzeugung machte sie derart selbstsicher, dass sie innerhalb der Gesellschaft unschwer aufgestiegen sind, sie ergriffen die Macht und setzten ihre Werte durch. Die Wahrheit ist nicht verhandelbar, wenn es nur eine gibt.

Louis Darquier kam mit sechseinhalb Monaten verfrüht zur Welt, holte seinen Rückstand aber auf und wurde ein ausgezeichneter Schüler. Man beschrieb ihn als »stolz, arrogant, von sich eingenommen … um sich stärker vom linksliberalen Vater abzugrenzen, verschreibt er sich Hitlerschen Auffälligkeiten«, sodass man ihn bald als »Hitlers Papagei«[1] bezeichnete. Welches Vergnügen mag man dabei empfinden, ein intellektueller Papagei zu sein? Das gemeinsame Vortragen erotisiert die Gewissheit, das einsame Nachdenken hingegen erotisiert den Zweifel. Hierbei handelt es sich um zwei verschiedene Arten der Sozialisation, was die Glaubenskriege zwischen beiden Lagern erklärt. Alle, die die Gewissheit erotisieren, fühlen sich gemeinsam wohl und sind ihrer selbst sicher, wie aus einer Kehle skandieren sie die Losungen, die dem Papageienchor nur umso mehr Kraft verleihen. Jene hingegen, die den Zweifel erotisieren, empfinden Freude an der Entwicklung eines Gedankens und des Denkens, finden sich oftmals aber allein. Das Wort »Erotisierung« ist durchaus das richtige Wort, denn Freud bezeichnete die Libido als sexuell induzierte Energie, die sich mit intellektueller Betätigung verbinde. Man kann das Leben lieben, alltägliche Tätigkeiten wie die Gartenarbeit oder das Kochen, doch man kann auch den

Tod lieben, sofern die Libido mit dieser Vorstellung verbunden ist und intensiv wahrgenommen wird – eine angenehme Intensität. Wenn Sie mir nicht glauben, sehen Sie nur, wie euphorisiert Jugendliche sind, die gerade ein Risiko eingegangen sind, wie Sieg oder Niederlage gleichermaßen die Veteranen emotional aneinanderketten, welch überragende Schönheit die *aficionados* empfinden, sobald ein schlanker, eleganter, in Gold und Seide gekleideter Mann seine Klinge zwischen die Schulterblätter eines Tieres stößt, das man für seinen Elan, seine Kraft und seine tödlichen Hörner bewundert. Genauso verbindet der Hass die Ästhetik mit dem Tod, so kommt es zur Volksverhetzung.[2] Charles Maurras war ein Virtuose des Wortes, mit dem er den Tod, den Hass und die Schönheit verklärte. Er, der Auschwitz für ein Gerücht der stets unzufriedenen Juden gehalten hatte, schrieb 1951 in seinem Gefängnis: »Ach, Auschwitz! Ach, Dachau! Ach, Buchenwald! Ach, Mauthausen! Ach, Ravensbrück! Eure Schornsteine qualmen noch.«[3] Diese Fetischisierung der Worte ist interessant: Das rhetorische Amulett, als magisches Objekt verehrt, hindert die Sicht auf die Realität. Wer »Ach, Auschwitz« schreibt, muss dank der aufgeblasenen Formulierung nicht von zahllosen verwesten Leichnamen sprechen, die auf dem Boden gestapelt waren, bevor sie in Rauch aufgingen. Wer »Ach, Frau« schreibt, kann dank des poetischen Pathos von der Vagina schweigen, die zu penetrieren er begehrt. Worte, die man in rhythmischen Formeln unablässig vorträgt, behindern die Klärung, weil sie die Denkarbeit automatisieren.[4] So führt Gewissheit zur Überwältigung.

Um sich der Vaterschaft zu vergewissern, verlangt eine Gesellschaft, die Frau solle am Hochzeitstag noch Jungfrau sein. Der intakte Hymen gilt als biologischer Beweis, dass nur der Ehemann der Vater künftiger Kinder sein kann. Heutzutage klärt die DNS über die Vaterschaft auf oder vielmehr über die

Abstammung. Denn die Tausenden von Männern, die sich alljährlich »als Vater verurteilt« finden, werden niemals Vater sein. Beweist die DNS, dass ein Kind aus dem sexuellen Fehltritt hervorging, ist es nur gerecht, dass der Mann zahlt – doch Vatergefühle wird er nicht entwickeln, wird sich für das Kind nicht verantwortlich fühlen und wird zu ihm niemals eine Bindung aufbauen.

Welch mysteriöse Macht der Worte, wenn eine Frau dem Geliebten sagt: »Ich bin zwei Wochen überfällig und ich spüre, dass meine Brüste anschwellen«, damit formuliert sie sprachlich die Signale ihres Körpers, die von der Schwangerschaft künden. Vermittelt durch die Worte seiner Frau erfährt der Mann, dass er Vater wird, und in den gesellschaftlichen Narrativen vermittelt sich ihm, wie man Vater zu sein hat. In Abhängigkeit von der Gesellschaft sei er Familienoberhaupt und Vertreter des Staates im trauten Heim, sei er Soldat und bereit für Frau und Kinder sein Leben zu geben, sei er Arbeiter und schufte zehn bis 15 Stunden täglich und im Schweiße seines Angesichts verdiene er das Brot, sei er Haustyrann und behaupte als Mann zwangsläufig seine Mannhaftigkeit, oder er sei ein frischer Vater und erfülle die Rolle eines Gehilfen der Mutter. Jede Rolle in der Familie gewinnt dadurch, von gesellschaftlichen Narrativen vorgegeben, einen zutiefst verinnerlichten moralischen Wert: Ich muss Familienoberhaupt, Soldat, Malocher oder neuer Vater sein. Jeder Zweifel würde Unbehagen, Scham und Depersonalisation mit sich bringen und den Mann verleiten, nicht den gesellschaftlichen Vorgaben zu entsprechen. Um mit sich selbst und den sozialen Regeln im Reinen zu sein, ist es verlockend, sich der Übermacht der Worte zu unterwerfen. Damit du ein Vater und stolz darauf bist, musst du dich auf dem Feld der Ehre oder in der Fabrik opfern, deine Frau muss Jungfrau gewesen sein und sich allein dem Haushalt widmen, dann ist alles in Ordnung.

Schule und moralische Werte

Wenn sich aber die grundlegende Ethik ändert, wenn die Persönlichkeitsentfaltung als moralischer Wert die soziale Ordnung übertrumpft, verliert die Feststellung der Jungfräulichkeit ihre Bedeutung und wird zur Beleidigung der Frau, die sich auf ihre Funktion als Gebärmaschine des Gatten reduziert sieht. Der junge Mann ist nicht mehr stolz darauf, 15 Stunden am Tag zu arbeiten und seiner Frau den ganzen Lohn zu geben, damit sie auf den Markt gehen und kochen kann. Er fühlt sich betrogen, in seinem persönlichen Abenteuer behindert. Wenn sich das Paradigma ändert (jenes typische Wort, das eine Kettenreaktion der Worte und Theorien auslöst), ändert sich zugleich auch die Wertehierarchie. Die Jungfräulichkeit gilt nicht mehr viel, und der Stolz des unter Tage leidenden Mannes erscheint als sinnlose Folter. Doch genauso haben die meisten Paare im Industriezeitalter funktioniert: die Frau in Ketten und der Mann als Held, beide waren stolz auf ihre gesellschaftliche Rolle.

Heute ist die Industrie abgewickelt, die Arbeiter sind verschwunden, die Bauern nur noch einsame Techniker. Das soziale Band stellt man nicht mehr mit seinem Körper her, weder die Frauen mit ihrem Bauch noch die Männer mit ihren Armen, sondern man nimmt einen Platz in der Gruppe ein, mit seinen Abschlüssen und der Kunst des Networking. Die Trennung gesellschaftlicher Rollen nach Geschlechtern ergibt keinen Sinn mehr. Die institutionelle und technologische Struktur prägen unsere Gesellschaft und die Frauen können alles weitgehend genauso gut wie die Männer. Doch die Männer können nicht alles genauso gut wie die Frauen. Solange es keine funktionsfähige künstliche Gebärmutter gibt, wird nur der Körper der Frau Kinder zur Welt bringen können. In diesem neuen Umfeld weist eine neue Ethik den Männern die Rolle eines Assistenten der Mutter zu. Man könnte den Frauen das Kinderkriegen auch verbieten, so wie in China mit der gesetzlichen Ein-Kind-Politik oder im Zuge eines weltweiten Rückgangs der Geburtenrate – die gesellschaftliche Erwartung orientiert sich dann darauf, dass man keine Kinder zur Welt bringt.

Gesellschaften ändern unweigerlich ihre Gewissheiten, das alleinige Glück besteht nicht mehr in der Geburt eines Sohnes, bestenfalls zur Verwendung im Krieg oder in der Fabrik. Ins Ethos geht über, sich »selbst zu verwirklichen« und die Entfaltung des Partners und der Kinder zu fördern. In der Vergangenheit, als das Leben kriegerische Qualitäten und soziale Durchsetzungsmacht zur Geltung brachte, zählte nicht die Wahrheit, es zählte nur der Sieg. In einem Glaubenskrieg sind wir bereit unser Leben zu geben, damit unser Glaube über die Ungläubigen triumphiert. Es geht nicht darum zu hinterfragen, ob unsere Überzeugung einen Ausschnitt der Wirklichkeit darstellt, es zählt allein der Sieg. Sind wir besiegt, schweigen wir, um dem Tode zu entgehen, das ist der Frieden, wie ihn die spanischen Juden praktizierten, die wir als Marranen kennen. Als zwangsbekehrte Christen praktizierten sie ihre Religion im Verborgenen, so wie chinesische Christen, die, mit dem Tode bedroht, eine Buddha-Statue auf dem Hausaltar stehen haben, hinter der im Handumdrehen ein Kruzifix oder eine Muttergottes zum Vorschein kommt. »Ich schweige, um zu leben, doch mein Gewissen bekommt ihr nicht, den Krieg habt ihr nicht gewonnen«, mögen die Marranen bei sich denken. Gewissheit führt zu Brutalität im Miteinander, schließlich kann nur der Arglistige nicht glauben, was ich glaube – diese Überzeugung vertritt jedenfalls der bedingungslos Gläubige, der niemals zweifelt.

Umgekehrt behindert der extreme, der zwanghafte Zweifel jeden Handlungsfluss und jede Verbindlichkeit im Alltag. Treffe ich eine Fehlentscheidung, wäre ich für die Folgen verantwortlich, also zögere ich, trete auf der Stelle und kann mich zu nichts mehr durchringen. Was für ein Glück liegt in dem beruhigenden Gefühl, wenn jemand anders für mich entscheidet. Zwar verliere ich meine innere Freiheit, doch die Unentschlossenheit setzt mir nicht mehr zu. Und so lernt man, die Knechtschaft zu lieben, sie erlöst uns von der Entscheidungsangst. In der glückseligen Unterwerfung, im beruhigenden Freiheitsverlust schlummert die Gefahr, dass man die Welt immer klarer sieht, man braucht ja nicht mehr zu zögern. »Ich weiß jetzt, wohin ich muss«, spricht der früher von Zweifeln Geplagte. Hier zeigt sich die Bestätigungsverzerrung:[1] Ich argumentiere immer besser im Sinne einer Weltanschauung, die auf einem bisher unbewiesenen Postulat beruht. Man muss nicht paranoid sein, um so zu denken. Wurde man im Laufe seiner Entwicklung für ein Problem sensibilisiert – etwa für ökonomische Unsicherheit –, schreibt sich der Stress als dauerhafte Sensibilität in unser Gedächtnis ein. Wurde man alleingelassen oder vergewaltigt, erwirbt man eine gesteigerte Wahrnehmungsfähigkeit für jeglichen Hinweis auf Vergewaltigung oder Vernachlässigung. Die Welt erscheint zunehmend klarer und wird durch ebendiese Signale kategorisiert, für die man sensibilisiert worden ist. Was für uns irgendwann auf der Hand liegt, ist ungewöhnlich für Menschen, die gut umsorgt waren und nie vergewaltigt wurden. Wir bestätigen uns, wofür wir sensibilisiert sind. Diese Normalität trennt uns von allen, die eine andere Entwicklung durchlaufen haben und also eine andere Welt wahrnehmen. Die eigene Gewissheit und falsche Klarheit hindern uns an der Entwicklung, daran andere Wahrheiten zu entdecken. Wir fühlen uns nur in der Nähe von Menschen wohl, die die Welt so sehen wie wir. Deshalb gliedern wir uns in ein soziales Netzwerk ein, in eine Gruppe mit einem zentralen, Einigkeit stiftenden Narrativ, welches uns Vertrautheit vermittelt. Zeichnen wir eine Welt gleichen Typs, fühlen wir uns einander nahe, wohingegen eine andere Sicht der Welt uns in Alarmbereitschaft versetzt. Je mehr eine Gruppe sich dann auf sich beschränkt, umso intensiver wirken hinter dieser Schranke die Liebe zum Gleichen und der Hass auf den Anderen. Es wird normal, auf der Hut zu sein, Andersartige zu verachten, sie anzugreifen und notfalls auszuschalten.

Die Geschichtsschreibung ist ein gefährliches Unterfangen, denn wir alle können in der Vergangenheit Kriegsgründe finden. Die Araber müssten sich an Kreuzrittern und Kolonialisten rächen, die Protestanten Katholiken umbringen, die Juden würden sich gegen ihr Heimatland erheben, und die Frauen müssten die Männer von der Erde jagen. Dann wäre der Gerechtigkeit Genüge getan, oder? Familiengeschichten und Gruppenerzählungen zeitigen eine bindende Wirkung, und diese stärkt die Identität der Mitglieder des Kollektivs. Wenn aber ein Narrativ seine alleinige Weltanschauung durchzusetzen vermag, findet sich derjenige in einer klaren Welt wieder, der diese Weltsicht als religiösen, ideologischen oder wissenschaftlichen Glaubenssatz akzeptiert – und diese klare Welt wird von den Ungläubigen diskreditiert. Wer jedoch an das Narrativ nicht glauben kann, ist gezwungen zu schweigen, zu fliehen oder zu »konvertieren«. »Einige waren verängstigt«, schreibt Annette Wieviorka in ihrem Erlebnisbericht über Maos China: »Sie mussten wohl an die Anschuldigungen und Beschämungen in den ersten drei Jahren der Kulturrevolution denken … von 1966 bis 1969 vermieden sie es tunlichst … der perversen Vorliebe für eine bourgeoise

Kultur bezichtigt zu werden … also verabsäumten sie es nie, ihren Texten ein Motto wie ›Lang lebe der Vorsitzende Mao‹ oder ›Ein Hoch auf die Kommunistische Partei Chinas‹ voranzustellen.«[2] Ebenso musste man im Zweiten Weltkrieg auch in Frankreich einige Sätze zum Ruhme von Marschall Pétain zusammenfabulieren. In wissenschaftlichen Veröffentlichungen brauchte es einen Verweis auf die *Rassenhygiene*, damit die Redaktion den Artikel akzeptierte. Solche stereotypen Worte fungierten wie ein Passwort, damit man seinen Weg fortsetzen konnte. Nicht anders kam man auch durch die Straßensperren; sobald der Wachposten bewaffnet vor einem stand, musste man »Frankreich« oder »Maiglöckchen« oder sonst ein vereinbartes Wort sagen, sonst wäre man von den Soldaten verhaftet worden. »In den Diskussionen und im Rahmen des Instituts … warfen wir uns immer in die Pose des Sprachexperten.« [3] So spielt der Psittazismus – also die Verwendung bestimmter, bedeutungsloser Worte – eine Rolle in der Sozialisation. Schon das Aussprechen dieser Worte befugt zur Teilhabe an der Gesellschaft; doch wehe dem, der sie nicht spricht, der wird verhaftet, umerzogen, umgesiedelt oder erschossen. Die totalitäre Sprache erlaubt, in Frieden zu leben, aber im Gegenzug büßt sie ihre Funktion als Denkwerkzeug ein. Als Annette Wieviorka die Briefe an ihre Eltern mit einigen Jahren Abstand erneut las, war sie perplex, denn sie redete quasi nur vom Wetter: »Immer wieder die gleichen Sätze, wie ein Refrain … ich habe immer weniger zu sagen … je länger mein Aufenthalt dauert, desto leerer ist mein Kopf.«[4] Man unterwirft sich dem Psittazismus aus Angst, von der Gruppe oder Gesellschaft verstoßen zu werden; andererseits wächst das Zugehörigkeitsgefühl, auf das wir so dringend angewiesen sind, schon dank einiger weniger Schlüsselworte, deren eigentliche Bedeutung ganz unwichtig ist: »Papiertiger … Klassenkampf … Reicher Jude … Klauender Araber …

N**** Musik Fußball …« Einige Phoneme reichen aus, um ein Band der Zugehörigkeit zu knüpfen, man erkennt einander, man fühlt sich wohl. Die affektive Funktion der Sprache kann uns übel mitspielen, wenn ein Diktator mit ihr Seelen klont.

Eine allumfassende Einheit führt zur falsch verstandenen Reduktion, wohingegen die Begegnung, die Liebe und der Streit mit einer ganz und gar unvergleichlichen Person nicht ohne Nuancen auskommt. »Ich habe Heidegger geliebt, ich habe seine Parteinahme für die Nazis gehasst, doch nach dem Krieg bewundere ich seine Philosophie noch immer. Ich werde ihn also in den USA übersetzen lassen«, so hätten Hannah Arendts Worte lauten können, als sie ihn nach der Befreiung wiedertraf. Handelt es sich um eine Haltung, die sie »innere Freiheit« nennt, oder um eine philosophische Erkenntnis des Ackermanns, der nur einzelne Menschen liebt? Eine Art des Wissens im eigenen Körper, eine Art zu fühlen, zu erfahren und sich dem Leben zu stellen. Derartig empirisches Wissen unterscheidet sich vom Wissen des Intellektuellen, der sich von der sinnlichen Realität abgrenzt, um eine sinnvolle Vorstellung von einer unsichtbaren Entität zu entwickeln, von »dem Juden«, »der Frau«, »dem Arbeiter« oder einer anderen wirklichkeitsfremden Abstraktion.

Die eigenen Gedanken bestimmen

»Wir können entscheiden, wie wir denken und wie wir handeln.«[1] Viktor Frankl ist ein wandelndes Skelett in Auschwitz gewesen, wo er Vater, Mutter, Frau und Bruder verlor; er verkörpert die innere Freiheit wie kein Zweiter. Als er nach der Befreiung der Lager (1945) ins Leben zurückkehrt, trifft er eine bewusste Entscheidung über sein zukünftiges Verhalten: »Um meinem Leben wieder Sinn zu geben, musste ich unbedingt begreifen, was geschehen war.«[2] Mein Leben wird nie mehr sein, wie es einmal war, ich werde es anders wahrnehmen, »… als lebte man ein zweites Mal«[3]. Als ich diesen Satz las, drängte mir eine Kindheitserinnerung ins Bewusstsein. Nachdem die »Festung Girondemündung Nord«, in der die Wehrmacht 1944 noch Widerstand leistete, endlich gefallen war, nachdem die Bombe in Hiroshima explodiert war und ich nur noch hörte: »Endlich, jetzt ist der Krieg wirklich vorbei«, verspürte ich plötzlich wieder ein Recht auf Leben. Vorher war ich mir dessen nicht sicher gewesen, ich erwartete das Leben in stummer Hoffnung. Doch nach der Befreiung dachte ich, das weiß ich noch: »Du hast gerade Aufschub erhalten, neues Leben nach der Todesgewissheit, wenn du aber jetzt leben willst, musst du begreifen, was geschehen ist.« Natürlich habe ich wohl als Siebenjähriger andere Worte gebraucht, als ich sie heute niederschreibe, aber ich erinnere mich, dass die Ausdrücke »Recht auf Leben« und »ich muss begreifen« bereits zu meinem Wortschatz gehörten. Ich glaube, es war 1983, als ich Frau Descoubès in Bordeaux wiedertraf, und sie erzählte, nach meiner Flucht hätte ich immerzu wiederholt: »Nein, so was! Einen Tag wie diesen werde ich nie vergessen!«[4] Das traumatische Gedächtnis besteht somit aus einem präzisen Zentrum, präzis bis ins Detail, einer scharf umrissenen Hypererinnerung, die umgeben ist von einer Unschärfe, von verworrener Wahrnehmung, von der keine Erinnerung bleibt.[5] Ich erinnere mich an Madame Blanchés Körper, die auf mir starb, doch ich habe keinerlei Erinnerung an ihr Blut, in dem ich schwamm.

Wie soll man wieder ins Leben starten, mit einem derartigen Selbstbild im Kopf, das im traumatischen Zentrum klar und ansonsten verschwommen ist? Wer die Geisel seines Traumas bleibt, wem die erstarrte Erinnerung immer wieder das Bild des Schreckens, des bevorstehenden Todes, der seelischen Betäubung vor Augen führt, für den gibt es kein Zurück ins Leben. Man ist dem immer neuen Entsetzen ausgeliefert, man spürt es am Tage, es erscheint einem des Nachts, man kann weder lieben noch arbeiten oder denken, man kann nur noch leiden, »als wäre es gerade erst passiert«. Wer hingegen wieder Tritt im Leben fassen will, der entschließt sich bewusst zu begreifen, was geschehen ist, sodass er sich ein neues Leben aufbauen kann. Begreifen, verstehen bedeutet, aus einem zweiten Quell der Erinnerungen zu schöpfen und dadurch die Vorstellung vom traumatischen Erlebnis zu verändern. Die Erinnerung an das Begriffene ergänzt die Erinnerung an den Schrecken.

Vor dem Krieg war Viktor Frankl aus dem Verein für Individualpsychologie von Alfred Adler ausgeschlossen worden, weil dieser ihm übermäßiges Theoretisieren vorgeworfen hatte. Frankl hatte eine Reihe von Vorträgen in Wien, Berlin, Prag und Budapest gehalten, also in wunderschönen mitteleuropäischen Städten. So lernte er Otto Pötzl kennen, der in

Wien als Professor für Neuropsychiatrie die Nachfolge von Julius Wagner-Jauregg angetreten hatte. Die beiden Männer verband eine intellektuelle Linie: Wagner-Jauregg hatte die Malariatherapie entdeckt, bei der man Neurosyphilis-Patienten Plasmodien injiziert, denn die Malaria linderte die neurologischen Symptome – dafür erhielt er 1927 den Nobelpreis für Medizin. Wagner-Jauregg entdeckte auch, dass schon die Zugabe von Iod zum Kochsalz genügte, um der Kropfbildung bei den sogenannten »Alpenkretins« vorzubeugen. Gemäß seinem hierarchischen Menschenbild trat er für die Sterilisation *Minderwertiger* ein, was ihm die Sympathie der Nazis einbrachte. Er heiratete allerdings eine Jüdin, die er als Idealfrau ansah. Sein Nachfolger am Lehrstuhl für Neuropsychiatrie, Otto Pötzl, war ein warmherziger Mann, der sein Wissen gerne weitergab. Er interessierte sich für den jungen und brillanten jüdischen Studenten Viktor Frankl. Die Zuneigung zwischen Professor und Schüler war so groß, dass der junge Viktor ihn gleich als »väterlichen Freund« betrachtete.[6] 1930 trat der warmherzige Professor der aufstrebenden Nazipartei bei. Trotz seiner Nähe zu nationalsozialistischem Gedankengut, hegte Pötzl große Achtung und Respekt für seine jüdischen Schüler. Der Professor trug das Hakenkreuz am Revers, als er jüdische Hirntumorpatienten in die Neurochirurgie verlegte und Viktor (seinem Schüler und nunmehrigen Chefarzt) half, die Bettenzahl für die Behandlung von Juden zu erhöhen, weil diese in öffentlichen Krankenhäusern nicht mehr aufgenommen wurden.[7]

Drei Jahre verbrachte Viktor in vier Lagern: Theresienstadt, Auschwitz, Kaufering und Türkheim. Unglaublich, dass er überlebt hatte. Er erinnerte sich, dass er beim Lagermarsch die Schmerzen der »in offenen Schuhen steckenden, erfrorenen und eiternden Füße kaum mehr ertragen konnte«. Mit einem gewissen Interesse sah er sich selbst beim Sterben zu, in einer »Selbst-Distanzierung *par excellence*« stellte er sich vor, auf einem Kongress einen Vortrag darüber zu halten, wie man in Auschwitz stirbt.[8] Sehr interessant, nicht wahr? Die Freude am Begreifen des eigenen Sterbens minderte sein Leiden. Er litt unter Frost und Hunger, unter einer Angst vor dem nahen Tode litt er nicht mehr, denn im Geiste entfaltete er interessante Überlegungen, die er mit seinen Freunden und Kollegen teilen wollte. Nachdem texanische US-Soldaten das Lager Türkheim befreit hatten, wurde Viktor verschiedentlich gefragt, ob der Nazismus ihm seine Heimatstadt Wien nicht eigentlich vergällt habe. Da erwiderte er: »›Was hat mir wer angetan?‹ Da gab es in Wien eine katholische Baronin, die unter Lebensgefahr eine Cousine von mir jahrelang in der Wohnung verborgen hielt. Dann gab es da einen sozialistischen Rechtsanwalt, den ich nur oberflächlich kannte, … der mir aber, wann immer er nur konnte, versteckt und verstohlen etwas zu essen brachte … Nach der Befreiung des Lagers [Türkheim] stellte sich jedoch heraus, wovon bis dahin nur der Lagerarzt (selber Häftling) wußte: Der Lagerführer hatte aus eigener Tasche nicht geringe Geldbeträge insgeheim hergegeben, um aus der Apotheke des nahen Marktfleckens Medikamente für seine Lagerinsassen besorgen zu lassen! … Nach der Befreiung versteckten jüdische Häftlinge den SS-Mann vor den amerikanischen Truppen [und forderten], daß ihm kein Haar gekrümmt werde.«[9]

Diese Haltung von Deportierten, die bestimmte Nazis schützten, rief 1946 die Empörung französischer und österreichischer Überlebendenorganisationen hervor. Für sie war klar: »Die Deutschen sind allesamt schuldig, weil sie einen Weltkrieg mit fünfzig Millionen Toten, mit Ruinenlandschaften und unendlichem Leid begonnen haben.« Viktor erwiderte: »Eine Kollektivschuld gibt es nicht, viele Deutsche gerieten in einen gewaltigen Idealismus, den sie nicht im Griff hatten.« Einigen gelang es, gegen den Strom zu schwimmen, doch inmitten des schäumenden Strudels fällt es schwer, sich von einer mächtigen, stereotyp strukturierten Doxa nicht mitreißen zu lassen. Ein eigenes Urteil fällt schwer, wenn die umgebende Gemeinschaft verbrecherische Phrasen wiederholt, die sich schließlich als unhintergehbare Überzeugungen im Gedächtnis festsetzen.[10] Die Aussage »Die Deutschen sind schuld am Ausbruch des Zweiten Weltkriegs« wird ihrerseits zur Matrix eines Konformismus. Das bequeme Denken beschert einem nur Freunde, die alle das Gleiche sagen, wodurch die Wahrheit behindert ist – die notwendig nuanciert ausfallen muss.

Viktor Frankl bringt eine ähnliche Geisteshaltung zum Ausdruck wie Hannah Arendt, wenn diese erklärt, sie liebe kein Volk, eine heterogene Einheit, sondern sie liebe Personen, unabhängig von dem Volk, dem sie angehören.[11] Was für ein Kollektiv gilt, gilt nicht für die Einzelnen, aus denen das Kollektiv besteht. Es gab unter den Nazis Unmenschen und Sadisten, es gab aber auch Intellektuelle, die von der greifbaren Realität abgeschnitten und so sehr ihren Vorstellungen unterworfen waren, dass sie zu schlimmsten Verbrechen fähig waren.[12] Wenig Beachtung fanden die Deutschen, die sich vom Strudel vorgestanzter Ideen nicht haben mitreißen lassen; das Augenmerk galt vor allem jenen, die sich von den Idealen der Größe, der Reinheit und des Glücks mitreißen ließen, ohne sich deren verbrecherische Konsequenzen auszumalen. Eineindeutige Bilder beherrschen die Medien: Massenaufmärsche, auf den Zentimeter genau arrangiert, enorme Meere aus Helmen und Gewehren im Stechschritt, der die Seelen gleichschaltet und die Massen lenkt, die wie ein einziger Mann dem ekstatischen Führer folgen.

Bei seiner Rückkehr nach Wien sorgt sich Viktor um das Schicksal von Professor Pötzl. Am Tag ihres Wiedersehens hatte er erfahren, dass seine Frau aus dem Lager nicht mehr zurückkehren wird. An der Schulter des Naziprofessors weinte Viktor sich aus.[13] Im Jahr 1924 fand sich die 18-jährige Hannah Arendt von ihrem 34-jährigen Philosophieprofessor Martin Heidegger ganz verzaubert. Sie waren jung und vergnügten sich mit Gedankenübungen. Sie verliebten sich und umgaben sich mit einem kleinen Zirkel, zu dem Herbert Marcuse, Leo Strauss und Hans Jonas, allesamt Juden, gehörten. Der antisemitische Verfolgungsdruck zwang Hannah Arendt ins Exil, während Heidegger als Rektor der Freiburger Universität eine leitende Rolle in Nazideutschland einnahm. Nach dem Krieg begegneten sich die ehemals Verliebten 1969 wieder, und Hannah schrieb: »Das Denken ist wieder lebendig geworden.«[14] Verliebt ist die Philosophin nicht mehr, doch sie bewundert Heideggers Philosophie und setzt sich in den Vereinigten Staaten für deren Übersetzung ein. Zu dieser Zeit lässt sich Viktor mit dem lächelnden Heidegger in dessen Bibliothek fotografieren, der auf den Besuch des brillanten Psychiaters sichtlich stolz schien.[15]

Wie fasst man danach einen klaren Gedanken? Klarheit schematisiert immer die mentale Welt. Die innere Welt besteht aus Tausenden ungeordneten Impulsen, die von unseren Vorstellungen in einer intellektuellen Aufräumaktion geordnet werden. Diese Reduktion führt zu einer ebenso notwendigen wie falschen Kohärenz. Ich habe mich immer gefragt, warum ich von der Synagoge, die unser Gefängnis war, das Bild jenes Soldaten in schwarzer Uniform in Erinnerung behalten habe, der mir bewusst das Foto seines kleinen Sohnes gezeigt hatte. Natürlich wollte er mir von dem Kind erzählen, dem ich wohl ähnlich sah. Doch warum habe ich diese Szene im Gedächtnis behalten und dabei die Schüsse ganz vergessen, deren Spuren noch am Torbogen zu sehen sind? Warum liebte ich 1948 Émile so sehr, bei dem ich einen

Rest Familienleben wiederfand, dank seiner Rolle als Ersatzvater? Heute meine ich, ich mochte wohl vor allem die Vorstellung, die ich mir von diesem Mann machte, die ganz das Selbstbild meiner Träume spiegelte: eines fröhlichen und kräftigen Wissenschaftlers und Weltenbummlers. Mein Bild von ihm verrät meine kindlichen Hoffnungen. Vor Jahren erfuhr ich, dass Émile die rechtsextreme Wochenzeitung *Gringoire* gelesen hatte und vor dem Krieg in einer antisemitischen Gruppe aktiv war. Das schmerzte mich nicht, ich war verblüfft, betäubt und niedergeschlagen. Ganz ohne Emotion hörte ich diese völlig undenkbaren Worte. Als ich wieder denken konnte, begriff ich, dass er die Gestapo nur dank seiner Beziehungen dazu hatte bringen können, unverrichteter Dinge ohne meine Tante Dora abzuziehen.

Wie fasst man nach einer derartigen Erfahrung einen klaren Gedanken? Der Filmemacher Claude Berri ließ sich von einer ähnlichen Situation inspirieren, die er während des Krieges erlebte, als er bei einem antisemitischen Bauern Unterschlupf fand. Der gute Mann schimpfte ständig auf die jüdische Invasion.[16] Das Kind durfte seinen Nachnamen, Langmann, nicht preisgeben, der es als Juden kenntlich gemacht und damit zum Tode verurteilt hätte. Seinen »Opa« mochte es sehr und vergnügte sich damit, diesen in Widersprüche zu verwickeln. Das Kind brachte den Mann dazu, seine Zuneigung zum Ausdruck zu bringen und kurz darauf zu erklären, er könne niemals einen Juden mögen. Hätte es nicht mehr als eines Geständnisses – »Ich bin Jude« – bedurft, um diese Liebe auszulöschen? Können ein paar wenige Worte eine emotionale Bindung schlagartig lösen? Kann man sich der Sprache, dem Wort so sehr unterwerfen? Nach der Befreiung und dem Zusammenbruch des Pétain-Regimes tröstete und stützte der kleine jüdische Junge seinen antisemitischen Großvater.

Viele der versteckten Kinder hatten Bindungen zu ihren

bäuerlichen Beschützern aufgebaut, bis der liebe Opa eines Tages gegen die Juden als »Kriegstreiber« und Drahtzieher der Lebensmittelknappheit wütete. Allein die Tatsache einer in der Realität geknüpften Bindung schließt noch lange nicht aus, dass man realitätsfremden Vorstellungen erliegt. Allein das Wort »Jude« prägt und repräsentiert ganz unterschiedliche Realitäten. Es gab reiche und arme, es gab kriminelle und gar einige antisemitische Juden. Xavier Vallat hatte 1941 als frisch ernannter Direktor des Kommissariats für Judenfragen seine liebe Not damit, »den Juden« zu definieren: »Jude ist, wer von drei jüdischen Großeltern abstammt, ungeachtet einer etwaigen Taufe.«[17] Die Aussage, Jude sei, wer jüdische Eltern hat, besagt nichts darüber, was Jüdischsein bedeutet. Zumal es Tausende Arten gibt, Jude zu sein. »Etwa Georgier, Karäer, Jugutis [persische Konvertiten], Subbotniki und Ismaeliten, sind sie oder sind sie keine Juden? Georgische Juden beziehen sich auf die Thora, nicht aber auf den Talmud … Vichy betrachtete sie der Religion nach als Juden, die Nazis nicht.«[18] Doch sobald ein Stempel das Wort in die Ausweispapiere prägte, waren diese der Reisepass nach Auschwitz.

Da ist dieser eine, entscheidende Moment, ob man den Stempel nutzt oder ruhen lässt. Die Auswirkung dieses einen Wortes in der Realität würde zu diametralen Schicksalen führen, in den Tod oder zum Leben – einfach so, aufgrund eines Wortes ohne klare Bedeutung. Manche unterwerfen sich einer solchen sprachlichen Zuweisung, andere hingegen zögern oder widersetzen sich sogar. Die den Stempel führen, hassen sie die Juden? Der Polizist, der den Besitzer derart tödlicher Papiere verhaftet, kennt den Verhafteten nicht und hat nur eine vage Vorstellung vom Grund der Festnahme. Die braucht er auch nicht. Er befolgt eine Anweisung auch ohne Begründung. So mancher tat, als sähe er den Stempel nicht, und gab dem Ausweisbesitzer zu verstehen, er solle sich aus dem Staub machen. Andere überbrachten im Laufschritt die Warnung vor einer kurzfristig drohenden Razzia, in wenigen Stunden würden sie wiederkommen müssen, diesmal in Uniform und unter Befehlszwang. Wer sich ein bisschen innere Freiheit bewahrt hatte, ging Risiken ein, während es doch einfacher war, sich einer sprachlichen Anweisung zu beugen, die sie nicht zu beurteilen hatten. Sind solche »Neinsager«[19] aus einem anderen Stoff gemacht als die Konformisten? Sind die »Jasager« schlicht fanatisch, unterwürfig, gehorsam oder gleichgültig?

Bindung und Begründungen

Viele wissenschaftliche Studien suchten eine Antwort auf diese Frage. Bindungstheoretische Experimente gelangen zu der Einschätzung, dass »die Selbstsicheren über sehr flexible Vorstellungen verfügen«.[1] Erteilt man ihnen einen Befehl, nehmen sie sich den Moment, um das Verlangte zu bewerten und zu beurteilen. Meistens befolgen sie die Anweisung, denn das schafft soziale Ordnung, doch mitunter verweigern sie sich dem Recht auf Gehorsam. Würde ein Arzt der Anweisung vom Gesundheitsministerium Folge leisten, einen Geburtenüberschuss mittels einer Verabreichung von Zyanid per Säuglingsfläschchen zu regulieren? Oder empfände er ein unbedingtes moralisches Widerstreben, hier zu gehorchen? Ich war übrigens einer der vielen Ärzte im Département Var, die Post von einem Politiker bekamen, der sich an der Zahl der Arbeitsunfähigkeitsbescheinigungen störte und uns bat, ihm eine Kopie der Krankschreibung samt Diagnose zuzusenden. Die meisten Kollegen waren empört und hätten sich einem Protestzug angeschlossen. Ich gehörte zu denen, die den Brief lasen, ihn sorgfältig im Mülleimer verstauten und rein gar nichts an ihrer Praxis änderten. Unter viel dramatischeren Umständen erhielt Chérif Mécheri, der erste muslimische Präfekt in Frankreich, 1944 die Anweisung, eine Liste der in und um Limoges lebenden Juden zu erstellen und so an der Vorbereitung einer Razzia mitzuwirken: Er schwieg, erfüllte die Aufgabe nicht und verhinderte damit die Razzia.[2]

Wie ist es zu erklären, dass sich einige von uns – unabhängig von Bildungsstand oder Herkunft – ohne Weiteres einem

Verwaltungsschreiben beugten, wonach sie die Tötung von Millionen Menschen zu organisieren hatten, während andere lieber das Risiko des Ungehorsams in Kauf nahmen, weil sie sich als ausführende Organe in Grund und Boden geschämt hätten? Wo lauert hier das Böse? Hannah Arendt sagte, das Böse könne nicht radikal sein, weil es keine Wurzeln hat.[3] Als Eichmann wie alle Täter eines Völkermords erklärte: »Ich habe nur Befehle befolgt«, sagte er die Wahrheit. Doch seine Aussage erlaubte ihm, davon zu schweigen, dass er Befehle befolgte, die seinen persönlichen Wünschen entsprachen. Er war aus Antisemitismus in die SS eingetreten, und sein Eifer hatte ihn in eine leitende Position bei der Judenverfolgung befördert.

Der eigentliche Skandal angesichts der »Banalität des Bösen« findet sich in der Diskrepanz zwischen dem Stereotyp vom Schwerverbrecher und dem tatsächlichen Klein-Klein der Vernichtung. Man hatte mit einem majestätischen Mörder gerechnet, einem Monstrum in Gestalt eines hübschen, schneidigen und grausamen SS-Offiziers; stattdessen stand man vor einem bornierten Beamten in einem Glaskasten, der ständig mitschrieb und noch um das kleinste Detail rang. Doch diese Figur hatte eine furchtbare Waffe in der Hand gehalten – einen Stift, mit dem er seinen Traum von der Sterilisierung, der Enteignung, der Verhaftung, der Vertreibung und der Deportation von 80 0000 Juden wahrmachen konnte. Eichmann hatte, wie viele andere, seinen Vernichtungstrieb ausgelebt: Tag für Tag, frei von Pathos, Unterschrift um Unterschrift, wie ein borniert-beflissener Beamter. Sein Verhalten sollte Eichmann im Laufe des Prozesses nicht ändern, er schrieb auf Zetteln mit und hätte sich mit Ideen wie die von Léon Poliakov, der mit Raymond Aron das Centre de documentation juive contemporaine gegründet hatte, bestimmt kontrovers auseinandergesetzt. Eichmann sprach frei von

Emotionen, eine technische Sprache, als würde er die Gebrauchsanweisung einer Waschmaschine vorlesen.[4] Wer emotional so abgestumpft ist, unterwirft sich mit Leichtigkeit unsichtbaren Wortgebilden: »der Jude, der Russe, der N****«. Das Wort bezeichnet keine lebende Person mehr, sondern allein die Vorstellung, die sich ihr Häscher von ihr macht. Also »gibt es Mächte und Kräfte, die den einzelnen Willen übersteigen«.[5] So fühlt es sich an, wenn man einem äußeren Druck Besitzrecht einräumt, sich einem Narrativ ohne Wurzeln ergibt, für das man freudig auf jegliche innere Freiheit verzichtet. Eichmann war, so sagte Arendt, völlig gedankenlos und gab Sätze von sich, die eine kleine Clique zusammengeschustert hatte – und er vergaß dabei, dass es da um Menschen ging. Um die Begegnung mit einem echten Gegenüber zu vermeiden, sah Eichmann während des gesamten Prozesses keinem einzigen Zeugen je in die Augen, weil er sonst einen Menschen gesehen und es vielleicht nur schwer verkraftet hätte, dessen Todesurteil unterschrieben zu haben? In den Verwaltungspapieren stand nicht »Tötung«, man verwandte den Euphemismus »Deportation«. Für die Umsetzung des Vernichtungsprogramms, das Eichmann beglückte, bedurfte es der Auflösung jeglicher Beziehung.

Als Primo Levi in Auschwitz eintrifft, traut er seinen Augen nicht: überall Dinge! Fassbare, feuchte, faulige Dinge, hölzerne Baracken, reglose Reihen, und auf dem Boden verstreute Menschendinge, abgemagerte Leichen, die sich wie Marionetten bewegten. Plötzlich erkannte er unter den SS-Wachleuten einen Chemiker und Kollegen, den er vor dem Krieg auf einer Tagung kennengelernt hatte. Endlich eine menschliche Beziehung! Er spricht ihn an, doch der SS-Mann blickt auf, schaut nach oben, um eine Begegnung mit Levi zu vermeiden. Indem er den Blick des anderen mied, konnte der Wachmann sein Todeswerk leichter vollbringen.

Der andere darf kein Mensch sein, so kann er ihn ohne Schuldgefühle töten.[6]

Eine ähnliche Situation erlebte ich 1944, als man mich verhaftete. Das traumatische Bild von drei oder vier Männern an meinem Bett, die quälende Erinnerung ließ mich nicht los: Sonnenbrillen, mitten in der Nacht? Ich deutete das Bild so, dass die Männer wohl von den Nachbarn nicht erkannt werden wollten. Jahrelang glaubte ich daran, denn die Erklärung verlieh dem unglaublichen Geschehen einen Sinn. Als ich aber Primo Levi las, wurde mir klar, dass die Sonnenbrille des Nachts dazu diente, sich meinem Kindesblick zu entziehen. Bei einer Razzia um fünf Uhr morgens gibt es keine Nachbarn. Die deutschen Soldaten im Hausflur starrten an die Decke. Hätten sie mich angesehen, hätten sie einen sechsjährigen Jungen gesehen, den sie in den Tod schicken. Wenn man einen Tötungsbefehl erhält, tut man gut daran, jeden zwischenmenschlichen Kontakt zu vermeiden – das erleichtert die Ausführung.

Erzählungen haben die Macht, Emotionen zu gestalten. Sie können Begeisterung, Empörung, Angst hervorrufen und gar den Hass erotisieren. Das Phänomen der *Protokolle der Weisen von Zion* veranschaulicht diesen Gedanken. Es handelt sich dabei um ein fiktionales Produkt der zaristischen Polizei, in dem »die Juden« die Weltherrschaft an sich reißen. Sie beugen sich mit ihren raffenden Fingern und ihren Hakennasen über eine Weltkarte und sind sich einig, dass der König der Juden »der wahre Papst« sein solle. In Deutschland war das Pamphlet ein großer Erfolg, denn es führte den blonden *Ariern* buchstäblich vor Augen, dass ihre *Herrenrasse* durch *den hinterlistigen und allmächtigen Juden* rechtswidrig um die Herrschaft gebracht worden war. Durch die Lektüre angeregt, wurde der Hass zum Vergnügen. Der Text bezeichnete keinen Teil der Realität, sondern als das »wurzellose Böse« (wie

Arendt sagt) verlieh er der tugendhaften Empörung, sprich: der Rechtfertigung für antisemitische Gewalt eine Form: »Ihnen gehört die Welt, sie hindern unser Erblühen, sie sind Ursache unseres Leids, und wir sollen schweigen still! Zu den Waffen! Zu Scherben ihre Schaufenster, zu Asche ihre Synagogen!«

Wenige Jahre nach Kriegsende, als Frankreich zu seinem Schutze nicht mehr so sehr auf die Leugnung angewiesen war, wagten es die Kulturschaffenden, die Augen aufzuschlagen und zu fragen, wie Menschen solche Verbrechen verüben und dann nach Hause gehen, sich um ihre Familie und ihre neue Gesellschaft kümmern konnten. Kurz und knapp lautete die Erklärung: »Die Nazis sind Geisteskranke … Monster … Barbaren.« Durch eineindeutige Aussagen wie diese verbietet sich das Denken; man lässt sich rasch abspeisen. Einfach war diese Erkenntnis nicht, denn man war von den ganz undenkbaren Tatsachen tief verstört. Wut war die gängige Reaktion, als bekannt wurde, dass Hannah Arendt Heidegger wiedergesehen und dessen Übersetzung ins Englische betrieben hatte, dass Viktor Frankl sich für seinen Naziprofessor Pötzl eingesetzt hatte. Wut. Denn das Böse stand mit den Nazis im Bunde, die Opfer waren zwangsläufig unschuldig. Es war recht und richtig, die Täter zu jagen, es war hingegen skandalös, sie verstehen zu wollen.

Trägt man Informationen zusammen, können Gewissheiten ins Wanken geraten: Nicht selten sah man überschäumende Fanatiker gelähmt und unfähig, zur Tat zu schreiten, wohingegen man sehr wohl die freundlichen Nachbarn ins Haus eines soeben Festgenommenen hat gehen sehen, wo sie einen Toaster mitnahmen, den sie eben brauchten. »Das ist kein Diebstahl«, erklärten sie, denn die Arisierung jüdischen Eigentums war in Deutschland seit 1940 im Gange und in Frankreich seit 1941 offiziell rechtens.[7] »In der Masse der

Täter finden sich Intellektuelle, Psychopathen, Straftäter und sehr viele einfache Leute.«[8] Man meint ja oft, ein Serienmörder müsse geisteskrank sein, doch die meisten »Serienmörder weisen keine mentalen Auffälligkeiten auf, sondern erweisen sich als einfache Leute«.[9] Ich hatte Gelegenheit, einen der wenigen Überlebenden des Massakers von Oradour zu sprechen: Am 10. Juni 1944 hatte die SS-Division »Das Reich« 643 Dorfbewohner auf dem Marktplatz von Oradour-sur-Glane zusammengetrieben und ließ sie warten. Der Bäcker protestierte, sein Brot würde verbrennen, die Frauen machten sich Sorgen und die Kinder wurden ungeduldig – die Soldaten sperrten Frauen und Kinder schließlich in die Dorfkirche und steckten diese in Brand, ohne ersichtlichen Anlass, ohne Erklärung. Xavier Vallat tönte noch, daran »schuld ist die französische Bevölkerung, hätte sie Gehorsam geleistet, hätte es keine Massaker gegeben«. Im Jahre 1953 kam es in Bordeaux zum Prozess, zum Tode verurteilt wurde ein Elsässer, der als Einziger freiwilliges Mitglied der Waffen-SS gewesen war.[10] Im Zeugenstand war seinerseits der Überlebende Robert Hébras wie vor den Kopf geschlagen, als er einen der Brandstifter wiedererkannte – der war gut gekleidet und antwortete ruhig, man schätzte inzwischen seine mutige Tatkraft beim Wiederaufbau Frankreichs.

Einfaches Denken, der Teufel hier und der liebe Gott da, das Gute und das Böse, das funktioniert nicht. In ein und demselben Menschen wirken gegensätzliche Triebe: Zerstörungswut und Aufbaumut. Mitgefühl hatte bei Himmler den Anstoß für den Bau der Gaskammern gegeben: Als er die Belastung seiner Soldaten sah, die kreidebleich waren und sich genügend Mut antrinken mussten, um nackte Frauen mit ihren Babys auf dem Arm zu erschießen, da fühlte er mit ihnen und regte eine saubere Technik an, um die Menschen zu töten und doch die Soldaten nicht zu traumatisieren. Und als man die Lobotomie erfunden hatte, ging es auf den Fachtagungen allein um technische Fragen: Sollte man eine Schädelbohrung vornehmen oder mit einer Nadel oberhalb der Augenhöhle in den Kopf eindringen, sollte man Alkohol injizieren oder ein Skalpell verwenden? Der Erfolg der technischen Lösungen verbot jedes Mitgefühl und verstellte den Blick auf den menschlich exorbitant hohen Preis, dass nämlich die »Kur« mehr Probleme mit sich brachte als die Krankheit. Die Psyche beschäftigte und beschäftigt sich mit den technischen Handgriffen, den militärischen oder bürokratischen Anweisungen, dem Wunsch nach fehlerfreier Ausführung. So gibt es keine Auseinandersetzung, denn es gibt kein Gegenüber, es zählen nur die Griffe und das Wort. »In der Sprache erwacht die Form zum Leben«,[11] erleuchtet einen Teil der Welt und blendet alles andere aus. Man sieht den netten Brandstifter beim Wiederaufbau des Landes, man spürt die seelische Last der SS-Männer, die so viele Frauen zu erschießen hatten, und man lobt die technische Präzision eines Handgriffs, der in den präfrontalen Cortex schneidet. Da man nicht die ganze Welt wahrnehmen kann, verengt man den Blick auf die Tatsachen, für die Erzählungen uns empfänglich gemacht haben. »So ist es im Krieg«, erklärte Leutnant Calley, nachdem er ein vietnamesisches Dorf in Brand gesetzt hatte, in dem nur unbewaffnete Familien lebten.[12] Wenn die einfachen Männer ins bürgerliche Leben zurückkehrten, erzählten sie nur von ihrem Leid, von der tropischen Hitze, vom Stress, von gefallenen Kameraden. Sie gaben sich als Opfer und empörten sich über mangelnde gesellschaftliche Anerkennung.[13] Ist das Monströse also banal, schlummert es in jedem von uns und erwacht immer, wenn unser Zugehörigkeitsbedürfnis missachtet zu werden droht? Wären wir bereit, monströse Befehle zu befolgen, wenn wir damit den Verlust einer Bezugsperson verhindern könnten? Unser Bedürfnis nach Zuneigung ist derart übermächtig, dass uns noch jedes Argument überzeugt, wenn es nur die Beziehung erhält. Die zweckdienliche Fiktion soll nicht der Vernunft helfen, sondern einfach den Kitt festigen. Deshalb brauchen wir Geschichten und gemeinsame Weltbilder, mit denen wir unter einem vernünftigen Anstrich für irrationale Ideen eintreten. Das gefällt uns so gut, dass wir diffuse Gefühle lieber möglichst gut rationalisieren. Die Vernunft vereinzelt und entsolidarisiert uns, also geben wir einer Rationalisierung den Vorzug, die unsere Bindung stärkt und uns Sicherheit bietet. Nicht die Wahrheitssuche garantiert das eigene Überleben, sondern die Gemeinschaft. Die Zusammenarbeit reguliert die Realität, beseitigt Gefahrenquellen und erkennt schützende Faktoren. Unsere Vernunft dient in erster Linie dazu, Gründe für die Auseinandersetzung mit der gefährlichen Realität zu finden und schmerzhafte Ereignisse zu ertragen.[14] Wer unsere Kämpfe und unsere Überzeugungen nicht teilt, macht uns verwundbar. Eine solche Person ist für uns nur mehr ein Verräter oder Angreifer, der uns keine Möglichkeit zur Verteidigung lässt. Der falsche Grund liefert so die eine echte rationale Begründung. Liegt darin der Auslöser von Religionskriegen begründet, die es gibt, seit dem Menschen Gedankengebäude wichtig sind? Wenn wir die Geisteswelt eines anderen Menschen zu verstehen suchen, öffnen wir nicht nur die eigene mentale Welt, sondern destabilisieren und exponieren auch unsere Gruppe. Dahingegen verstärkt das Rationalisieren die Bindung, und zwar dank des wiederholten Vortragens, das eine Denkleistung nur simuliert.

Emotionale und sprachliche Anomie

Gibt es keine Erzählungen mehr, die eine Gruppe organisieren, führt die fehlende sprachliche Struktur zur Anomie. Jeglicher Zusammenhalt zerfällt, und der Brachialste setzt sich durch. Um Beziehungen und Gefühle zu strukturieren, braucht es verbale Äußerungen. Ich erinnere mich an die Geschichte eines 17-Jährigen, der einen Freund nach Hause eingeladen hatte. Er musste für ein paar Stunden weg, und als er wiederkam, fand er den Freund mit seiner Mutter im Bett. Er machte gute Miene zum bösen Spiel, das allerdings zur Scheidung seiner Eltern führte und ihn völlig aus der Bahn warf. Als ich den Teenager Monate später wiedertraf, erzählte er: »Meine Mutter ist jetzt in unserer Clique, aber ich habe keine Ahnung, wie ich mich verhalten soll. Ist sie immer noch meine Mutter, die Frau meines Vaters, oder ist sie eine Freundin, die Frau meines Freundes? Ist das ein außereheliches Abenteuer, das meinen Vater verletzt hat, oder eine neue Beziehung, die ich akzeptieren muss? Ich weiß nicht mehr, was ich tun, was ich denken soll. Wer bin ich in diesen neuen Beziehungen? Ich kann mich nicht mehr verorten und habe keine Ahnung, wie ich mich verhalten soll.« Die verbale Äußerung ist für die Strukturierung einer Gruppe notwendig, aber wie diese ausfällt, variiert von Kultur zu Kultur. Der Inzest ist universell tabu, das Tabu aber wird in einzelnen Gesellschaften unterschiedlich formuliert.[1] Im Westen neigt man heute zu der Auffassung, das Verbot gelte für Blutsverwandte –

doch das war nicht immer der Fall. Noch vor zwei, drei Generationen galt eine sexuelle Beziehung zwischen Patenonkel und Patentochter als spiritueller Inzest, als schwerer und strafbarer Gesetzesverstoß. Derweil gilt bei den Baruyas in Papua-Neuguinea das Gesetz, wonach alle Männer väterlicherseits und alle Frauen mütterlicherseits als Blutsverwandte gelten und somit dem Sexualverbot unterliegen. Auch eine 30-jährige Frau in einer Beziehung zu einem 15-Jährigen würde des Inzests bezichtigt. So sind Verbote, allerorten verkündet und institutionalisiert, beständiger Erneuerung unterworfen, weil nicht alle Menschen eine Formulierung in gleicher Weise wahrnehmen. Geschlechtsverkehr zwischen Cousins wird heutzutage nicht mehr als Inzest angesehen. Das Wort, mit seinen schwerwiegenden gesellschaftlichen und psychologischen Konsequenzen, bezeichnet sexuelle Beziehungen zwischen sehr engen Verwandten (Vater–Mutter–Kind). Doch seit einigen Generationen gilt in immer wieder neu zusammengesetzten Familien keine klare und eindeutige Bezeichnung mehr für die Person, die Vater ist: Ist es der Mann, der das Kind in die Welt gesetzt hat? Oder der x-te Stiefvater? Ist es vielleicht die Großmutter in der Vaterrolle, wenn eine Alleinerziehende die Kinder mithilfe der eigenen Mutter versorgt? Ist es die Partnerin einer homosexuellen Frau und biologischen Mutter?

In Gesellschaften, die von männlicher Gewalt dominiert wurden, mussten die Männer sich der Vaterschaft stellen – so groß die Last auch sein mochte. Die Jungfräulichkeit bewies den Vater: »Meine Frau war in der Hochzeitsnacht noch Jungfrau, und unsere Gesellschaft schloss sie im eigenen Hause ein, damit sie ihrem Mann und ihren Kindern diene, also bin ich mit Sicherheit der Vater.« Die Frauen zahlten für die Vaterschaftsgewissheit, die auch die Männer sehr teuer zu stehen kam. Da man ja der Vater war, musste man notfalls jede

Arbeit annehmen und den ganzen Lohn der Gattin aushändigen. Ich kannte viele Medizinstudenten, die ihre Liebste geschwängert hatten, daraufhin ihr Studium abbrachen und irgendeinen miesen Job annahmen.

Abstraktes Wissen bietet keine Sicherheit, wenn man die Realität nicht im Griff hat. Es kann sogar die Verletzlichkeit erst schaffen, aufgrund deren man sich dem beugt, der über das Wissen verfügt hat. In den 1970er-Jahren wurde erstmals die Carotisstenose, also eine Verengung der Halsschlagader, beschrieben, die das Schlaganfallrisiko erhöht. Die Fachliteratur riet uns Ärzten, der Familie die Entscheidung zu überlassen, ob ein Eingriff vorgenommen werden solle oder nicht – der Behandlungserfolg war damals noch durchaus ungewiss. Die Familien allerdings standen vor einer Entscheidung und sollten Verantwortung für ein Problem übernehmen, das sie nicht überblickten – ihre Angst schlug in Aggression um, und sie beschuldigten den Arzt, seiner Verantwortung nicht gerecht zu werden. Man fühlt sich besser, wenn man jemandem Gehorsam leistet, der Bescheid weiß; man fühlt sich aber auch besser, wenn man jemandem Gehorsam leistet, der Bescheid zu wissen behauptet.

Der Mensch ist nicht Herr seiner Seelenwelt. Seit Freud wissen wir, das Unbewusste regiert uns, und dank der Neurowissenschaften wissen wir, das, was unser Gehirn formt und unsere Triebe strukturiert, schreibt sich infolge starker Umwelteinflüsse in unser Gedächtnis ein. Es handelt sich um eine Transaktion zwischen dem, was wir sind, und dem, was uns umgibt. Eine erste sehr sensible Periode sind die ersten tausend Tage,[2] eine zweite Phase ist der Abbau der Synapsen im Teenageralter, und Frauen erleben eine zusätzliche, dritte Formung während der ersten Schwangerschaft.[3] Daraus folgt, dass die Neigung zur Unterwürfigkeit, die sich in Phasen der Vulnerabilität beobachten lässt, nicht in der Psyche des Subjekts verortet ist, sondern außerhalb wurzelt: in den drei Entwicklungsnischen (der biologischen, der affektiven und der sprachlichen), die jedes Subjekt umgeben. Ist das frühe Umfeld karg, entwickelt man einen Mangel an Selbstwertgefühl, der uns verwundbar macht. Dann genügt schon eine kleine soziale Unordnung, um unser Bedürfnis nach (abhängiger) Geborgenheit zu aktivieren. Wenn das Individuum hingegen in allen drei Nischen Erfahrungen gemacht hat, konnten sich Schutzfaktoren ins Gedächtnis einprägen. Da es emotionale Stabilität erworben hat, reagiert es anders auf äußeren Druck und ist weniger auf den Geborgenheitseffekt einer Autorität angewiesen. Aus diesem Grund lassen sich Mörder nicht anhand einer psychologischen Struktur charakterisieren. Abgesehen von Schizophrenie, Wahnstörungen und Hirnvergiftungen, die zum Verlust des freien Willens führen, weist die überwiegende Mehrheit der Mörder eine psychologische Struktur auf, die im Rahmen des Normalspektrums liegt. Ein normaler Mensch kann hemmungslos und skrupellos töten, wenn soziale Unordnung ihn destabilisiert und von der Autorität eines anderen abhängig gemacht hat.

Blind sind die Massen, wenn eine unstrukturierte Umwelt sie verwundbar macht. Treibt Unsicherheit sie um, ordnen sie sich bereitwillig einem Anführer, Erlöser, Helden oder Guru unter. Die Männer und Frauen, die sich darauf einlassen, sind in den seltensten Fällen Sadisten, Monster oder Dummköpfe. An einem Massenverbrechen wirken alle Gesellschafts- und Bildungsschichten mit – und alle unterwerfen sich gleichermaßen einer Vorstellung, die den Feind und Quell des Übels als Schmutzfleck oder Küchenschabe zeichnet, den man der Hygiene wegen beseitigen müsse. Lebt man ausschließlich in einer wurzellosen Welt, gerät es zum sittlichen Gebot, die Erde von Infektionsherden, Schadinsekten und Geisteskranken – *unwertem Leben*, das unnötig Geld kostet – zu *säubern*.

Sich der Autorität unterwerfen

Die folgenden Zeilen schreibe ich nicht gern, denn es fällt mir ungemein schwer, den Gedanken zu akzeptieren, dass auch ich ein fühlloser Henker oder Schreibtischtäter sein könnte. »Ich doch nicht!« Dabei erinnere ich mich, wie ich in PCB[1] nicht in der Lage war, den Bauch eines fixierten Meerschweinchens zu öffnen. Mir war das Skalpell entglitten, und die junge Biologielehrerin erklärte, wenn das Tier schreie, dann nicht unbedingt wegen etwaiger Schmerzen, denn »wenn Ihr Fahrrad quietscht, hat es ja auch keine Schmerzen«. Unsere freundliche Biologin hatte die Idee »Tier-Maschine« voll verinnerlicht, sie war weder sadistisch noch dumm. Jahre später, gegen Ende meines Studiums, hatte ich die Gewebevereinigung mittels Nadel und Faden zu lernen, und die von mir bewunderten Lehrer erklärten, von einer Anästhesie oder auch nur einer örtlichen Betäubung solle man absehen – sie wirke sich auf Symptome aus, und man laufe Gefahr, Komplikationen zu übersehen. Völlig korrekt. Ich lernte also das schnelle Setzen der Stiche, um die Schmerzen der Kinder zu minimieren. Aber sie hatten Schmerzen! Heute kann Neuroimaging fotografisch abbilden, wie die Gedächtnisspur einer Schmerzerfahrung die Hirnfunktion verändert. Ich muss also zugeben, mich der Autorität meiner Lehrer unterworfen zu haben, weil ich sie bewunderte, weil mir das Wissen fehlte, und weil ich unfähig war, unabhängig zu denken. Ich war Anfänger, ich wusste nichts und bewunderte die Wissenden. Weil es keine Nuancierung, keinen Spielraum gab, beugte ich mich einer Anweisung zum Kinderquälen. Ich, der ich als absoluter Anfänger normalerweise untergeordnet war, war nun »übernormal«[2] und verbot mir jede Empathie. Ich lächelte und war freundlich zu den Kindern, denen ich gerade im Namen eines höheren Prinzips, das ich nicht infrage zu stellen vermochte, Schmerzen zugefügt hatte. Meine Unwissenheit brachte mich aus dem Gleichgewicht und unterwarf mich einer Autorität, die ich nicht nur akzeptierte, sondern begehrte. Ich hatte keinerlei Schuldgefühle, denn in meiner Vorstellung war die Wundnaht nützlich und richtig: »Es ist zu seinem Besten, auch wenn ich ihm wehtue.« Heute nimmt eine Krankenschwester eine Kompresse, benetzt die Wunde mit einem Anästhetikum, und wenige Minuten später vernäht man die Wundränder und plaudert dabei mit dem Kind. Meine Unwissenheit hatte mich einer vermeintlich wissenden Autorität ausgeliefert.

Zwanzig Jahre nach dem Zweiten Weltkrieg führte der junge Sozialpsychologe Stanley Milgram ein tausendfach zitiertes Experiment durch, mit dem er folgendes Rätsel beantworten wollte: »Kann man soweit gehorchen, dass man guten Gewissens einen Mord begeht?«[3] Die Versuchsanordnung war die folgende: Für die Probanden ging es in der Studie um Erinnerungsfähigkeit und Lernvermögen. Die beteiligten Versuchspersonen, im Experiment in der Rolle des »Lehrers«, sollten dem »Schüler« für jede falsche Antwort einen Elektroschock versetzen, und zwar mit zunehmender Intensität von 15 bis 450 Volt. Natürlich gab es keinen echten Elektroschock, es leuchtete lediglich eine Glühbirne auf, mit der die vermeintliche Stärke des Stromstoßes angezeigt wurde, und ein Schauspieler mimte das Leiden des Schülers: erst ein leises Murren, dann schmerzverzerrte Mimik bis hin zu qualvollen Schreien, die mit der Stärke des Stromschlags zunahmen. Das Experiment ergab, dass 65 Prozent der »Lehrer« nicht davor zurückschreckten, qualvolle Stromstöße einzusetzen, damit der Schüler besser lernt. Dabei spielten in der Situation sehr viele Variablen eine Rolle: die räumliche Nähe des Studienleiters (Autoritätsperson), die Symbolik der Bekleidung, auch das Geschlecht des »Lehrers« – doch insgesamt waren diejenigen, die auch qualvolle Stromschläge verabreichten, nicht aggressiver als die übrigen 35 Prozent, die den »Vertrag« brachen, weil der »Schüler« offensichtlich Schmerzen hatte. Grund für den übermäßigen Gehorsam war die Unterwerfung unter eine rationalisierte Autorität. Milgram glaubte, die sogenannte »Banalität des Bösen« bewiesen zu haben, wie Hannah Arendt das Verhalten des Angeklagten Eichmann während des Prozesses in Jerusalem bezeichnet hatte. Milgrams Experiment wurde vielfach als Erklärung herangezogen: für das Massaker in Mỹ Lai (Vietnam), für die Ausrottung der amerikanischen Ureinwohner, für die Versklavung der Schwarzen, in deren Zuge 21 Millionen Menschen ihrer Freiheit beraubt, verkauft und gequält wurden, nur damit der Zuckerpreis nicht stieg! Jean-Léon Beauvois reproduzierte das Experiment,[4] ich hatte ihm vorgeschlagen, sich die Ungehorsamen näher anzusehen. Die Quote der Folgsamen stieg auf 80 Prozent, weil man den Versuchspersonen gesagt hatte, es handele sich um eine Fernsehshow – also alles nicht so ernst. Die kleine Gruppe der Widerspenstigen war heterogen: Einige gehorchten nur schwerlich: »Ich zwinge mich den Schalter zu betätigen, wenn ich sehe, wie er leidet.« Eine Teilnehmerin erklärte: »Ich kann keinen Knopf drücken, der ihm Leid zufügt.« Einige leisteten nicht zum ersten Mal Widerstand und sagten einfach: »Der Vertrag ist mir egal, ich gehe.« Unabhängig von Versuchsdesign und -anordnung waren die Gehorsamen immer in der einmal mehr, einmal minder großen Mehrheit – ein Zeichen für deren soziale Integration. Zuerst gehorchte man der Mutter, weil sie einen beschützte und man sich ihrer Liebe versichern wollte. Dann gehorchte man in der Schule, um einen gesellschaftstauglichen Abschluss zu erhalten. Man gehorchte in der Armee, um das Vaterland zu schützen, man gehorcht den Vorschriften, um nicht über eine rote Ampel zu fahren, um beim Finanzamt keine Steuernachzahlung zu riskieren, und so weiter. In all diesen Situationen ist Ungehorsam ein Symptom komplizierter Sozialisierung. Die Trotzphase des zweijährigen Kindes verdankt sich weniger einer Rebellion, als der Freude an der Selbstbehauptung;[5] auch die weit verbreitete jugendliche Auflehnung ist Ausdruck eines Wunsches nach Unabhängigkeit und Zeichen einer guten Entwicklung.

Verbote sind für eine gute Sozialisierung notwendig. Das Verbot ist eine affektive Struktur, mit der wir unsere Triebe kontrollieren können. Allein der Fakt, dass man sich nicht alles herausnimmt, gibt dem anderen Raum und ermöglicht uns ein gewaltfreies Zusammenleben. Dabei sind die verbalen Weisungen, denen rechtmäßig zu gehorchen ist, in einzelnen Kulturen unterschiedlich: In der Frühphase des *Homo sapiens* lebte man in Gruppen von 40 bis 50 Personen zusammen und für die Koordination der Gruppe genügte es, einem (oder einer) alten Weisen von vielleicht 30 Jahren zu gehorchen. Als die Zivilisation dann komplexer wurde, wurde auch die Sprache mächtiger. Auf der Synode von Clermont rief Papst Urban II. 1095 zum Ersten Kreuzzug auf, man solle das von den Arabern besetzte Grab Christi zurückerobern. Ihrerseits waren Aristokraten über tausend Jahre hinweg bemüht, sich der Ländereien ihrer Widersacher zu bemächtigen, und machten die Pflichttreue zum sittlichen Argument, die Vasallen ihrem Herrn dauerhaft zu unterwerfen. Und als das Vaterland 1792 in Gefahr war, gab es nichts Erhebenderes, als der Revolution zu gehorchen – und in Valmy das erste große Massaker einer Volksarmee zu verüben. Heutzutage schließlich fungiert die Wissenschaft als bedeutender Sprecher, dem man gehorchen muss, um sich zu schützen und die Gesellschaft zu strukturieren.[6]

Hannah Arendt spricht von der »Banalität des Bösen« und Stanley Milgram untermauert die Aussage experimentell. Unterstreichen die beiden damit vielleicht nur die Bedeutung des Gehorsams für eine funktionierende Gesellschaft? Irren wir uns, wenn wir – im Fall einer teuflischen Anweisung – die notwendigen Voraussetzungen des Gehorsams oder die Wertschätzung des Ungehorsams im Inneren des Individuums suchen? Die Mehrheit gehorcht sowieso. In den soziokulturell bedingten, außersubjektiven Äußerungen findet man den Ursprung des Guten wie auch des Bösen: Im Zweiten Weltkrieg beugten sich ganze Dörfer jener antisemitischen Doxa nicht, die Pétains Frankreich regierte. Mehrere Tausend Einwohner starke Gruppen beherbergten, ernährten und beschützten Tausende von Juden, die vor der nazistischen Gewalt geflohen waren. Die Einwohner von Chambon-sur-Lignon (Haute-Loire), Dieulefit (Drôme) sowie Moissac (Tarn) haben keinen einzigen Juden denunziert, wohingegen in Paris oder in den großen Städten die polizeiliche Anzeige als Tugend galt, um Frankreich zu *säubern*. Ein ähnliches Phänomen spielt sich heute ab, betrachtet man die Verteilung von Zwangseinweisungen psychisch Kranker, von denen eine Gefahr ausgehe: Es gibt sie hauptsächlich in den Großstädten. Wer auf dem Dorf mit einem Impulsgestörten zur Schule gegangen ist, hat weniger Angst vor ihm, kann in einen echten Austausch mit ihm treten – und entgeht der Doxa. So schützte man auch Clara Malraux und Edgar Morin in Pechbonnieu (Haute-Garonne), bevor sie in der Résistance aktiv wurden.[7] Vor aller Augen gingen jüdische Kinder in Reih und Glied hinüber zur Gemeindeschule von Mossiac, direkt aus den jüdischen Einrichtungen, in denen sie auch mitten im Krieg unterrichtet wurden. In Dieulefit hatte die Bevölkerung einen Pétain-getreuen Bürgermeister gewählt, doch sobald es zu alltäglichen Begegnungen mit Jüdinnen und Juden kam, büßten die antisemitischen Tiraden und die judenfeindlichen Gesetze von Pétain alle Wirkung ein. Stand damals die Banalität des Guten in den Dörfern gegen die Banalität des Bösen in den Großstädten?[8] In einem Dorf, in dem die Helden »Erika und Max Mustermann« heißen, herzt und streitet man sich mit ihnen – und zwar real.[9] Dahingegen kann man unter Bedingungen der Überbevölkerung nicht alle Nachbarn persönlich kennen, man imaginiert sie zwangsläufig. Die Vorstellung von der Realität regiert über das Empfinden, die Doxa ergreift die Macht.

Sind die heldenhaften Retter, die Gerechten, aus einem Stoff des Guten gemacht, die abscheulichen Denunzianten demnach aus einem Stoff des Bösen? Oder haben sie nur unterschiedliche Geschichten verinnerlicht, die die Mehrheit nur allzu gerne glaubt? Nehmen wir die Einwohner von Le Chambon-sur-Lignon, haben sie den Nazis die Gefolgschaft verweigert oder wurden sie von zwei bedingungslos bewunderten Persönlichkeiten verführt? Die Pastoren André Trocmé und Édouard Theis errangen schon 1940 die Achtung ihrer Gemeinde, die den beiden Geistlichen folgte: Fünftausend Flüchtlinge, darunter dreitausendfünfhundert Juden, wurden in dem Dorf aufgenommen und beschützt. Die Dorfbewohner waren keine bewaffneten Widerstandskämpfer, sondern Menschen, die in einer verunsicherten Gesellschaft von zwei hochgeschätzten Pfarrern in ihrem Tun bestärkt wurden. Einfache Äußerungen verliehen ihrem tief empfundenen Gefühl eine sprachliche Form. Behauptet allerdings ein Antisemit: »Auschwitz hat es nie gegeben, alles eine Erfindung der Juden, die verdienen sich damit eine goldene Nase«, ist das dann wirklich antisemitisch oder hat er sich bloß einer sprachlichen Vorstellung unterworfen, die ihm das Gefühl vermittelt, er allein lasse sich nicht hinters Licht führen? »Mir kann man nichts vormachen … Ich habe die Verschwörung durchschaut.« Diesen Satz vernahm ich von einem jungen Psychiatrieprofessor, der mich mochte und mir seine Stadt zeigte. Der sympathische junge Akademiker war kein Antisemit, doch er ließ sich gern auf jene vorgestanzte Phrase ein, ein wurzelloses Narrativ, eine kategorische Behauptung, die ihm ein klares Bild von der Welt vermittelte. »Ein blitzartiges Verstehen in Worte fassen«,[10] erspart einem die Denkarbeit und vermittelt eine Verständnisillusion, quasi eine unvermittelte Offenbarung. Das ist alles schön und gut, geht ruckzuck und ganz mühelos, aber es ist eine verzerrte Wahrnehmung, wie die psychotische Behauptung: »Man muss schon verrückt sein, um nicht zu merken, dass ich Kaiser Napoleon bin.« Eichmann befolgte nur die Befehle seines Vorgesetzten, vermittels deren er seine Träume von der Ausrottung der Juden umsetzen konnte. Doch woher rührten diese Träume? Von dem jüdischen Schneider, der ihm für einen minderwertigen Anzug zu viel berechnet hatte? Von einem Buchumschlag, auf dem ein Jude sich eine Weltkugel unter den Nagel reißt? Oder einfach vom Klatsch und Tratsch, aus dem sich die Freude an einem gemeinsamen Feind und Hassobjekt speist? Ein derart flüchtiges Narrativ konnte sich wohl nur in Eichmanns Seele festsetzen, weil es dessen Wunsch befriedigte, Täter von Amts wegen zu sein. Und damit der gebildete und höfliche Doktor Mengele seine unglaublich grausamen Experimente mit einem Lächeln an kleinen Mädchen durchführen konnte, musste er sich absoluten Vorstellungen unterordnen. Als er sie quälte, sah er keine wehrlosen Mädchen, sondern blieb seiner Vorstellung von jüdischen Kindern verhaftet, »die keine echten Menschen sind«.

Das Auseinanderfallen einer Welt fader Wahrnehmungen und einer Welt allmächtiger Vorstellungen erklärt sich vielleicht anhand neuerer Entdeckungen mittels Neuroimaging:

Demnach vermittelt jedes Hirn, von seiner Umwelt geformt, eine andere Welt. Das 20. Jahrhundert war das Jahrhundert zweier Weltkriege, der Völkermorde an den Armeniern, den Juden, den Kambodschanern und Ruandern sowie unzähliger ethnischer Massaker in Jugoslawien und im Nahen Osten; ganz zu schweigen von Bürgerkriegen und ideologisch oder religiös motiviertem Blutvergießen. Diese unglaublichen Schlächtereien ereigneten sich mitten in einem Jahrhundert des wissenschaftlichen Fortschritts und der hochgeachteten Menschenrechte. Zwei gegensätzliche Triebe, das Wunderbare und das Schreckliche, wirken in ein und demselben Individuum. Es ist logisch schwer erklärlich, warum der Nazismus im kultiviertesten aller westlichen Völker so gut gedeihen konnte, warum die Tutsi von ihren lieben Nachbarn abgeschlachtet wurden, und warum 90 Prozent der hoch gebildeten und gut ausgebildeten Männer des deutschen Reserve-Polizeibataillons 101 zu Massen- und Kindermördern wurden. Diese Hilfssoldaten erschossen achtunddreißigtausend Menschen – noch nicht einmal zehn Prozent von ihnen wagten es, ihr Recht in Anspruch zu nehmen und sich an dem Morden nicht zu beteiligen.[11]

Emotionale Erstarrung

Itzhak Fried analysierte dieses Kollektivphänomen als psychopathologisches Szenario, das er »Syndrom E« nennt, wie folgt:[1]

- Eine Zwangsidee, etwa Vorurteile gegen Minderheiten, bemächtigt sich der Vorstellung von Individuen mit gemeinsamen Überzeugungen.
- Eine kollektive Gewissheit braucht keine Beweise für hemmungslose Gewalt.
- Zwar wäre eine mörderische Raserei zu erwarten, doch während des Tötens ist eine emotionale Betäubung zu beobachten.
- Die Handgriffe des Mordens wiederholen sich als Automatismus.
- Alle geistigen Fähigkeiten wie Problembewältigung, Sprachvermögen, Gedächtnis und logisches Denken bleiben intakt.
- Wie bei entwicklungsbedingten Diskrepanzen finden sich bei ein und derselben Person erwachsene Fähigkeiten in Verbindung mit affektiven und verhaltensbiologisch rückständigen Verhaltensweisen.

Ungleichzeitigkeiten sind im Entwicklungsverlauf eines Kindes nicht ungewöhnlich, denn nicht alle Fähigkeiten prägen sich in demselben Tempo aus. Beim Syndrom E hingegen handelt es sich um ausgewachsene Menschen, bei denen plötzlich ein Persönlichkeitsfragment in die Unreife zurückfällt. Eine biologische, emotionale, psychologische und soziokulturelle Entwicklung verläuft niemals linear, sondern immer in kleinen Sprüngen oder in Reaktion auf Katastrophen. Beim Syndrom E wirken ein äußerer Schock, eine kollektive Angst, eine tatsächliche oder vermeintliche Gefahr beziehungsweise die Ausbreitung einer Überzeugung ursächlich auf die Individuen der betreffenden Gruppe: »Die mosaikartige Segmentierung der Persönlichkeit ist eine Struktur …, die veränderlich und den Einflüssen ihres Umfelds ausgesetzt ist.«[2] Hervorgerufen wird diese kurzfristige Persönlichkeitsstörung durch die Wirkung einer kollektiven Überzeugung, wobei eine gestörte Person die Störung eines Nächsten nach sich zieht. Die Ansteckung und Ausbreitung endet, wenn sich die Person von ihrer Gruppe löst. Der Hutu, der im Team und wie am Fließband von 9 Uhr morgens bis 17 Uhr Arme »machetiert« hat, geht nach Hause, unter die Dusche und kümmert sich dann um seine Kinder.[3] Der SS-Wachmann, der bei der Räumung von Auschwitz noch fühllos Dutzende Häftlinge erschossen hat, die zu langsam gelaufen waren, hört in abendlicher Runde den deutschen Volksliedern eines 14-jährigen Juden zu; freilich applaudiert er und bedankt sich herzlich für die angenehme gemeinsame Zeit.

Für den Zeitraum der emotionalen Erstarrung und des mordenden Automatismus kann der Kliniker bei den Betreffenden oft ein Hochgefühl feststellen, quasi einen Aufstieg in den Himmel. Solches Empfinden ist nicht ungewöhnlich für mystische Ekstasen, bei denen das Subjekt plötzlich ein Schwebegefühl hat.[4] Das Subjekt gibt diesem unvermittelten Bewusstsein sprachliche Gestalt: »Ich spüre, wie Gott mich ruft.« Nach Nahtod-Erfahrungen[5] (etwa infolge eines Herzstillstands) berichten wiederbelebte Patienten von einem Gefühl der Außerkörperlichkeit, sie fanden sich in einem lichtdurchfluteten Tunnel wieder und schwebten einige Meter über dem eigenen Körper. Solche Extremerfahrungen legen sich spontan, wenn der durch Sauerstoffmangel oder Oxytocinausschüttung ausgelöste Zerebralalarm abklingt. Wenn aber ein ideologisches oder gesellschaftliches System die Seelen in Brand setzt und immerzu Pogrome, Massaker, Ausschreitungen und Völkermorde veranstaltet, dann verstetigt dieser äußere Druck als Stimulans des Gehirns das psychopathologische Szenario eines Syndroms E.

Der Begriff »kognitive Fragmentierung«[6] beschreibt dieses psychozerebrale Phänomen infolge soziokultureller Ereignisse. Wenn einem Subjekt das Gegenüber fehlte, weil es in seiner Entwicklung isoliert war, kann das unzureichend stimulierte Gehirn nicht richtig funktionieren: Menschliche Beziehungen und Pläne regen den ventromedialen und lateralen Präfrontalcortex an. In einer kargen Umgebung verkümmert als Folge der Isolation das limbische System mangels Erinnerungen. Doch der Frontallappen benötigt die Aktivierung durch tägliche Interaktionen, um die Reaktionen des Mandelkernkomplexes zu dämpfen, der als Neuronenbündel unterhalb der Hirnhälften liegt und den Sockel für unangenehme Emotionen wie Wut oder Melancholie bildet. Das heißt, ein Teenager, dessen Gehirn sich in einem wenig stimulierenden Umfeld entwickelt hat, ist neurologisch nicht in der Lage, seine Emotionen zu kontrollieren. Da er in einem wortkargen Umfeld auswuchs und also auch die Sprache nur unzureichend beherrscht, zeigt er im Jugendalter Sozialisierungsprobleme und geht wegen Nichtigkeiten durch die Decke.[7]

Überreizt hingegen das gesellschaftliche Umfeld den präfrontalen Kortex mit schrecklichen Geschichten sowie aufregenden Gruppenabenden, Paraden und Melodien, dann arbeitet die einzelne Seele im Gleichtakt mit der des Nachbarn innerhalb der Masse. Da ist keine Eigenart, denn alles ist gleich. Das Klonen der Seelen ruft eine solche Geborgenheit hervor, dass sie »den Mandelkern deaktiviert, dadurch verlischt die Affektivität und die Angst verschwindet«.[8] Das derart durch äußeren Druck geformte Subjekt reagiert wie ein einziger Organismus, wie ein gut geölter Automat, der im Gleichschritt läuft, auf Kommando applaudiert, sich begeistert oder empört und spricht, was erwartet wird (ja, sogar die Worte wie ein Papagei wiedergibt). So funktioniert totalitäre Sprache: Stirbt das Denken, herrscht Ordnung, Psittazismus ist der Weg zur Friedhofsruhe.

Ob der Mandelkernkomplex durch Reizarmut überschießt oder aufgrund besänftigender Gewissheit abstirbt, in beiden Fällen kennt das Gehirn keinen Tag-Nacht-Rhythmus mehr, weder Phasen der Aktivität noch der Ruhe, keine einander ablösenden Gedanken, die das Bewusstsein beleben. Kennt eine Person nur ein karges, reizarmes Umfeld, ist sie ihren Trieben ausgeliefert und muss zur Tat schreiten, nur um anschließend ihren Impuls in Sprache zu kleiden: »Ich wehre mich gegen die Scheißgesellschaft … Ich hasse das System … Ich spüre, dass alle mir nur übelwollen.« Wenn aber ein Individuum auf nur eine Erzählung zurückgreift, bewohnt es eine monotone und gedankenfeindliche Welt. Wer weder vergleichen noch beurteilen kann, verliert die innere Freiheit.

Der Ursprung des Übels liegt nicht im Subjekt, sondern ist bedingt durch die Affektivität des Umfelds und der gesellschaftlichen Erzählungen. Wer wie alle anderen denkt, vermeidet Konflikte, wer dieselbe Überzeugung teilt, fühlt sich eingebunden, wer wiedergibt, was andere wiedergeben, verspürt Stärke und Wahrheit. Die Narrative müssen sich nicht unbedingt aus der Realität speisen. Eine wurzellose Erzählung, ein Märchen oder eine Legende genügen. Die wunderbare Utopie prägt sich tief ins Gedächtnis ein, das uns unmerklich beherrscht. Der Teufel nistet sich in die Seele dessen ein, der in emotionaler Wüste lebt. Zum drängenden Teufel wird, wer uns zum gedankenlosen Handeln zwingt. Aus diesem Grunde fühlen wir uns beruhigt, bestärkt und gar begeistert, wenn wir anstelle des Teufels einen Führer in Ehren halten können, dem wir uns beugen. Wohlige Überwältigung, es lohnt sich! »Zweifellos ist es sehr beunruhigend, daß totale Herrschaft, obwohl offen verbrecherisch, von der Unterstützung der Massen getragen wird. … [Dokumente des SS-Sicherheitsdienstes (SD) zeigen] daß die Bevölkerung über die sogenannten Geheimsachen – das Hinmetzeln von Juden in Polen, die Vorbereitung des Angriffs auf Rußland usw. – bemerkenswert gut informiert war … Das alles beeinträchtigte jedoch, und das ist die eigentliche Pointe, die allgemeine Unterstützung des Hitler-Regimes nicht im mindesten.«[9]

Die innere Freiheit

Eine ebenso klare wie schmerzhafte Entscheidung: Wer den Weg der inneren Freiheit einschlägt, wird vielleicht seine Freunde verlieren. Wird von seinen Lieben gehasst werden, so wie Hannah Arendt. Selbstständiges Denken bedeutet Vereinzelung: Der Preis der Freiheit ist ein Unbehagen. Wer sich hingegen dem Wort eines verehrten Tyrannen unterwirft, wird ein Gefühl der Geborgenheit (alle zusammen), ein Gefühl der Gleichheit (alle identisch) und eine leibverzehrende Fröhlichkeit erleben, mit der man auf Massengräbern tanzt, wie es die SS-Wachen in Auschwitz, die Schlächter unter Pol Pot sowie die vom »Großen Steuermann« verzückten Tribunale junger Rotgardisten in China getan haben.

Glücklicherweise können wir die Umwelt beeinflussen, die uns beeinflusst. Es genügt schon, für die Kinder ein sicheres Umfeld zu schaffen, das ihnen Entdeckerfreude vermittelt. Wir wollen ihnen verschiedene Bezugspersonen bieten, sodass sie verschiedene Arten der Liebe und Zuneigung kennenlernen. Wir erweitern ihren Geist, wir lehren sie verschiedene Sprachen, verschiedene Denkweisen und das Erkunden verschiedener Kulturen.

Wir verfügen über die Instrumente, die Wirklichkeit zu beeinflussen, die uns beeinflusst. Wir verfügen also über eine gewisse Freiheit, und damit tragen wir Verantwortung.

Editorische Notiz

Im französischen Originaltext verwendet der Autor Begriffe wie »vie sans valeur«, »hygiène raciale«, »sous-homme« oder »Tsigane«, oftmals auch in erlebter Rede. Aus dem Kontext wird dabei ersichtlich, dass Boris Cyrulnik diese Begriffe rhetorisch problematisiert und demaskiert. Da es sich im Original um aus dem Deutschen übersetzte Begriffe handelt, deren Geschichte entscheidend während der Zeit des Nationalsozialismus geprägt wurde (»unwertes Leben«, »Rassenhygiene«, »Untermensch«), stellt sich das Problem einer kommentarlosen Rückübersetzung. Daher hat sich der Verlag dazu entschieden, die Begriffe im Deutschen kursiv zu setzen, um zum einen ihre Historizität zu markieren und zum anderen so nah wie möglich am Original zu bleiben.

Anmerkungen

Kinder auf den Krieg vorbereiten

1 Haffner, S., *Geschichte eines Deutschen. Die Erinnerungen (1914–1933)*, Stuttgart/München 2000, S. 81.
2 Ebd., S. 22.
3 Woodstrom, A., *War Child. Growing up in Adolf Hitler's Germany*, New York 2003, S. 37–42.
4 Arendt, H., *Elemente und Ursprünge totaler Herrschaft III: Totale Herrschaft*, Berlin/Wien 1975.
5 Woodstrom, A., a. a. O., S. 3.
6 Ebd., S. 23.

Einen Verbrecher lieben

1 Chaix, M., *Les lauriers du lac de Constance. Chronique d'une collaboration*, Paris 2012.
2 Clarens, K., Hofstein C. et al., Dossier »Mon pére était un dictateur«, *Le Figaro Magazine* vom 17. Juni 2006, S. 35–40.

Das Unmögliche erzählen

1 Malot, H., *Sans famille*, Paris 1984.

Als Opfer Karriere machen oder dem Unglück einen Sinn geben

1 Vallès, J., *Jacques Vingtras. Das Kind. Die Bildung. Die Revolte*, Frankfurt am Main 2001.
2 Devereux. G., *Angst und Methode in den Verhaltenswissenschaften*, München 1973.
3 CCE, Commission centrale de l'enfance, gegründet 1945 von Joseph Mine. Bianchi, S., *Des larmes aux rires. Histoire et mémoires d'une organisation juive laïque progressiste. 1945–2020*, Paris 2021.
4 Janusz Korczak starb 1942 im Vernichtungslager Treblinka, da er es nicht ertrug, seine Kinder alleine in die Gaskammer gehen zu lassen.

5 FTP: francs-tireurs et partisans, kommunistische Widerstandsbewegung.
6 Carensapt, E., Tousignant, M., »Immigrations and resilience: Making sense out of chaos«, in: Sam, D. L., Berry, M. (Hg.), *The Cambridge Handbook of Acculturation Psychology,* New York 2006, S. 471–473.
7 Devereux, G., a. a. O.

Die Welt sehen lernen

1 Meyrink, G., *Der Golem (1915),* Hamburg 2015.
2 Frankl, Viktor E., *Was nicht in meinen Büchern steht. Lebenserinnerungen,* Weinheim 2002, S. 1.
3 Le Rider, J., *Les Juifs viennois à la Belle Époque,* Paris 2013.
4 Slezkine, Y., *Das jüdische Jahrhundert,* Göttingen 2006.
5 Gay, P., *Freud. Eine Biographie für unsere Zeit,* Frankfurt am Main 2001, S. 37 f.
6 Heyman, S., »In secret of Freud's Vienna, from couch to cafes«, *New York Times* vom 29. August 2014.
7 Höß, R., *Kommandant in Auschwitz. Autobiographische Aufzeichnungen des Rudolf Höß,* hg. von M. Broszat, München 2006, S. 24.
8 Ebd., S. 29.
9 Ebd., S. 26.
10 Posner, G. L., Ware, J., *Mengele. Die Jagd auf den Todesengel,* Berlin 1993, S. 22.
11 Ebd.
12 »Warum das Rendez-vous hier im Regen, / Mädchen mit den sanften Augen, Schatz, den ich liebe ...« (Anm. d. Ü.).
13 Gay, P., a. a. O., S. 13.

Die Welt erforschen oder hierarchisch gliedern

1 Freud, S., *Selbstdarstellung, Schriften zur Geschichte der Psychoanalyse,* hg. von I. Grubrich-Simitis, Frankfurt am Main 1984.
2 Roudinesco, É., »À propos d'une lettre inédite de Freud sur le sionisme et la question des lieux saints«, *Cliniques méditerranéennes,* 2004, S. 70.
3 Abdruck des deutschen Textes in: Nitzschke, B., »Versöhnung – diesseits von Gut und Böse. Sigmund Freuds transkulturelles Erbe«, *Freie Assoziation* 2003, 6 (3), S. 7–21.

4 Fédida, P., Widlöcher, D. (Hg.), *Les Évolutions, Phylogenèse de l'individuation,* Paris 1994.
5 Grimoult, C., »Darwin a-t-il déchu l'espèce humaine?«, *Sciences Humaines,* 2021, 61, S. 19.
6 Bowlby, J., *Charles Darwin. Une nouvelle biographie,* Paris 1995.
7 Pichot, A., *La Société pure. De Darwin à Hitler,* Paris 2000, S. 326.
8 Aubert-Marson, D., *Histoire de l'eugénisme,* Paris 2010.
9 Chapoutot, J., *Das Gesetz des Blutes. Von der NS-Weltanschauung zum Vernichtungskrieg,* Darmstadt 2014.
10 Carrel, A., *Der Mensch, das unbekannte Wesen,* Stuttgart 1955, S. 316 f.
11 Ebd., S. 317 f.
12 Micale, M. S., Porter, R. (Hg.), *Discovering the History of Psychiatry,* Oxford 1994, S. 284.
13 Joseph, J., Wetzel, N. A., »Ernst Rüdin; Hitler's racial hygiene mastermind«, *Journal of the History of Biology,* 2013, 46 (1), S. 1–30.

Die Stirn bieten

1 Adler, A., *Gesundheitsbuch für das Schneidergewerbe,* Berlin 1898.
2 Schaffer, H., *La Psychologie d'Adler,* Paris 1976, S. 9.
3 Adler, A., *Studie über Minderwertigkeit von Organen,* Berlin/Wien 1907.
4 Ellenberger, H. F., *Die Entdeckung des Unbewussten: Geschichte und Entwicklung der dynamischen Psychiatrie von den Anfängen bis zu Janet, Freud, Adler und Jung,* Zürich 2005.
5 Azouvi, F., *Français, on ne vous a rien caché. La Résistance, Vichy, notre mémoire,* Paris 2020.

Falsche Klarheit

1 Übernommen aus: Arendt, H., *Eichmann in Jerusalem. Ein Bericht von der Banalität des Bösen,* München 2001, S. 122 (Anm. d. Ü.), vgl. auch: Goldhagen, D. J., *Le devoir de morale,* Paris 2004, Seuil, S. 36.
2 Ehrenberg, A., *Die Mechanik der Leidenschaften. Gehirn. Verhalten, Gesellschaft,* Berlin 2019.
3 Clervoy, P., »Les suppliciés de la Grande Guerre«, in: Cyrulnik, B, Lemoine, P. (Hg.), *La Folle Histoire des idées folles en psychiatrie,* Paris 2016, S. 51–67.

4 Anglade, L., (1948), zit. in: Guillemain, H., *Chronique de la psychiatrie ordinaire. Patients, soignants et institutions en Sarthe du XIXe au XXIe siècle,* Le Mans 2010.
5 Guilly, P., Puech, P., Lairy-Bounes, G. C., *Introduction à la psychochirurgie,* Paris 1950.
6 Palem, R. M. (Hg.), »Fragments d'anthropologie psychiatrique«, *Association Henri Ey, Canet en Roussillon n° 43–44,* Juni 2019, Perpignan, S. 7.
7 Cymes, M., *Hippokrates in der Hölle. Die Verbrechen der KZ-Ärzte,* Darmstadt 2016.

Selbstständig denken

1 Arendt, H., »Penser sans entraves«, *Le Point,* Sonderausgabe Nr. 29, Februar/März 2021, S. 18.
2 Ionescu, S., Jacquet, M.-M., Lhote, C., *Les Mécanismes de défense. Théorie et clinique,* Paris 1997, S. 234–239.

Lieben, um zu denken

1 Pommier de Santi, A., *Pour une relation affective de qualité à l'école maternelle: approche psycho-éducative de la relation maître-élève à l'éclairage de la théorie de l'attachement,* Dissertation, betreut von M.-L. Martinez und B. Cyrulnik, Université de Rouen-Normandie, 2018.
2 Allen, P., Land, D., »Attachment in adolescence«, in: Cassidy, J. Shaver, P. R. (Hg.), *Handbook of Attachment. Theory, Research, and Clinical Applications,* New York 1999, S. 319–335.
3 Le Goff, J.-F., »Thérapeutique de la parentification. Une vue d'ensemble«, *Thérapie familiale,* 2005, 26, S. 285–298. Delage, M., Cyrulnik, B., *Famille et résilience,* Paris 2010.
4 Neau, F., »La folie maternelle ordinaire«, *Carnet psy,* 2001, 108, S. 12–14.

Der Kultur gemäß delirieren

1 Astor, D., *La Passion de l'incertitude,* Paris 2020, S. 16.

An die Welt glauben, die man erfindet

1 Todorov, T., *Mémoire du mal, tentation du bien. Enquête sur le siècle*, Paris 2000, S. 109.
2 Adler, A., *Wozu leben wir*, Frankfurt am Main 1992.
3 Frey, S., »Émotion observable en éthologie«, *Synapse*, Sonderheft März 1991, S. 33–38.
4 Knott, M.-L. (Hg.), *Hannah Arendt / Gershom Scholem. Der Briefwechsel: 1939–1964*, Berlin 2010, S. 439 f.
5 Frankl, V., *Der unbewusste Gott. Psychotherapie und Religion*, München 1992.
6 Birnbaum, J., *Le Courage de la nuance*, Paris 2021, S. 27.
7 Mercier, A., *Convoi n° 6*, Paris 2005, S. 18
8 Taylor, S., Brown, J. D., »Illusion and well-being: A social psychological perspective of mental health«, *Psychological Bulletin* 198, 103 (2), S. 193–210.
9 Chaignot, N., *La Servitude volontaire aujourd'hui. Esclavage et modernité*, Paris 2012.
10 Cyrulnik, B., »Vorwort« zu: Autorenkollektiv, *Le Petit La Boétie illustré*, Vitrac (Dordogne) 2020.
11 Mercier, A., a. a. O., S. 156.
12 Taylor, C., *Das Unbehagen an der Moderne*, Frankfurt am Main 1995, S. 50.

Die Welt, die man wahrnimmt, einfärben

1 Smith, J. (Hg.), *Le Grand Livre des 1000 premiers jours de vie*, Paris 2021. Und Autorenkollektiv, *Les 1000 Premiers Jours. Là où tout commence, Ministère des Solidarités et de la Santé*, Paris 2020.
2 Taylor, S. E., Brown, J. D., a. a. O., S. 195.
3 Seys, J.-C., »Billets d'humeur«, Institut Diderot, Paris, vom 5. Juli 2021.
4 Bosom, M., Medico, D., »Ma première année sous testostérone: analyse de l'expérience trans à travers des chaînes YouTube«, *Sexologies* 2021, 30 (2), S. 94–99.
5 Ins Deutsche übertragen von Stefan George.

Der Realität und dem, was man fühlt, eine sprachliche Form geben

1 Laplanche, J. Pontalis, J.-B., *Das Vokabular der Psychoanalyse,* Frankfurt am Main 1973, S. 418.
2 Nesse, R. M., *Good Reasons for Bad Feelings. Insights from the Frontier of Evolutionary Psychiatry,* New York 2019.
3 Bozarslan, H., *L'Anti-démocratie au XXIe siècle. Iran, Russie, Turquie,* Paris 2021.
4 Mohsin, M., *The Impeccable Integrity of Ruby R.,* New York 2020.
5 Al-Matary, S., *La Haine des clercs. L'anti-intellectualisme en France,* Paris 2019.
6 Orwell, G., *1984,* Zürich 1950.
7 Arendt, H., *Elemente und Ursprünge totaler Herrschaft III: Totale Herrschaft,* Berlin/Wien 1975.
8 Camus, A., *Der Mensch in der Revolte,* Hamburg 1953.
9 Offer, D., Offer, M. K., Ostrov, E., *Regular Guys. 34 Years Beyond Adolescence,* New York 2004.
10 Zitiert in Dewitte, J., *Le Pouvoir de la langue et la Liberté de l'esprit. Essai sur la résistance au langage totalitaire,* Paris 2020, S. 35.
11 Bouretz, P., *Qu'appelle-t-on philosopher?,* Paris 2006.
12 Klemperer, V., *Die Sprache des Dritten Reiches. Beobachtungen und Reflexionen aus LTI,* Ditzingen 2020.
13 Lejeune, A. Delage, M., *La Mémoire sans souvenir,* Paris 2017.

Sprechen, um die Realität zu verbergen

1 Haffner, S., a. a. O., S. 12.
2 Klemperer, V., *LTI – Notizbuch eines Philologen,* Frankfurt am Main 1975, S. 36.
3 Orwell, G., a. a. O.
4 Cosnier, J., Kerbrat-Orecchioni, C. (Hg.), *Décrire la conversation,* Lyon 1987.
5 Satrapi, M., Paronnaud, V., *Persepolis,* Film, 2007.
6 Folman, A., *Waltz with Bachir,* Film, 2008.
7 Eisenstein, S., *Panzerkreuzer Potemkin,* Film, 1925.
8 Riefenstahl, L., *Olympia,* Film, 1938.
9 Arendt, H., a. a. O.

10 Dewitte, J., a. a. O., S. 253.
11 Arendt, H., a. a. O., S. 371.
12 Ebd.

Sich unterwerfen, um sich zu befreien

1 Romano, H., *Quand la mère est absente. Souffrance des liens mère-enfant*, Paris 2021. Und Dugnat, M., Collomb, N., Poinso, F. (Hg.), *Soins, corps et langage en clinique périnatale*, Toulouse 2020.
2 Godelier, M., »Système de parenté et formes de famille, in: Dugnat, M., Collomb, N., Poinso, F. *Soins, corps et langage en clinique périnatale*, a. a. O., S. 53–59.
3 Gayon, J. (Hg.), *L'Identité.* Dictionnaire encyclopédique. Paris 2020.
4 Bronfenbrenner, U., *Making Human Beings Human. Bioecological Perspectives on Human Development*, London 2004. Und Cyrulnik, B., *Des âmes et des saisons*, Paris 2021.
5 Arendt, H., *Die Freiheit, frei zu sein*, München 2021, S. 31.
6 Guedeney, N., Guedeney, A., *L'Attachement. Concepts et applications*, Paris 2002.
7 Pierrehumbert, B., »L'attachement au temps de la Covid-19. Parties 1 et 2«, *JDP Enfance* 2021, 127, S. 10–19.
8 Mocca, L. et al., »Affective temperament, attachment style and the psychological impact of the Covid-19 outbreak: An early report on the Italian general population«, *Braine, Behavior and Immunity* 2020, 87, S. 75–79.
9 Cyrulnik, B., *Mémoire de singe et paroles d'homme*, Paris 1983.
10 Cyrulnik, B., *Rette dich, das Leben ruft*, Berlin 2014.
11 Pradel, J. *Perdu de vue*, Sendung auf TF1, 1990–1997.
12 Veranstalter war das Institut français in Ramallah, wo die Palästinensische Autonomiebehörde ihren Sitz hat.

Wie die Außenwelt Einfluss auf die Innenwelt nimmt

1 Stan, V., Sellenet, C., auf der Konferenz »Quand les liens dérapent«, Salon-de-Provence (Frankreich), 27. Mai 2016.
2 Nelson, C. A., Fox, N. A., Zeanah, C. H., *Romania's Abandoned Children. Deprivation, Brain, Development, and the Struggle for Recovery*, Cambridge: Harvard University Press 2014.

3 Eibl-Eibesfeldt, I., *Grundriß der vergleichenden Verhaltensforschung: Ethologie*, München/Zürich 1980.

4 Spitz, R. A., *Die Entstehung der ersten Objektbeziehungen*, mit einem Geleitwort von A. Freud, Stuttgart 1988.

5 Bowlby, J., *Bindung. Eine Analyse der Mutter-Kind-Beziehung*, München 1975.

6 Bspw. Œuvre de secours aux enfants (OSE), Les Apprentis d'Auteuil, SOS Villages und andere.

7 OSE, Commission centrale de l'enfance (CCE), Maison de Montmorency.

8 OSE (Hg.), *Lendemains. Journal des Enfants de l'OSE (1946–1948)*, Vorwort von S. Veil, Paris 2012.

9 Der Bericht der Kommission »Die 1000 ersten Tage« ist im Internet zugänglich und listet 75 Anregungen für die Strukturierung dieser Ausgangsbasis für das Leben auf, vgl. https://solidarites-sante.gouv.fr/IMG/pdf/rapport-1000-premiers-jours.pdf.

10 Korczak, J., *Das Recht des Kindes auf Achtung*, Göttingen 1970.

11 Gannagé, M., *L'enfant, les parents, la guerre. Une étude clinique au Liban*, Paris 1998.

12 Bühler, C., Hetzer, H. & Tudor-Hart, B., *Soziologische und psychologische Studien über das erste Lebensjahr*, Jena 1927.

13 Pierrehumbert, B., a. a. O.

14 Das französische Wort *engagement* als psychologischer Begriff wird im Deutschen mit »Commitment« wiedergegeben; wir bleiben hier bei der »Festlegung« mit alltagstauglichem Anschluss. Sein Bedeutungsspektrum (verbunden unter anderem mit den Namen Kiesler und Beauvois) reicht von der Selbstverpflichtung bis zur Selbstkongruenz und hat immer das Verhältnis des Subjekts zum eigenen (Sozial-)Verhalten zum Gegenstand, welches sich durchaus auch als kognitive Verzerrung gestalten kann (»eskalierendes Commitment«). (Anm. d. Ü.).

Die Festlegung auf Sex und Tod

1 Bishop, N., »Éthologie comparative de la prévention de l'inceste«, in: Fox, R. (Hg.), *Anthropologie biosociale*, Brüssel 1978, S. 55–95.

2 Luhmann, N., *Vertrauen. Ein Mechanismus der Reduktion sozialer Komplexität*, Stuttgart 1989.

3 Moser, G., *Psychologie environnementale. Les relations homme-environnement,* Brüssel 2009, S. 169–175.
4 Unicef (Hg.), *Machel Study 10-Year Strategic Review, Children and Conflict in a Changing World,* New York 2009, S. 17.

Gemeinsam im Delirium

1 Allen, W. S., *Das haben wir nicht gewollt. Die nationalsozialistische Machtergreifung in einer Kleinstadt 1930–1935,* Gütersloh 1966, hier zit. aus dem frz. Vorwort. Als »Vorsichtsmaßnahme« hat Allen den Namen der Stadt und der Akteure pseudonymisiert (ebd., S. 11., Anm. d. Ü.).
2 Ebd., S. 143–144.
3 Ebd., S. 146 und 218 f.
4 Ebd., S. 219.
5 Ebd.
6 Lasègue, C., Falret, J., »La folie à deux ou folie communiquée«, in: *Archives générales de médecine,* Nov. 1877, S. 257–297.
7 Vgl. Hilberg, R., *Die Vernichtung der europäischen Juden. Die Gesamtgeschichte des Holocaust,* West-Berlin 1982, S. 72–100.
8 Epstein, H., *Die Kinder des Holocaust. Gespräche mit Söhnen und Töchtern von Überlebenden,* München 1987, S. 74 ff.
9 Jougla, S., »Emprise sectaire et processus résilient«, in: Baccino, É., Bessoles. P. (Hg.), *Victime-agresseur, Bd. 3: Traumatisme et résilience,* Nîmes 2003, S. 55–61, hier S. 56.

Glückselige Entfremdung

1 Rey, a. a. O., S. 980 und 1300.
2 Jougla, a. a. O., S. 58.
3 Bensoussan, G., Dreyfus, J.-M., Husson, É., Kotek, J. (Hg.), *Dictionnaire de la Shoah,* Paris 2009, S. 256.
4 Misch, R. (mit Zarrinbal, S. und Nachtigall, B.), *Der letzte Zeuge: »Ich war Hitlers Telefonist, Kurier und Leibwächter«,* Zürich/München 2008, S. 227 ff.
5 Friard, D., »Mécanismes de défense«, in: Formarier, M., Jovic, L. (Hg.), *Les Concepts en sciences infirmières,* Toulouse 2012, S. 213–217, hier S. 213.

6 Vgl. Thapar, A., Pine, D. S. et al. (Hg.), *Rutter's Child and Adolescent Psychology*, New York 2017.

7 Zagury, D., *La Barbarie des hommes ordinaires*, Paris 2018, S. 87.

8 de Védrines, G., Marchand, J., *Diabolique. L'effroyable histoire d'une famille. Les reclus de Monflanquin*, Paris 2015.

9 Ebd., S. 13 f.

10 Ebd., S. 35.

11 Vgl. bspw. Carrère, E., *Amok*, Frankfurt am Main 2001; neu übers. als *Der Widersacher*, Berlin 2018: Die Geschichte von Jean-Claude Romand, der seine Eltern, seine Frau und seine Kinder tötet, bevor diesen seine Lebenslüge vor Augen steht, dass er nämlich nicht als Arzt bei der WHO arbeitet.

12 Mosse, G. L., *Die völkische Revolution. Über die geistigen Wurzeln des Nationalsozialismus*, (1979 unter dem Titel *Ein Volk, ein Reich, ein Führer*), Frankfurt am Main 1991, S. 185.

13 Védrines/Marchand, a. a. O., S. 247.

14 Ebd., S. 301.

15 Ebd., S. 276.

16 Rey, a. a. O., S. 78 (Lemma »Aliénation«, ›Entfremdung‹).

17 Veyne, P. (Hg.), *Geschichte des privaten Lebens, Bd. 1: Vom Römischen Imperium zum Byzantinischen Reich*, Frankfurt am Main 1989, S. 61–77.

18 Ebd.

Die Allmacht des Konformismus

1 Berr, H., *Pariser Tagebuch 1942–1944*, München 2009, S. 135–137.

2 Crombez-Bequet, N., *Approche éthologique du conformisme et de la dissonance cognitive au sein des sapeurs-pompiers. Étude des liens entre le conformisme, l'attachement et l'estime de soi*, Diplomarbeit im Bereich »Bindung und Familiensysteme« an der Universität von Toulon, September 2021.

3 Vgl. Maurin, É., *La Fabrique du conformisme*, Paris 2015.

4 Laplanche, J., Pontalis, J.-B., a. a. O., S. 218 (Lemma »Idealisierung«).

Nachahmung und Gemeinschaft

1 J. Nadel, *Imitation et communication entre jeunes enfants,* Paris: PUF 1986.

2 A. N. Meltzoff & M.K. Moore, »Imitation of facial and manual gestures by human neonates«, *Science*, 1977, 198 (4312), S. 74–78.

3 G. Edelbaum, »Écholalie«, in: D. Houzel, M. Emmanuelli, F. Moggio (Hg.), *Dictionnaire psychopathologique de l'enfant et de l'adolescent*, Paris: PUF 2000, S. 283.

4 A. N. Meltzoff & A. Gopnik, »The role of imitation in understanding persons and developing a theory of mind«, in: S. Baron-Cohen, H. Tager-Flusberg & D.J. Cohen (Hg.), *Understanding Other Minds*, Oxford: Oxford University Press 1993, S. 335–366. Vgl. ggf. H. Förstl (Hg.), *Theory of Mind. Neurobiologie und Psychologie sozialen Verhaltens*, Springer: Heidelberg 2007 (Anm. d. Ü.).

5 B. Cyrulnik & A. Robichez-Dispa, »Observation éthologique du geste de pointer du doigt chez des enfants normaux et des enfants psychotiques«, in: *Neuropsychiatrie de l'enfance et de l'adolescence*, 1992, 40 (5–6), S. 292–299.

6 Zum Konformitätsexperiment, vgl. Asch, S. E., »Effects of group pressure upon the modification and distortion of judgments«, in: Guetzkow, H. (Hg.), *Groups, Leadership and Men*, Pittsburgh 1951, S. 177–190; vgl. ggf. auch Sader, M., *Psychologie der Gruppe*, München 2008, S. 161 ff. (Anm. d. Ü.).

7 Rizzolatti, G., Sinigaglia, C., *Empathie und Spiegelneurone. Die biologische Basis des Mitgefühls*, Frankfurt am Main 2008.

8 Fontenelle, L., Oliveira-Souza, R., Moll, J. »The rise of moral emotions in neuropsychiatry«, *Dialogue in Clinical Neurosciences*, 2015, 17 (4), S. 413.

9 Vernant, J.-P., Œuvres. *Religions, rationalités, politique*, Paris 2007.

10 Gurdjieff, G. I., *La vie n'est réelle que lorsque «Je suis»*, Monaco 2010; vgl. ggf. Gurdjieff, G. I., *All und alles. Das Leben ist nur dann wirklich, wenn »ich bin«*, Basel 1987, Orig. 1976 (Anm. d. Ü.).

11 Es handelt sich um den Beginn von Verlaines berühmtem Gedicht »Chanson d'automne« (»Herbstlied«), hier zit. nach: Kayser, W. (Hg.), *Gedichte des französischen Symbolismus in deutschen Übersetzungen*, Tübingen 1955, S. 48. (Anm. d. Ü.).

12 Botez, F., Botez-Marquard, T. (Hg.), *Neuropsychologie clinique et neurologie du comportement*, Montréal 1987, S. 142, 143, 150.

Epidemien und Glaubensnebel

1 Seit der Pandemie von 2020/21 spricht man vermehrt von »Clustern«.
2 Delage, M., *La Vie des émotions et de l'attachement dans la famille*, Paris 2013.
3 De Lannoy, F., *Pestes et épidémies au Moyen Âge (vie-xve siècle)*, Rennes 2018, S. 13; vgl. ggf. Schwalb, A. B., »Das Pariser Pestgutachten von 1348. Eine Textedition und Interpretation der ersten Summe«, Dissertation an der Universität Tübingen 1990 (Anm. d. Ü.).
4 De Lannoy, a. a. O., S. 13 f. Hier zit. nach R. Büchner (Hg.), *Gutenberg. Zeitschrift für Gebildete*, Nr. 8, 4. Jg., Leipzig 1843, S. 167, online books.google.de (Anm. d. Ü.).
5 Di Boccaccio, D., *Das Dekameron (Auswahl)*, Leipzig 1962, S. 8; vgl. Bergdolt, K. (Hg.), *Die Pest 1348 in Italien. Fünfzig zeitgenössische Quellen*, Heidelberg 1989, S. 39 ff. (Anm. d. Ü.).
6 De Lannoy, a. a. O., S. 76.
7 Scholl, C., *Die Judengemeinde der Reichsstadt Ulm im späten Mittelalter. Innerjüdische Verhältnisse und christlich-jüdische Beziehungen in süddeutschen Zusammenhängen*, Hannover 2012. (Anm. d. Ü.).
8 De Lannoy, a. a. O., S. 73 f., 76 ff.

Bei Massenverbrechen mitmachen

1 Giolitto, P., *Histoire de la jeunesse sous Vichy*, Paris 1991, S. 438.
2 Rudefoucauld, A. J., *Les Portes de l'enfer. La répression légale des minorités sous Vichy*, Bordeaux 2021.
3 Pétain, P., »Message à la jeunesse de France«, 29. Dezember 1940 (Radioansprache).
4 Giolitto, P., a. a. O., S. 442.
5 Ebd., S. 459.
6 Giolitto, P., a. a. O., S. 469.
7 Vgl. Randel, W. P., *Ku-Klux-Klan*, Bern/München/Wien 1965, S. 189 ff.
8 Lenoir, F., *Le Miracle Spinoza. Une philosophie pour éclairer notre vie*, Paris 2017.
9 Saltel, P., *Une odieuse passion. Analyse philosophique de la haine*, Paris 2007, S. 183.
10 Vgl. Randel, W. P., a. a. O., S. 68.
11 Ingrao, C., *Hitlers Elite. Die Wegbereiter des nationalsozialistischen Massenmords*, Berlin 2012, S. 306.

12 Terrisse, R., *La Milice à Bordeaux. La collaboration en uniforme*, Bordeaux 1999, S. 30. Die »Milice française« entstand 1943 als paramilitärischer faschistischer Verband, insbesondere in Reaktion auf die erstarkende Résistance (Anm. d. Ü.).

13 White, E., *Jean Genet. Biographie*, München 1993, S. 317.

14 Genet, J., *Der Seiltänzer. Ein Gedicht*, Vastorf: 1995, zit. nach: *Theater heute*, 8/1983, S. 23–26, Zit. S. 24.

15 Morlighem, A., »Effacer l'historique: une tentation millénaire«, *Décisions durables*, Sept./Okt. 2021, 48, S. 29–34.

16 Besançon, A., *L'Image interdite. Une histoire intellectuelle de l'iconoclasme*, Paris 2000.

Veröffentlichen, was man glauben will

1 Vgl. Slitinsky, M., *L'Affaire Papon*, Paris 1983.

2 Lanzmann, C., *Shoah*, Film, 1985. (Anm. d. Ü.).

3 Hier zit. nach Rajsfus, M., *Opération Étoile jaune*, Paris 2012, S. 78.

4 Pignot, M. (Hg.), *L'Enfant soldat. XIXe-XXIe siècle*, Paris 2012, S. 74 f.

5 Ebd., S. 92.

6 Ebd., S. 93.

7 Ebd., S. 103. Hier zit. nach: Karwelat, J., »Berliner Tagebuch: Alle haben Hunger«, *die tageszeitung*, 18. April 1995 (Anm. d. Ü.).

8 Fuzeau-Braesch, S. (Hg.), *Contribution à l'étude neurochimique de la variation d'octopamine chez Locusta migratoria*, Abschlussarbeit Universität Paris-Sud, 1983.

9 Fuzeau-Braesch, S., *Astrologie. La preuve par deux*, Paris 1992.

10 Ripoll, T., *Pourquoi croit-on?*, Paris 2020, S. 13.

Entwicklung braucht Zweifel

1 Callil, C., *Bad Faith. A Story of Family and Fatherland*, London 2006, S. 15, 182.

2 Sanos, S., *The Aesthetics of Hate. Far-Right Intellectuals, Antisemitism and Gender in 1930 s France*, Stanford 2012.

3 Giocanti, S., *Charles Maurras. Le chaos et l'ordre*, Paris 2006, S. 482.

4 Gutton, P., »Transaction fétichique à l'adolescence«, *Adolescence*, 1983, 1 (1), S. 107–125.

Schule und moralische Werte

1 Biais de confirmation (auf Englisch: confirmation bias), vgl. Bronner, G., *La Démocratie des crédules,* Paris 2013.
2 Wieviorka, A., *Mes années chinoises,* Paris 2021, S. 69.
3 Ebd., S. 70.
4 Ebd.

Die eigenen Gedanken bestimmen

1 Guignard, S., *Je choisis, donc je suis. Comment prenons-nous les grandes décisions de notre vie ?,* Paris 2021, S. 268.
2 Frankl, V. E., *Le sens de ma vie,* Paris 2019; vgl. ders., *…was nicht in meinen Büchern steht,* München 1995.
3 Frankl, V. E., *Recollections. An autobiography,* New York 2000, S. 124.
4 Vgl. Cyrulnik, B., *Rette dich, das Leben ruft!,* Berlin 2014, S. 40 ff., Zitat auf S. 42. (Anm. d. Ü.).
5 Eustache, F., (Hg.), *La Mémoire, entre sciences et société,* Paris 2019, S. 156–158.
6 Frankl, V. E., *Recollections,* a. a. O., S. 68.
7 Frankl, V. E., *Was nicht…,* a. a. O., S. 60 f. (Anm. d. Ü.).
8 Frankl, V. E., *Recollections,* a. a. O., S. 98; zit. nach: ders., *Was nicht…,* a. a. O., S. 77 (Anm. d. Ü.).
9 Frankl, V. E., *Recollections,* a. a. O., S. 100–103; Zitat in: ders., *Was nicht…,* a. a. O., S. 80 (Anm. d. Ü.).
10 Sloman, S., Fernbach, P., *Wir denken, also bin ich. Über Wissen und Wissensillusionen,* Weinheim/Basel 2019.
11 Vgl. Knott, M.-L., *Arendt / Scholem,* a. a. O., S. 439 f. (Anm. d. Ü.).
12 Browning, C. R., *Ganz normale Männer. Das Reserve-Polizeibataillon 101 und die »Endlösung« in Polen,* Reinbek 1993.
13 Frankl, V. E., *Was nicht…,* a. a. O., S. 81. (Anm. d. Ü.).
14 Grunenberg, A., *Hannah Arendt und Martin Heidegger. Geschichte einer Liebe,* München/Zürich 2006, S. 399 ff., hier zit. nach: [Hannah Arendt für Martin Heidegger zum 80. Geburtstag, 1969], in: Ludz, U. (Hg.), *Hannah Arendt / Martin Heidegger. Briefe 1925 bis 1975 und andere Zeugnisse,* Frankfurt am Main 1999, S. 179–192, S. 182 (Anm. d. Ü.).
15 Fotografie in: Frankl, V. E., *Was nicht…,* a. a. O., S. 92.
16 Berri, C., *Der alte Mann und das Kind,* Film, 1967.

17 Callil, C., a.a.O., S. 236; inhaltlich deckungsgleich mit den Nürnberger Gesetzen von 1935. (Anm. d. Ü.).

18 Ebd.

19 Breton, P., *Les refusants. Comment refuse-t-on de devenir un exécuteur ?*, Paris 2009.

Bindung und Begründungen

1 Gil Rodriguez, T., *L'Influence de l'accompagnement de l'adulte… en situation non professionnelle*, Diplomarbeit an der Universität von Toulon, September 2021.

2 Cyrulnik, B., Lenzini, J., *Chérif Mécheri. Préfet courage sous le gouvernement de Vichy*, Paris 2021.

3 »Radikal« kommt von *radix*, »Wurzel, Ursprung, Stamm, Quelle« (hier mit: Kluge, F., *Etymologisches Wörterbuch der deutschen Sprache*, neu bearb. von Seebold, E., West-Berlin/New York 1989, S. 578, Anm. d. Ü.).

4 Sifneos, P. E., »The prevalence of ›alexithymic‹ characteristics in psychosomatic patients«, *Psychother. Psychosom*, 1973, 22 (2), S. 255–262.

5 Théofilakis, F., »Adolf Eichmann à Jérusalem ou le procès vu de la cage de verre (1961-1962)«, *Vingtième siècle. Revue d'histoire*, 2013, 4 (120), S. 71–85.

6 Vgl. Levi, P., *Ist das ein Mensch?*, Frankfurt am Main 1958.

7 Dreyfus, J.-M., »L'›aryanisation‹ économique et la spoliation pendant la Shoah«, *Revue d'histoire de la Shoah*, 2007, 1 (186), S. 15–41.

8 Rechtman, R., *La Vie ordinaire des génocidaires*, Paris 2020, S. 24; auch auf Englisch: *Living in Death. Genocide and Its Functionaries*, New York 2022 (Anm. d. Ü.).

9 Zagury, a.a.O.

10 Follin, M., Wilmart, M., *Oradour*, eine Koproduktion von Conseil général de la Haute-Vienne und FR3 Limousin-Poitou-Charentes, Film 1988.

11 Rechtman, R., a.a.O.

12 Massaker im vietnamesischen Mỹ Lai am 16. März 1968.

13 Peschanski, D., Maréchal,D. (Hg.), *Les Chantiers de la mémoire*, Bry-sur-Marne 2013, S. 98–114.

14 Mercier, H., Sperber, D., *L'Énigme de la raison*, Paris 2021; das englische Original: *The Enigma of Reason*, Cambridge 2017.

Emotionale und sprachliche Anomie

1 Godelier, M., *L'Interdit de l'inceste à travers les sociétés,* Paris 2021.
2 Smith, J., a. a. O.
3 Hoekzema, E., Tammes, C., Berns, P., Barba-Müller, E., »Becoming a mother entails anatomical changes in the ventral striatum of the human brain that facilitate its responsiveness to offspring cues«, *Psychoneuroendocrinology*, 2019, 112, art. 104507.

Sich der Autorität unterwerfen

1 »Physik, Chemie, Biologie«, früher Vorbereitungskurs für das Medizinstudium.
2 Zagury, D., Assouline, F., *L'Énigme des tueurs en série*, Paris 2008.
3 Milgram, S., *Obedience* (Film), 1965, zugänglich in der New York University Film Library; ders., *Das Milgram-Experiment. Zur Gehorsamsbereitschaft gegenüber Autorität*, Reinbek 1974.
4 Beauvois, L., wissenschaftlicher Berater für den Dokumentarfilm von Nick, C., Bornot, T., Amado,G., Blanc, A.-M., *Le Jeu de la mort*, France Télévisions und Radio-Télévision Suisse 2009.
5 Pedinielli, J.-L., »Non«, in: Houzel et al. (Hg.), a. a. O., S. 456.
6 Bègue, L., Verizian, K., »Sacrificing animals in the name of scientific authority: The relationship between pro-scientific mindset and the lethal use of animals in biomedical experimentation«, *Personality and Social Psychology Bulletin*, 2021, doi.org/10.1177/01461672211039413.
7 Vgl. ggf. Malraux, C., *Das Geräusch meiner Schritte. Erinnerungen*, München/Berlin 1982. (Anm. d. Ü.).
8 Rochat, F., Modigliani, A., »The ordinary quality of resistance: From Milgram's laboratory to the village of Le Chambon«, *Journal of Social Issues*, 1995, 51 (3), S. 195–210.
9 Über die Rettung jüdischer Kinder in Vénissieux: Portheret, V., *Vous n'aurez pas les enfants*, Paris 2020.
10 Darley, J., »Social organization for the production of evil«, *Psychological Inquiry*, 1992, 3 (2), S. 199–218.
11 Browning, C. R., a. a. O.

Emotionale Erstarrung

1 Fried, I., »Syndrome E: Cognitive fracture in our midst«, in: Fried, I., Berthoz, A., Mirdal, G. M. (Hg.), *The Brains that Pull the Triggers: Syndrome E*, Paris 2021; hier nach: Bastian, T., *Schweigen im Mandelkern* (2009), online freitag.de (Anm. d. Ü.).

2 Mille, C., »Dysharmonie évolutive«, in: Houzel et al. (Hg.), a. a. O., S. 211.

3 Hatzfeld, J., *Zeit der Macheten. Gespräche mit den Tätern des Völkermordes in Ruanda*, Gießen 2004.

4 Janet, P., *De l'angoisse à l'extase. Études sur les croyances et les sentiments*, Bd. 2: *Les Sentiments fondamentaux*, Paris 1928 (online auf gallica.bnf.fr). Vgl. ders., *Die Psychologie des Glaubens und die Mystik nebst anderen Schriften*, Berlin 2013 (Anm. d. Ü.).

5 Le Maléfon, P., »Sortie du corps et clinique de la situation traumatique«, *Revue francophone du stress et du trauma*, 2010, 10 (2), S. 71–77.

6 »Fracture cognitive«, vgl. Fried, I., a. a. O., S. 22.

7 Berthoz, A., Thiriouy, B., »Empathy, sympathy, hypotheses to better understand variable, and context. Dependant mental states in syndrome E«, in: Fried, I., Berthoz, A., Mirdal, G. M. (Hg.), a. a. O., S. 193–196.

8 Fried, I., a. a. O., S. 24.

9 Arendt, H., »Vorwort« (1966), in: Arendt, H., *Elemente und Ursprünge totalitärer Herrschaft*, München 1986 (1955), S. 629–656, hier S. 629 f.